HISTOIRE
DU
PARLEMENT
DE METZ.

ANTHOINE de BRETAGNE.
1.er Président. 1633.

HISTOIRE
DU
PARLEMENT
DE METZ

Par Emmanuel MICHEL

Conseiller à la Cour royale de Metz, Membre de l'Académie de
cette ville, Chevalier de la Légion-d'Honneur.

A PARIS,

Chez J. TECHENER, Libraire, place du Louvre, 12.

1845.

Metz, Typographie de DEMBOUR et GANGEL.

A Monsieur

MARTIN (du Nord),

MEMBRE DE LA CHAMBRE DES DÉPUTÉS,

Garde des sceaux de France,

Ministre secrétaire d'Etat au département
de la Justice et des Cultes,

GRAND OFFICIER DE L'ORDRE ROYAL DE LA LÉGION-D'HONNEUR, ETC.

Hommage de respect et de dévouement.

Emm. MICHEL,

De Douai, département du Nord.

Metz, le 24 Juillet 1845.

INTRODUCTION.

La conquête la plus importante faite par la France pour couvrir ses provinces de l'Est, a été sans contredit celle des trois évêchés de Metz, Toul et Verdun. Avant la possession de cette province, la France n'était, du côté de l'Allemagne, que faiblement défendue par ses frontières de Champagne. En s'emparant des villes et pays de Metz, Toul et Verdun, elle est devenue maîtresse de la Meuse et de la Moselle, qui servaient de communications à ses ennemis, et elle a pu opposer à l'Allemagne le formidable boulevard qui la défend depuis trois cents ans.

La conquête de cette province ne s'est point faite par les armes. On la doit à une politique adroite et persévérante; on la doit surtout à l'établissement d'un Parlement à Metz et à l'énergie que cette Cour souveraine a déployée constamment pour soutenir les intérêts de la France et briser petit à petit tous les liens qui, depuis des siècles, attachaient cette province au corps germanique.

Avant 1552, les Trois-Évêchés étaient des états libres, des membres de la grande confédération allemande. Ils avaient une constitution républicaine et ils jouissaient des droits de la souveraineté. Eloignés du centre de l'empire, ils devaient la conservation de leur indépendance moins à leur propre force et à la protection germanique qu'à la jalousie des puissances rivales qui étaient leurs voisines. L'Espagne, du haut des remparts de Thionville et de Luxembourg, convoitait les Trois-Évêchés, et la France, qui sentait le besoin de reculer ses frontières, épiait un moment favorable pour prendre position sur la Meuse et sur la Moselle, en attendant qu'un jour elle pût la prendre sur le Rhin.

Henri de Valois, héritier des idées grandes et chevaleresques de François Ier, son père, supportait avec peine que l'Allemagne, l'Espagne et l'Italie fussent réunies sous un même sceptre, et attendait avec impatience une occasion de mettre un terme aux ambitieux projets de Charles-Quint. Cette occasion se présenta et Henri II la saisit habilement.

Les princes protestants de l'Allemagne s'étaient révoltés contre l'empereur et avaient imploré les secours de la France. Henri II consentit à leur donner une armée, mais sous la condition que les villes de Metz, Toul et Verdun lui seraient livrées comme sûretés, dans le cas où l'armée mise à leur disposition fût compromise, s'ils venaient à renoncer à leur entreprise. Les princes protestants consentirent à ces conditions par le traité de Chambord, qui fut ratifié au mois de janvier 1552, sous la réserve toutefois que le roi de France tiendrait secrets les moyens de s'emparer des villes fortes des Trois-Évêchés. Henri II amena alors doucement les magistrats des trois villes impériales à acquiescer aux clauses ostensibles du traité de Chambord.

Dès le mois de février 1552, le roi avait fait publier une déclaration adressée aux électeurs, princes, prélats, comtes, seigneurs, chevaliers, gentilshommes, villes franches ou impériales, *afin*, leur disait-il, « que
» chacun soit assuré et sans aucun souci pour ses
» états, biens et possessions...., car nous voulons et
» n'avons jamais entendu, sinon qu'un chacun demeure
» en ses prééminences, honneurs, biens et liberté; et
» non pour autre fin, nous avons entrepris cette guerre.
« Nous vous promettons, ajoutait-il, par le Dieu tout-
» puissant, devant tous les rois, princes et potentats
» de la chrétienté, que nous ne permettrons, en façon
» du monde, que à vous tous en général, ne à pas un
» de vous en particulier, de quelque état et qualité qu'il
» puisse être, il soit à notre sçu, fait tort, ne que vous
» receviez par nous aucuns dommages, tant s'en faut. »

Cette promesse si solennellement jurée à la face du ciel et de la terre détermina les villes de Metz, Toul et Verdun à ouvrir leurs portes à l'armée de Henri II, et lorsqu'il fit son entrée à Metz, au mois d'avril 1552, il trouva à la cathédrale cette simple inscription :

Henricus secundus, Galliæ rex et urbis protector.

Peu de jours après, quand le maître-échevin et les échevins de la ville de Metz prêtèrent serment au roi de France, ils s'exprimèrent ainsi : « Ne voulant nuire et dé-
» favoriser la ligue tendante au bien commun de la Ger-
» manie et saint-empire, nous jurons de ne jamais aider
» ni supporter l'empereur, ains au contraire de vous
» porter toujours honneur, faveur, assistance, aide et
» confort, tant de notre dite ville et places qui en dépen-
» dent, que de nos biens, personnes et facultés, vivres
» et commodités : suppliant Votre Majesté, nous vouloir
» prendre et recevoir en sa protection et sauve-garde,
» sans préjudice toutefois des droits du saint-empire. »

Ainsi donc, en se mettant sous la protection de la France, les Trois-Évêchés n'avaient point entendu lui concéder aucun droit de souveraineté.

A peine les Français avaient-ils occupé militairement les places fortes des Trois-Évêchés que Charles-Quint, ayant rassemblé une armée nombreuse pour les en chasser, vint assiéger la ville de Metz ; il dut, après de longs efforts, battre en retraite devant l'habileté du duc de Guise et la courageuse résistance des habitants.

Ce que Charles-Quint n'avait pu obtenir par la force des armes, son frère et successeur l'empereur Ferdinand Ier tâcha de l'obtenir par les voies diplomatiques ; il demanda que les Trois-Évêchés fussent restitués à l'empire, et que la France retirât ses garnisons. Le chancellier Olivier, qui avait été président à mortier au Parlement de Paris, était animé de cet esprit national et énergique qui a toujours distingué l'ancienne magistrature française. Quand il s'agit dans les conseils du roi de s'occuper des réclamations de l'empereur d'Allemagne, le chancellier Olivier coupa court à toute discussion en proposant de faire trancher la tête à quiconque parlerait de la restitution des Trois-Évêchés. Dès ce moment, les efforts de la France eurent pour but non-seulement de s'assurer le protectorat de ces pays et leur occupation militaire, mais encore de s'en rendre maîtresse et souveraine.

En 1569, Henri II avait établi à Metz un officier royal sous le titre de président; il devait connaître des différends qui s'élèveraient entre les bourgeois et les soldats. Il avait aussi établi deux notaires royaux, qui étaient censés avoir pour unique mission de dresser les actes concernant ceux qui faisaient partie des garnisons françaises. Ces notaires, agrandissant le cercle de leurs attributions, rédigèrent bien des actes concernant les gens du pays. En 1606, Henri IV voulut donner à ces notaires royaux les mêmes attributions qu'avaient les *amans* ou anciens notaires de la ville de Metz. Ses lettres patentes restèrent sans exécution.

C'est surtout le président royal qui étendit sa juridiction. M. de l'Aubespine, qui le premier remplit cette place, était un homme d'une haute capacité et d'une grande finesse; il eut le secret de prendre part à l'administration de la justice ordinaire, et ses successeurs, tous hommes de mérite, Senneton sous Charles IX, Viart sous Henri III et Henri IV, de Selve sous Henri IV, et Michel Charpentier sous Louis XIII, continuèrent avec persévérance à empiéter sur les juridictions du pays. Le président de Metz, qui d'abord siégeait seul, eut bientôt un greffier et des huissiers, ensuite un procureur général, le fameux Pierre Joly, et même des lieutenants à Toul et à Verdun. Enfin il se fit assister de gradués et se constitua en tribunal souverain. C'est en entreprenant ainsi peu à peu sur les juridictions du pays, que les présidents royaux donnèrent les moyens de changer absolument l'ordre de la justice qui existait dans les Trois-Évêchés avant la création du Parlement.

Les Trois-Évêchés réclamèrent souvent l'exécution de ce qu'ils appelaient le *traité de protection*. Ils élevèrent souvent des plaintes contre les usurpations et les excès de pouvoir du président royal; ils obtinrent parfois des arrêts du conseil d'état qui réprouvaient ces empiètements; au fond, il en était de ces réclamations comme de celles qu'ils faisaient pour les sommes que la France levait à son profit dans l'étendue du territoire. On reconnaissait que les Trois-Évêchés avaient le droit d'administrer souverainement la justice, qu'ils avaient aussi le droit exclusif de s'imposer pour leurs besoins seuls; et on continuait à entreprendre sur les juridictions du pays et à se faire délivrer, sous le nom d'emprunts, des sommes considérables que l'on promettait de rendre, que l'on ne rendait jamais.

Enfin, à mesure que la domination française s'affermissait, on cachait moins ses desseins. Des lettres patentes du 12 juillet 1607 et des 23 juillet et 27 août 1611, attribuèrent au président royal la connaissance des appellations des justices de Toul et Verdun. Un arrêt du conseil d'état du 3 novembre 1624 attribua formellement au président royal et à ses lieutenants la connaissance des faits de lèse-majesté. Un autre arrêt du même conseil, en date du 19 janvier 1627, attribua au président de Metz la connaissance des faits de rébellion à la justice royale, à l'exclusion des officiers de l'évêque de Toul, et le 28 mai 1627, le président Michel Charpentier rendait un jugement souverain contre les habitants de Liverdun, en faveur du chapitre de Saint-Eucaire de cette ville, qui prétendait être exempt de certaines contributions.

En 1602, le roi Henri IV avait eu le projet de créer un Parlement pour les Trois-Évêchés; on n'osa point l'exécuter. En 1609, ce projet fut encore repris et abandonné. En 1613, il occupa de nouveau les conseils du roi de France ; l'empereur Mathias en fut informé: il écrivit à la ville de Metz la lettre suivante, qui était en allemand, et dont on donne ici une traduction :

« Mathias, par la grâce de Dieu, empereur des Ro-
» mains, à honorables, nobles, dévots et fidèles, etc.;

« Nous avons déjà reçu avis certain de divers lieux,
» comme depuis peu le jeune d'Epernon s'est efforcé

» d'entreprendre auprès de l'évêché et diocèse de
» Metz pour l'agrandissement du gouvernement qu'il
» a en ces quartiers de la couronne de France, vou-
» lant établir un nouveau parlement et par autres
» voies à notre préjudice, à l'intérêt et diminution de
» la supériorité, droits de fiefs et juridiction bien re-
» connue qui y compète au saint-empire, aussi sommes-
» nous bien informé, qu'auparavant et du vivant de
» feu, d'heureuse recordation, notre très-aimé seigneur
» et frère l'empereur Rudolff second, l'on a procédé
» de la même façon de la part de la couronne de
» France, ès mêmes lieux avec un dessein et pratique
» semblable, et signamment les dernières fois ès an-
» nées 1602 et 1609. Toutefois, pour tout cela ces
» desseins n'ont point eu de progrès, d'autant que
» notre seigneur et frère, de louable mémoire, l'empe-
» reur Rudolff, par son entremise a toujours eu l'œil
» vigilant et le regard diligent à la manutention de la
» supériorité, souveraineté, droit de fief, juridiction,
» droits et droitures dudit saint-empire, et n'a point
» voulu souffrir que l'on vous distraye et sépare d'ice-
» lui, ce qui ne nous fait entrer en aucun doute, que
» puisque maintenant l'on marche de tous côtés avec
» un même zèle, les choses au même terme qu'elles
» sont ne doivent réussir sans conclusion préjudi-
» ciable audit saint-empire. Puis donc que c'est de
» notre devoir, à cause de la charge que nous avons
» de l'empire et de l'importance du serment qui nous
» oblige à le maintenir et amplifier, ensemble les états

» et membres qui en dépendent avec une diligence
» et soin particulier, et que nous y sommes porté et
» résolu avec l'aide, conseil et assistance des électeurs
» dudit saint-empire, ensemble de la devant dite sou-
» veraineté, droit de fief, supériorité, jurisdiction,
» droits et droitures d'iceluy : de sorte que déjà nous
» n'en avons point écrit seulement à notre cousine la
» reyne régente de France, la lettre cy jointe, mais
» aussi nous avons proposé d'envoyer à son fils le
» jeune roy une légation honorable, c'est pourquoi
» nous désirons de vous gratuitement que vous vous
» souveniez de l'importance du serment étroit dont
» vous vous êtes obligés et au saint-empire, à l'exemple
» immortel et mémorable de vos bien-aimés prédéces-
» seurs envers nous et le dit saint empire, et demeurer
» encore fermes et arrêtés en la dévotion, fidélité et
» bon courage que vous devez à Dieu et au monde,
» et ne point vous laisser emporter et émouvoir à une
» autre imposition contraire qu'elle puisse être, et
» outre que votre serment et devoir le requièrent,
» nous sommes enclins à la reconnaître envers vous
» par notre grâce et bienveillance Cesarée.

« Donné en notre château de Lintz, le 17 du mois
» de janvier 1614, de notre règne des Romains le
» deuxième, de Hongrie le sixième et de Bohême le
» troisième.

« *Signé*, MATHIAS.

« *Ad mandatum sacræ Cæsareæ majestatis*,

« *Signé*, LUCLEY. »

Deux ans plus tard, le 8 juillet 1616, le même empereur Mathias écrivait de son château royal de Prague à Henri, duc de Lorraine, au sujet des appellations de l'évêché de Verdun. Il priait le duc de Lorraine d'engager l'évêque son cousin à prêter de nouveau serment à l'empire, et il promettait en retour *droit et justice avec protection et garde*. On voit encore par cette lettre combien l'établissement d'un Parlement à Metz faisait ombrage à la puissance impériale.

En 1624, des commissaires royaux furent envoyés dans les Trois-Évêchés. Par leurs instructions, il leur était recommandé d'obtenir des habitants qu'ils consentissent à l'établissement d'une chambre souveraine, composée de deux présidents et de douze conseillers, moitié originaires du pays et l'autre moitié français; et si cela ne pouvait se faire, de tâcher d'obtenir d'eux qu'ils reconnussent la juridiction du Parlement de Paris et qu'ils y portassent leurs appels. Les commissaires royaux ne réussirent point dans la mission qui leur était donnée. Les trois ordres de la ville de Metz s'opposèrent toujours vivement à l'établissement d'un Parlement, et au mois de mars 1632, ils adressèrent encore au roi de France des réclamations à ce sujet.

La domination de la France était si peu acceptée qu'en 1627, l'évêque de Verdun ne craignait point d'excommunier les ministres du roi de France et ceux qui travaillaient d'après leurs ordres à la construction de la citadelle de cette ville; excommunication qui, aux yeux des populations superstitieuses de cette époque, dut paraître avoir eu ses effets, car cinq ans plus tard le malheureux maréchal de Marillac, qui avait construit la citadelle de Verdun, était déclaré coupable d'avoir dilapidé les fonds qui y étaient consacrés, et portait sa tête sur l'échafaud. Tout son crime était d'être attaché à la reine-mère.

La souveraineté du roi de France sur les Trois-Évêchés n'était reconnue par aucune puissance ; elle était vivement contestée par le pays, et la France elle-même n'osait point encore s'en prévaloir quand, en 1632, l'on vit paraître un livre qui avait pour titre : *De la souveraineté du roi à Metz, pays messin, etc., contre les prétentions de l'empire, de l'Espagne et de la Lorraine, et contre les maximes des habitants de Metz, qui ne tiennent le roi que pour leur protecteur.* Ce livre, dont le révérend père Charles Hersent, chancelier de l'église cathédrale de Metz, était l'auteur, semble avoir été jeté dans le public pour préparer les esprits à l'établissement d'un Parlement ; ce qui se fit l'année suivante, et à la reconnaissance formelle de la souveraineté absolue de la France sur les Trois-Évêchés, ce qui n'eut lieu cependant que seize ans plus tard par le traité de Westphalie.

Le cardinal de Richelieu était alors premier ministre. Il n'était point homme à abandonner le projet d'établir un Parlement à Metz, ni à laisser échapper l'occasion de former un établissement si utile aux intérêts de la France.

Des évènements importants se passaient à cette

époque sur les limites des Trois-Évêchés. L'Allemagne était alors un grand champ de bataille ; on était au milieu de cette guerre de trente ans que l'ambition de l'empereur Ferdinand II avait allumée, et qui ne se termina que sous Ferdinand III, son successeur ; guerre dans laquelle se sont montrés avec tant d'éclat Tilly et Walstein, du côté des catholiques ; Gustave-Adolphe et Bernard, duc de Saxe-Weimar, du côté des protestants. On pourrait s'étonner que dans cette guerre, soutenue de part et d'autre au nom de la religion, le roi de France, le roi très-chrétien, eût pris parti pour les protestants, et qu'il eût été merveilleusement secondé par le cardinal de Richelieu, le vainqueur de la Rochelle. Les peuples étaient, il est vrai, poussés par une ferveur religieuse ; mais les princes qui les faisaient agir n'étaient mus que par des intérêts purement politiques. L'ambitieuse maison d'Autriche rêvait encore à une domination universelle, et faisait servir à l'exécution de ses projets l'ardeur de ses états catholiques, tandis que les princes protestants ne combattaient que pour résister à la domination autrichienne, et s'emparer des privilèges et des biens immenses que le clergé catholique possédait.

La France, qui s'effrayait du pouvoir de l'Autriche, prenait part à la lutte pour affaiblir cette puissance, et surtout pour consolider et étendre ses propres frontières du côté de l'Allemagne.

Gustave-Adolphe, l'allié de la France, venait de payer de sa vie la victoire remportée par les armées protestantes sur les troupes impériales, dans les champs de Lutzen ; la puissance de l'Autriche était affaiblie ; l'Allemagne entière était occupée de ses luttes intestines. Le roi Louis XIII mit à profit ces circonstances, et deux mois s'étaient à peine écoulés depuis la bataille de Lutzen, que le roi de France se déclarant le souverain des Trois-Évêchés, créait le Parlement de Metz, par son édit du 15 janvier 1633. La main puissante du cardinal de Richelieu se fait sentir dans cet acte important. Les droits de la France sur les Trois-Évêchés y sont nettement posés ; la volonté de les maintenir y est formellement exprimée, et tous les pouvoirs nécessaires à leur maintien sont donnés à cette Cour souveraine. Dès ce moment, l'aigle impériale, qui planait sur les Trois-Évêchés, repliera peu à peu ses ailes, pour s'effacer enfin complètement sous les fleurs de lys de la France.

CHAPITRE Ier

Établissement du Parlement. Opposition du pays.
Résistance des juridictions inférieures. Passage de la Reine à Metz.
Alpheston et Rouffet.

Le Parlement de Metz devait se composer d'un premier président, de six autres présidents, de cinquante-quatre conseillers dont six ecclésiastiques, d'un procureur général, de deux avocats généraux, de quatre substituts, de plusieurs greffiers et d'autres officiers subalternes.

Tous ces offices, qui devaient être délivrés moyennant finance, étaient héréditaires ou transmissibles par ceux qui en étaient pourvus.

Des conseillers d'honneur nés avaient été créés; cette dignité était attribuée aux évêques de Metz, Toul et Verdun, aux abbés de Saint-Arnould, de Gorze, et au gouverneur militaire des Trois-Évêchés.

La Cour devait juger par semestre, l'un commençant au mois d'août et l'autre au mois de février. Le premier président devait présider les deux semestres. Quant aux six autres présidents et aux cinquante-quatre conseillers, la moitié d'entre eux était attachée au service de chacun des semestres.

L'établissement des semestres était commandé par la nécessité. Il eût été impossible et même dangereux de composer entièrement le Parlement de magistrats pris dans le pays lui-même, et il eût été bien difficile d'obtenir que des magistrats, ayant la plupart leurs intérêts et leurs affections, soit à Paris, soit dans l'intérieur du royaume, vinssent s'établir à demeure fixe, avec leurs familles, dans une contrée où la France avait encore à conquérir ou du moins à faire reconnaître sa souveraineté, et où la guerre et les maux qu'elle entraîne rendaient tout établissement bien précaire. Au moyen des semestres, les membres du Parlement n'avaient que quatre mois de service à faire chaque année, et quand leur service était terminé, ils pouvaient se retirer dans leurs foyers.

La juridiction souveraine du Parlement devait s'étendre sur toutes les matières civiles et criminelles, comme au Parlement de Paris, et son ressort devait se composer des trois évêchés de Metz, Toul, Verdun et pays adjacents, dont le roi de France était dès-lors en possession; il comprenait par conséquent les villes de Metz, Toul, Verdun, Vic, Moyenvic, Gorze, Mouzon et Beaumont en Argonne, Château-Renaud et Mohon, ainsi que les dépendances de ces villes.

Telles étaient les principales dispositions de l'édit qui, sous la date du 15 janvier 1633, avait créé le Parlement de Metz.

Le nombre de ses officiers n'est point toujours resté le même, et à certaines époques il a été presque doublé. Les attributions du Parlement, comme Cour souveraine, ont été quelquefois singulièrement augmentées. Son ressort s'est quelquefois projeté au loin et s'est étendu sur des territoires qui font maintenant partie des départements du Haut et Bas-Rhin, de la Meuse, de la Meurthe, des Vosges, de la Haute-Marne, de la Marne, des Ardennes et du département du Nord lui-même, ou sur des pays qui maintenant appartiennent soit à la Belgique, soit au grand duché de Luxembourg, soit à la Prusse et à la Bavière rhénanes, soit aux dépendances du duché d'Oldenbourg. Malgré l'extension plus ou moins grande de ses attributions, le Parlement de Metz n'a jamais perdu son caractère de Cour souveraine, et le noyau de son ressort a toujours été formé des trois évêchés de Metz, Toul et Verdun. S'il n'a eu qu'une influence passagère sur différentes parties de territoires qui ont appartenu temporairement à sa juridiction, son action a été constante et continue sur les Trois-Evêchés. Lors de la création du Parlement, cette province se composait de trois états presque indépendants les uns des autres, et sous beaucoup de rapports séparés du royaume de France. C'est aux pénibles et persévérants efforts de cette Cour souveraine qu'est dû le triomphe des idées françaises dans une province devenue ensuite un modèle d'attachement et de dévouement à la mère-patrie.

L'édit d'institution avait paru; il fallait penser à la composition de la nouvelle Cour et trouver des acquéreurs pour les nombreuses charges nouvellement créées. La finance des offices s'éleva à trois millions de livres. Une lettre que M. Sublet des Noyers, secrétaire d'Etat, écrivait à un de ses amis de Metz, huit jours après l'édit de création, fera connaître le degré de stabilité et de considération que l'on entendait donner au nouvel établissement, et combien on désirait y appeler les hommes éminents des Trois-Evêchés.

Cette lettre, datée de Saint-Germain-en-Laye, du 25 janvier 1633, était ainsi conçue :

« Enfin l'établissement du Parlement est résolu. J'ai charge
» de Monseigneur le Garde des sceaux, de vous escrire que
» si la pensée d'y entrer vous continue, vous ayez à venir ici
» au plutôt pour traiter d'un office. L'on a jugé qu'ils seraient
» plus solides, si l'on leur donnait quelques finances et des
» provisions en titre, afin que voyant la solidité de l'établis-
» sement, chacun prist ses mesures sur ce pied, non comme
» une chose révocable et destituable AD NUTUM. Ceux du pays
» pour lesquels le Roi a réservé des places, seront plus fa-
» vorablement traités. Si avez quelque habile homme dans le
» clergé qui veuille prétendre un office de conseiller clerc,
» vous le pourrez amener avec vous, et si passez par Verdun
» et Toul, vous pourrez donner advis de cet établissement
» à vos amis de l'une et l'autre ville. Il y a des offices ré-
» servés pour les uns et les autres. Au reste, vous ne
» sçauriez sçavoir quelle guerre font aux offices tous les en-
» fants de bonne maison de Paris, de sorte que le Parlement
» sera composé de la fleur des meilleures familles de Paris.
» M. le président de Chény y met son fils, j'y mets aussi le
» mien ; M. de Bullion, son frère ; Monseigneur le Garde des
» sceaux, son neveu, le tout aux dépens de nos bourses, et
» je vous le dis sincèrement et comme avec des étrangers.
» Il me suffira que mon fils apprenne à bien vivre et à être
» honnête homme avec tant de braves gens, au nombre des-
» quels je vous mets des premiers. Venez au plustot et amenez
» vos amys et me croyez votre très-humble serviteur. »

On ne voulut point attendre pour l'installation du Parlement que toutes les charges nouvellement créées fussent levées, et le 7 juillet 1633, le roi nomma des commissaires pour procéder le plus tôt possible à l'établissement de la Cour. Anthoine de Bretagne, qui avait été nommé premier président, fut chargé d'aller y procéder en cette qualité. On lui adjoignit quatre maîtres des requêtes de l'hôtel, MM. Antoine Barillon de Morangis, Jacques Lefebvre de Caumartin, Dreux d'Aubray, le père de la célèbre empoisonneuse la marquise de Brinvilliers et Jacques Dyel, sieur de Mirosménil; ils devaient remplir par commission les fonctions de présidents à mortier, et ils se retirèrent quand leur commission fut terminée. Enfin onze autres magistrats avaient été choisis pour remplir par commission les fonctions de conseillers; ils ont fait ensuite partie du Parlement. C'étaient des magistrats pris dans les premières compagnies du royaume : on peut citer parmi eux le conseiller d'État Michel Charpentier, qui avait été longtemps président royal à Metz; le profond jurisconsulte Jean Pinon, conseiller au Parlement de Paris; Nicolas Rigault, l'un des hommes les plus savants du XVIIe siècle, et l'énergique Guillaume Fremyn, sieur des Couronnes, qui fut la souche d'une succession de magistrats de la plus haute distinction.

MM. Reméfort de la Grélière, avocat général au grand conseil, et Nicolas Fardoil, avocat au parlement de Paris, furent chargés de remplir par commission les fonctions d'avocats généraux; leur mission étant accomplie, ils le devinrent en titre.

Dès le 1er juillet, le roi avait adressé des ordres particuliers aux villes de Metz, Toul et Verdun, relativement au prochain établissement du Parlement. M. Emmery, dans son important *Recueil des édits, déclarations et lettres patentes enregistrés au Parlement de Metz*, a rapporté les lettres de cachet adressées aux gens des trois ordres de Metz, au maître-échevin et aux treize de cette ville, ainsi qu'au maître-échevin et aux dix justiciers de la ville de Toul. On voit par la lettre adressée au maître-échevin de Metz, que Nicolas Maguin, l'un des treize, qui jouissait d'une grande considération et devint conseiller au Parlement, avait eu mission particulière du roi de faire connaître ses volontés aux habitants et bourgeois de la ville de Metz.

MM. de Bretagne, Barillon, Lefebvre, de Caumartin, Dreux d'Aubray et Mirosménil se réunirent à Verdun, vers le 20 août 1633. La guerre venait d'être déclarée au duc de Lorraine ; ils partirent de Verdun le 22 août, escortés *d'une compagnie de carrabins*, autant pour leur sécurité que pour se faire honneur, et ils vinrent coucher le même jour à Mars-la-Tour, où ils trouvèrent quelques-uns de leurs collègues. Le lendemain 23 août, vers dix heures du matin, ils arrivèrent aux portes de Metz dans sept carrosses et escortés par quatre cents chevaux.

Le vénérable André Valladier, abbé de Saint-Arnould, était venu au-devant des commissaires du Parlement ; il adressa un compliment à chacun d'eux à la descente de leurs carrosses. Le roi avait ordonné qu'on fît aux commissaires les mêmes honneurs que ceux qui sont dus à un gouverneur entrant pour la première fois dans le chef-lieu de son gouvernement, mais que ces honneurs seraient rendus dans la ville seulement.

Les commissaires reçurent le même jour la visite des principaux de la ville, des treize et autres magistrats, de plusieurs officiers de la garnison, du doyen et des chanoines de la cathédrale.

Le 24 août, jour de la saint Barthelémy, les commissaires

reçurent encore beaucoup de visites, et notamment celle de Martin Meurisse, évêque de Madaure, suffragant de Henri de Bourbon, évêque de Metz, et celle de M. de Montmart commandant dans la ville, en l'absence du duc de la Valette, gouverneur.

Ce même jour, ils s'étaient réunis chez le premier président de Bretagne pour arrêter toutes les mesures nécessaires. L'évêque de Madaure était alors en contestation avec le chapitre de la cathédrale. Le premier avocat général Rémefort de la Grelière fut chargé de s'entendre avec les chanoines pour que ceux-ci ne s'opposassent point à ce que M. de Madaure officiât pontificalement à la messe du Saint-Esprit, qui devait précéder l'installation; il réussit dans sa négociation. Dans cette réunion, on convint en outre que les maîtres des requêtes, faisant les fonctions de présidents, paraîtraient à la cérémonie avec leurs robes de satin, comme étant la plus haute marque de leur dignité.

L'installation du Parlement, ou pour mieux dire la prise de possession du pouvoir judiciaire dans les Trois-Evêchés au nom de la France, eut lieu le 26 août 1633.

A sept heures du matin, le premier président Anthoine de Bretagne et tous les commissaires qui lui étaient adjoints, sortirent du palais et se rendirent à la cathédrale pour entendre la messe du Saint-Esprit. Le premier président marchait à la tête de la compagnie; il portait un manteau fourré d'hermine et tenait en main une toque de velours noir, garnie de quatre galons d'or. Son front était découvert; de petites moustaches garnissaient sa lèvre supérieure, et une légère touffe de barbe ombrageait son menton. Les maîtres des requêtes, présidents par commission, étaient revêtus de leurs robes de satin noir; les autres commissaires, conseillers ou gens du roi, portaient la robe et les chaperons écarlates. Tous ces messieurs portaient, ainsi que le premier président, la moustache et la barbe.

En avant du Parlement marchaient d'abord le prévôt des maréchaux, *avec ses archers couverts de leurs casaques et chargés de leurs carabines;* puis les huissiers, conduits par le premier huissier vêtu d'une robe écarlate avec chaperon noir, et tenant à la main son bonnet carré fourré d'hermine.

Quatre files d'arquebusiers bordaient la nef depuis la porte de l'église jusqu'à celle du chœur, où se trouvaient réunis les membres de la noblesse et les magistrats de la ville.

Les chanoines de la cathédrale vinrent au-devant du parlement, et le doyen du chapitre, messire d'Haraucourt de Chamblay, complimenta le premier président, qui lui répondit. Les membres de la Cour furent ensuite conduits au chœur.

L'évêque de Madaure, qui était revêtu de ses habits pontificaux et de son rochet, était assis sous un dais à crépines d'or. Aussitôt après l'arrivée du Parlement, il célébra la messe. Après l'évangile, le livre fut porté au premier président et aux autres commissaires, qui le baisèrent. Il n'y eut ni offrande ni baiser de paix.

Quand l'office fut terminé, le Parlement reprenant l'ordre dans lequel il était arrivé à la cathédrale, retourna au palais, le premier président ayant à sa droite l'évêque de Madaure, qui par l'édit d'institution avait été appelé à faire partie de la Cour.

Entrés dans la grande salle, où se trouvaient déjà beaucoup de dames et de personnes de qualité, le premier président et les autres commissaires occupèrent les hauts sièges, et l'évêque de Madaure alla prendre place sur un siège *du côté où les ducs, pairs et évêques avaient coutume de se mettre dans les Parlements.*

Le premier président remercia l'évêque de Madaure de ses bénédictions et de ses prières; le prélat y répondit gracieusement.

Les portes du palais et de la grande salle furent alors ouvertes au public, l'édit et les lettres-patentes furent lus par le greffier en chef, et le premier président adressa une allocution à l'auditoire.

Après cette allocution, le premier avocat général Remefort de la Grelière se leva et prononça une longue harangue.

Le premier président termina la séance en ordonnant au nom de la Cour que sur les replis de l'édit et des lettres-patentes, il serait fait mention de leur lecture, publication et enregistrement.

Après la cérémonie, M. Michel Charpentier, ci-devant président royal et l'un des conseillers par commission, réunit tous ses collègues dans un splendide dîner.

Le premier président Anthoine de Bretagne, ayant reçu ordre du roi de ne sortir de chez lui qu'après l'installation du Parlement, commença à rendre des visites le 27 août, et le lendemain il donna un grand banquet. L'abbé de Saint-Arnould, Abraham Fabert, maître-échevin, et plusieurs gentilshommes de la ville de Metz et du pays messin y assistèrent. A la fin du repas, on apprit que M. le duc de la Valette, gouverneur militaire de la province, venait d'arriver. Une députation alla aussitôt le complimenter et en fut très-bien accueillie. M. le duc de la Valette partit le lendemain à quatre heures du matin pour rejoindre le roi à Pont-à-Mousson; il envoya au premier président un de ses gentilshommes pour lui faire ses excuses de ce que son départ précipité ne lui permettait pas de rendre visite au chef de la nouvelle compagnie.

Le lundi 29 août 1633, les membres du Parlement se rassemblèrent, et dans cette réunion le premier président Anthoine de Bretagne voulut donner l'exemple de sa soumission aux usages parlementaires ; il renouvela devant la compagnie le serment qu'il avait déjà prêté entre les mains du roi et du chancelier, et il jura *de maintenir courageusement l'autorité de la Cour :* il n'a point manqué à son serment.

Quelques mesures complétèrent la prise de possession de l'autorité judiciaire. *Pour faire rendre obéissance aux arrêts de la Cour,* un édit du mois de septembre 1633 créa un prévôt provincial dans les Trois-Evêchés et porta à trente le nombre de ses archers. Un second édit du mois de septembre 1634 lui adjoignit un lieutenant et accorda des avantages à ces officiers, *pour les exciter à exercer courageusement leurs offices dans les périls et hasards qui se présentent journellement aux captures, arrêts et emprisonnements des voleurs et autres criminels et mal vivants.* Enfin, par un édit du mois de décembre 1633, les sceaux ordinaires de la justice dans les Trois-Evêchés furent supprimés et remplacés par des sceaux aux armes de France ; *n'étant pas raisonnable,* est-il dit, *de tolérer que les armes étrangères soient empreintes ès-dits sceaux, ès-lieux de notre obéissance où l'étranger n'a nul intérêt.* Le grand sceau de la ville de Metz était alors l'aigle impériale, portant en cœur l'écu de la ville, parti d'argent et de sable. Ce fut seulement quatre-vingts ans plus tard que le symbole de l'aigle impériale disparut complètement de certaines marques de l'autorité publique.

Enfin le Parlement de Metz était constitué.

La création d'un Parlement pour les Trois-Evêchés était une violation manifeste des promesses solennelles faites par Henri II, et devait nécessairement exciter le courroux des vieux patriotes messins. C'était un coup mortel porté à cet esprit démocratique et turbulent qui dominait à Metz depuis tant de siècles; c'était surtout le plus sûr moyen d'annihiler le pouvoir absolu que les évêques de Toul et de Verdun exerçaient exclusivement dans leurs diocèses, et que l'évêque de Metz possédait lui-même dans les parties de l'évêché, indépendant du pouvoir municipal.

L'établissement d'une Cour souveraine anéantissait non-seulement les hautes juridictions des maîtres-échevins et des évêques, mais encore ces petites justices souveraines tenues en franc-alleu et ne ressortissant d'aucun tribunal supérieur, pas même de la cour impériale de Spire.

Le droit de vie et de mort appartenant jusqu'alors à tant de juridictions, ne devait plus être exercé à l'avenir que par le Parlement lui-même, et celui de faire grâce ne devait plus être à la disposition des maîtres-échevins, des évêques et de certains hauts justiciers, pour lesquels l'exercice de ce droit sacré n'était le plus souvent qu'un moyen de rançonner les innocents et de vendre l'impunité aux coupables. L'exploitation du droit de justice souveraine et de grâce était à cette époque d'une si grande importance pour les seigneurs qui le possédaient dans les Trois-Evêchés, que leurs droits seigneuriaux se vendaient au denier 45, tandis qu'en France ces mêmes droits ne se vendaient qu'au denier 20. L'abolition du droit de justice souveraine allait donc faire perdre aux possesseurs de ces seigneuries plus de la moitié de leurs revenus.

Ce qui devait en outre indisposer profondément les populations contre le Parlement, c'est que, pour payer les gages de la nouvelle Cour, un édit du mois de septembre 1633 avait mis un impôt de cinq sols sur chaque pinte de sel, dans tout le ressort ; jusque-là le commerce du sel avait été entièrement libre dans les Trois-Évêchés.

Enfin les gouverneurs militaires français ne pouvaient plus jouir de la même liberté ; leurs prétentions se trouvant éclipsées par celles d'une Cour souveraine, jalouse de ses pouvoirs.

On voit donc par tous ces motifs combien le Parlement nouvellement établi avait de préjugés à combattre, d'intérêts à fouler aux pieds, d'obstacles à surmonter et d'ennemis à vaincre.

Il fallut de l'énergie aux magistrats pour tenir tête à tant de difficultés ; il leur fallut surtout du courage pour rester fidèles à leurs postes, au milieu des dangers de tout espèce qui les environnaient.

A cette époque, les Trois-Évêchés et les provinces voisines étaient dévorés par la guerre et par la peste. Ce fléau fit périr à Toul plus de deux mille âmes dans les années 1632 et 1633. Nancy ressemblait à un affreux cimetière ; il y mourait de vingt-cinq à trente personnes par jour.

La guerre grondait autour de Metz. En 1633, Louis XIII avait renouvelé son alliance avec les Suédois ; sans rompre ouvertement avec l'empire, il favorisait l'union protestante, qui lui faisait la guerre. D'un autre côté, sous prétexte que le duc de Lorraine, Charles IV, refusait de lui rendre hommage pour le duché de Bar, il envahissait les États de ce prince, s'emparait de Saint-Mihiel, de Lunéville et mettait le siège devant Nancy.

Cette capitale de la Lorraine avait dû être remise en dépôt au roi de France, en exécution du traité conclu à Charmes, le 20 septembre. Une des conditions imposées en outre au duc Charles par ce traité, était de livrer à Louis XIII la princesse Marguerite, qui avait, sans le consentement du roi, épousé Gaston, duc d'Orléans, son frère puîné. Ce mariage avait été déclaré nul par le Parlement de Paris et par l'assemblée générale du clergé de France ; le 31 janvier 1634, le roi avait écrit à sa Cour du Parlement de Metz pour qu'elle eût à enregistrer sa déclaration contre son frère Gaston d'Orléans, *à huis ouverts et la dite Cour étant en robes rouges*. Le duc Charles de Lorraine avait pris de son côté l'engagement de faire prononcer la nullité de ce mariage.

Le roi garda Nancy, parce que le duc Charles ne put livrer la princesse sa sœur, qui s'était réfugiée à Bruxelles avec son époux.

En 1635, Charles IV, pour éluder les engagements pris avec la France, crut devoir céder par collusion ses états au cardinal François son frère. A cette nouvelle, une armée française, sous le commandement du maréchal de la Force, investit Lunéville et occupa de nouveau la Lorraine. Charles IV, traqué de toutes parts, alla rejoindre les armées impériales.

Cette même année, le roi ayant déclaré la guerre aux Espagnols et à l'empereur, à l'occasion de la prise de Trèves et de l'enlèvement de l'électeur, le cardinal de la Valette qui, en 1634, avait succédé au duc de la Valette son frère comme gouverneur militaire des Trois-Evêchés, se mit aussitôt en campagne. Ce prélat guerrier, après avoir fait lever aux impériaux le siège de Mayence et de Deux-Ponts, vint à dix lieues de Metz tailler en pièces, près de Vaudrevange, une armée impériale de 5,000 hommes commandés par Galas.

L'année suivante, la guerre devint encore plus vive. Le cardinal de la Valette fit lever aux impériaux le siège de Colmar, et, de concert avec Bernard, duc de Saxe-Weimar, il débloqua Saverne et repoussa les troupes impériales jusqu'au Rhin.

Les archives du Parlement lui-même constatent les malheurs inouïs occasionnés par ces guerres désastreuses.

En 1635, les habitants de Flévy, village situé à quelques lieues de Metz, étaient réduits à venir porter plainte au Parlement contre les troupes du roi d'Espagne. Des fourrageurs sortis des forteresses de Sierck, Thionville et Luxembourg, étaient venus enlever leurs chevaux, leurs bêtes à cornes et leurs bêtes blanches ; les malheureux villageois évaluaient leur perte *à quinze cents écus de Roi*. Le 10 septembre de cette année, le Parlement, sur les conclusions du procureur général, leur permettait de saisir-arrêter ce qui appartiendrait aux sujets du roi d'Espagne, jusqu'à concurrence de ce qui leur avait été enlevé.

Pendant que la Cour protégeait ainsi de son autorité les populations de son ressort, Abraham Fabert, qui trois ans plus tard devint maréchal de France, commandait à Metz. Par les bonnes dispositions d'une administration sage et vigoureuse, il garantissait enfin le pays messin des courses désastreuses que faisaient les garnisons de Sierck, de Thionville et de Luxembourg.

Les troupes alliées de la France commirent surtout d'horribles attentats.

En 1636, les Suédois dévastèrent la Lorraine et une partie du ressort du Parlement de Metz. Un chroniqueur contemporain les appelait *omnium bipedum sceleratissima colluvies*. Ces brigands profanèrent plus de six cents églises ; ils violaient les femmes et massacraient les hommes.

Les faits suivants sont tirés d'un procès porté au Parlement :

Les habitants de Gorze, petite ville située à trois lieues de Metz, après avoir déjà beaucoup souffert des malheurs de la guerre, furent accablés par le logement de neuf régiments suédois, qui y vivaient comme en pays ennemi, bien qu'ils fussent à la solde du roi de France. La population fut obligée de se réfugier partie dans l'église, partie dans la maison forte, où les soldats la bloquèrent, en la menaçant de piller et incendier les maisons, et de se livrer à tous les excès envers les femmes et les filles.

Dans ce désastre si grand et si pressant, l'on eut recours au remède ordinaire en pareille rencontre, qui est d'apaiser par argent les principaux officiers, afin qu'ils empêchent les désordres de leurs soldats (termes d'une requête adressée au Parlement).

Les habitants de Gorze étaient appauvris; on ne put trouver d'argent dans la commune. On assembla à la hâte les notables, ainsi que les gens de justice et les administrateurs du bourg. On résolut d'emprunter deux cents pistoles, représentant alors à peu près quatre mille deux cents francs de notre monnaie, pour les distribuer aux commandants des régiments.

Benoît Colson, greffier et clerc juré de la justice, Ferry Maillette et François Petitjean, échevins, vinrent à Metz et trouvèrent à emprunter les deux cents pistoles, sous la caution solidaire du sieur Jean Foës, bourgeois de cette ville, et le 4 mai 1636, on passa contrat de cette obligation devant M⁰ Mengin Thorel, tabellion de Gorze, alors réfugié à Metz.

De retour à Gorze, on distribua les deux cents pistoles aux officiers; cette contribution fit cesser les désordres des soldats.

Quelques jours après, les Cravates, troupes de l'empereur, se rendirent maîtres de Gorze; le bourg fut pillé et les habitants *furent dispersés dans les bois.*

C'était un temps de désordres et de violences. Les magistrats eux-mêmes étaient exposés à des dangers personnels.

En 1635, MM. Fremyn et Arnauld, conseillers, se rencontrèrent à Châlons-sur-Marne ; ils se rendaient à Metz, où le service de leur semestre les appelait. Ils continuèrent ensemble leur route, traversèrent Bar-le-Duc, et, arrivés à Toul, ils durent, dans la crainte d'être enlevés par les partis ennemis, prendre une escorte de cavalerie et d'infanterie pour les conduire jusqu'à Pont-à-Mousson. Selon l'habitude de cette époque, ils voyageaient à cheval, et quand ils arrivèrent aux portes de Pont-à-Mousson, le 1er octobre, vers midi, il faisait une grande chaleur. Le gouverneur de la ville, le sieur de la Moussaye, qui avait perdu au Parlement de Metz et au conseil souverain de Nancy plusieurs procès dont M. le conseiller Fremyn avait été rapporteur, le fit attendre pendant plus d'une heure, et quand ce gouverneur fit enfin ouvrir, il ne répondit aux observations raisonnables de M. le conseiller Fremyn qu'en le traitant de *méchant juge*, et en maltraitant et faisant maltraiter les gens de sa suite. Le Parlement fit informer sur ces outrages commis envers un de ses membres. Il obtint sans doute une réparation, car l'année suivante le sieur de la Moussaye n'était plus gouverneur de Pont-à-Mousson.

Les chemins étaient si peu sûrs autour de Metz, que le 30 janvier 1636, six conseillers qui devaient retourner à Paris, partirent à la hâte et profitèrent pour quitter Metz d'un convoi de cent cavaliers qui était dirigé vers la Champagne.

Cette même année, M. Louis Fremyn, substitut du procureur général, faillit être la victime d'un affreux guet-apens.

Les fonctions de substitut n'empêchaient point l'exercice du barreau, et dans une cause qu'il avait plaidée contre les dames religieuses de Sainte-Marie de Metz, il avait eu le malheur de leur déplaire. Des officiers de la garnison avaient pris fait et cause pour ces dames. Un certain soir, ils avaient tenté d'attirer hors de chez lui M. Louis Fremyn pour le faire assommer par leurs soldats. Cela se passait le 15 janvier 1636.

Ainsi donc, dans les premières années de son institution, la position du Parlement de Metz était difficile : les peuples résistaient à son autorité; la peste et la guerre ravageaient son territoire. Il eut en outre à combattre les corps judiciaires qui devaient lui être subordonnés et qui méconnaissaient ses pouvoirs, il eut de plus à lutter contre l'autorité militaire. Rien cependant ne put abattre l'énergie du Parlement; on le verra marcher d'un pas ferme vers le but de son institution, qui était de rattacher à toujours les Trois-Évêchés à la France, et de consolider, par l'exercice souverain de la justice, le drapeau que Henri II avait planté sur les capitales de cette belle province.

Le maître-échevin et les magistrats populaires, connus sous le nom des Vingt-cinq et des Treize, pouvaient être considérés comme juges souverains pour la ville de Metz et les hautes justices qui en dépendaient. La création d'un Parlement vint leur enlever une partie de leurs prérogatives, en leur permettant seulement de prononcer des amendes de simple police jusqu'à *soixante sols*, et de juger dans les matières civiles, en dernier ressort, jusqu'à *cent livres*, et sauf appel, jusqu'à *deux cents*.

Le maître-échevin Abraham Fabert, le père du maréchal, parut avoir entendu *les raisons et supplications apportées de la cour de parlement de Paradis par l'ange tutélaire de la ville et cité de Metz*. Tel est le titre d'une pièce sérieuse au fond, mais burlesque dans la forme, dont l'original repose aux archives de la ville de Metz. Abraham Fabert parut vouloir répondre à l'appel fait par l'auteur, et avoir la velléité de ressaisir courageusement l'autorité exercée autrefois par ses prédécesseurs.

Le Parlement avait fixé au 29 août 1633 la tenue de sa première audience. Le maître-échevin choisit aussi le même jour pour convoquer le conseil des Vingt-cinq au palais de justice, dont le Parlement s'était emparé en grande partie.

En apprenant cette réunion de la Cour supérieure messine, composée du conseil des Vingt-cinq sous la présidence du maître-échevin, le Parlement s'est ému; il manda celui-ci. Abraham Fabert, accompagné de deux membres du conseil des Vingt-cinq et de deux membres de celui des Treize, se présenta avec assurance devant la Cour. M. le premier président Anthoine de Bretagne lui ayant représenté que l'édit du mois de janvier précédent avait supprimé la juridiction souveraine du conseil des Vingt-cinq, le maître-échevin fit « response que ledit conseil était entré ce matin pour juger, » comme ils auraient accoustumé, n'estimant pas que par » ledit édit, il fut supprimé, et ce qui leur fait croire, est » la lettre de cachet qu'il a plu au roi leur escrire depuis » peu, l'adresse de laquelle est faicte audit maître-échevin, » conseil et Treize dudit Metz. »

Un maître-échevin de la vieille république messine n'aurait point eu recours à une semblable équivoque; le Parlement ne s'y arrêta pas, et le même jour 29 août 1633, il rendit son premier arrêt, en faisant défense au conseil des Vingt-cinq de s'assembler et de juger sur les appellations des sentences rendues par les Treize.

Le roi était alors en Lorraine. Le Parlement jugea convenable de lui envoyer une députation pour lui rendre compte de l'installation de la compagnie, et pour se plaindre de la résistance du maître-échevin et de son conseil. La députation composée du procureur général et des deux avocats généraux, trouva Louis XIII à Saint-Nicolas-de-Port, ville assez importante située à quelques lieues de Nancy. Elle reçut un bon accueil du roi, du cardinal de Richelieu et de M. Bouthillier, sur-intendant des finances. Le roi et ses ministres témoignèrent en outre aux députés la satisfaction qu'ils éprouvaient de l'établissement du Parlement, et les chargèrent d'engager la Cour à persister dans l'arrêt qu'elle avait rendu. Cet arrêt ne fut pas mieux compris que l'édit lui-même ; car les gens des trois ordres de la ville de Metz se réunirent de nouveau et adressèrent au roi des cahiers dans lesquels ils réclamèrent le maintien de leurs anciens priviléges et notamment la conservation de la justice souveraine du maître-échevin.

Le roi, en répondant à ces cahiers le 12 février 1634, ne fit que confirmer l'édit de janvier 1633 en ce qui concernait la juridiction du maître-échevin, et le Parlement n'enregistra le 18 mai suivant les réponses du roi et les cahiers présentés par les trois ordres, qu'*à la charge, restriction et modification que le mot de protection dont usent les gens des trois ordres dans leur requête, ne préjudiciera aux droits dudit seigneur et de sa couronne.*

Le cardinal de Lorraine, évêque de Toul, le maître-échevin et les dix justiciers de cette ville, s'opposèrent aussi à la juridiction souveraine du Parlement. Un arrêt du conseil d'Etat du 12 février 1634, tout en confirmant l'évêque et le maître-échevin dans leurs droits de justice, ne les renferma pas moins dans les limites tracées par l'édit de création du Parlement.

Un arrêt du conseil du même jour repoussa également les

prétentions de François de Lorraine, évêque et comte de Verdun, et tout en déclarant que le roi n'avait voulu faire aucun préjudice aux anciens droits, priviléges et immunités dudit évêque et chapitre de Verdun, il confirmait l'édit qui avait supprimé leur droit de justice souveraine pour l'attribuer complètement au Parlement.

Les réponses du roi et les arrêts de son conseil ne purent rendre plus souples toutes ces justices qui, après avoir été si longtemps souveraines, se voyaient réduites à la condition de juridictions très-inférieures. Leur suppression pouvait seule faire cesser leur résistance.

Au mois d'août 1634, Louis XIII signa un édit portant suppression de la juridiction du maître-échevin, du conseil et des treize de Metz, et des autres juridictions du ressort. Ce même édit portait qu'il serait créé cinq bailliages dans les villes de Metz, Toul, Verdun, Vic et Mouzon, et huit prévôtés dans les villes et bourgs de Clermont en Argonne, Gorze, Nomeny, Château-Renaud, Stenay, Varennes, Montignon et Vienne-le-Châtel.

Le remède était trouvé, mais la volonté de fer du cardinal de Richelieu ne fut pas encore assez forte pour l'appliquer de suite. Tous les ordres des évêchés firent de nouvelles représentations, et cet édit, dont l'exécution immédiate eût pu seule mettre un terme à des luttes incessantes et faciliter l'action du Parlement, ne fut envoyé à cette Cour souveraine qu'à la fin de l'année 1640. Son enregistrement ne put donc avoir lieu avant le 21 février 1641, et son exécution ne commença qu'à cette époque.

Le pays repoussait le Parlement; mais des hommes supérieurs à ces préjugés mesquins, derniers défenseurs d'une nationalité depuis longtemps sans dignité et sans force, appréciaient les avantages que les Trois-Evêchés devaient retirer de leur incorporation complète à la France. Ils applaudissaient à l'établissement d'une Cour souveraine, qui allait faire disparaître cette foule de juridictions où l'ignorance grossière des juges égalait la barbarie des formes et la rigueur des supplices. Quelques faits pris au hasard feront connaître ce qu'était la justice criminelle dans les Trois-Evêchés au XVI° siècle et au commencement du XVII°.

Pendant les mois d'août et de septembre 1588, la justice de Plappeville fit brûler vingt-cinq sorciers entre le Pont-des-Morts et le Pontiffroy. En 1598, le maire de Saint-Jure, sa femme et un nommé Grandmichel, furent brûlés vifs sur la place de ce village, après avoir subi les tortures de la question; ils avaient été condamnés d'après une consultation de trois avocats de Metz. Le village de Woippy fournissait grandement son contingent de sorciers, grâce au zèle des procureurs d'office de la cathédrale et à l'imbécilité du maire et des échevins du village. En 1594, ils firent jeter dans les flammes une malheureuse femme qui, jusqu'à son dernier soupir, protesta courageusement contre l'aveuglement de ses juges. En 1593 et même en 1622, on brûlait encore des sorciers sur la place de ce village. La même année 1622, on faisait avouer dans les tortures à une pauvre veuve que depuis vingt-trois ans elle était possédée par le diable, et on la brûlait vive dans le village de Talange, à trois lieues de Metz. Comme l'a remarqué très-judicieusement M. Viville dans son *Dictionnaire du département de la Moselle* : Alors Metz n'avait point de Parlement.

Parmi les hommes considérables du pays qui approuvèrent hautement la création du Parlement, on distingua Michel Charpentier, Nicolas Maguin, Abraham Leduchat et Charles de Lallouette du Bac ; ils s'empressèrent à faire partie de la nouvelle Cour.

Peu après il parut en l'honneur du Parlement un ouvrage qui fut imprimé à Metz chez Claude Félix, en 1634, format in-4°. Cette apologie, due à un sieur Esprit Gobineau de Montluisant, avait pour titre : *la Royalle Thémis, qui contient les effets de la justice divine, humaine et morale de l'établissement de la Cour de Parlement de Metz*, etc. Cet ouvrage rare est cité par Goujet dans sa *Bibliothèque française;* on en trouve un exemplaire à la bibliothèque de l'Arsenal, à Paris.

Le premier acte du Parlement avait été de fulminer son arrêt du 29 août 1633 contre le maître-échevin de Metz. Quelques jours après, il eut à se défendre d'une atteinte portée à ses immunités et prérogatives personnelles.

Le 9 septembre, la reine Anne d'Autriche allant rejoindre le roi à Nancy, vint coucher à Mars-la-Tour; son entrée à Metz avait été fixée au lendemain. Les maréchaux-des-logis de Sa Majesté avaient marqué à la craie le logis du président Pinon pour le logement de madame la duchesse de Chaulnes, et les officiers de madame la duchesse *s'étaient mis en devoir de forcer les portes pour y entrer.*

Les maréchaux-des-logis de la reine avaient aussi fait la même marque sur la maison de M. le premier avocat général Rémefort de la Grelière, pour y loger madame de Brouilly, gouvernante des filles de Sa Majesté.

Le Parlement estima qu'il ne pouvait souffrir une telle offense ; il fut décidé qu'immédiatement après la harangue adressée à la reine, lors de son arrivée, *très-humbles supplications lui seraient faites concernantes lesdits logements*, et qu'elle serait priée *de vouloir conserver les officiers de la Cour en leurs privilèges et prérogatives ;* les membres du Parlement devant être exempts de tout logement.

Le samedi 10 septembre, la reine arriva dans l'après-midi et alla descendre à l'évêché.

Vers sept heures du soir, les officiers du Parlement, en robes noires et bonnets carrés, furent admis à haranguer la reine. M. le duc de la Valette, chargé d'accompagner Sa Majesté, remplit les fonctions de maître des cérémonies ; il se plaça à la gauche de M. le premier président et présenta ensuite la Cour. Sa Majesté était entourée des quatre maîtres des requêtes, MM. Barillon de Morangis, Lefebvre de Caumartin, Dreux-Daubray et de Miromesnil, commissaires nommés précédemment pour l'établissement du Parlement. Elle avait également auprès d'elle mesdames les duchesses de Rohan et de Chaulnes et madame la marquise de Senecey, ses dames d'honneur. Madame de la Flotte, dame d'atours, plusieurs autres dames et seigneurs assistaient à la réception.

La reine répondit au premier président qu'*elle remerciait la Cour de ses honneurs ; que pour les logements, elle y pourvoirait au contentement du Parlement.*

M. le duc de la Valette reconduisit les membres de la Cour jusque dans l'antichambre, où madame la marquise de Senecey vint de la part de la reine dire à M. le premier président, que Sa Majesté avait donné l'ordre qu'on enlevât la marque apposée aux logis des officiers du Parlement.

La reine quitta Metz le mardi 13 septembre. Le Parlement avait été en corps prendre congé d'elle, et Sa Majesté le *remercia avec des témoignages d'affection et de bienveillance.*

Le lendemain du départ de la reine, le Parlement se trouva saisi d'une affaire marquée par des arrêts de mort et liée en quelque sorte aux dissensions de la famille royale.

En 1631, Marie de Médicis, mère du roi, et son fils Gaston, duc d'Orléans, s'étaient retirés de la Cour. En 1633, la reine-mère, fixée à Bruxelles, s'était mise sous la protection de l'Espagne ; peu de temps après, Gaston vint l'y rejoindre avec la princesse Marguerite de Lorraine, sa femme. Le père Chanteloupe, oratorien, s'était attaché à la fortune de la reine-mère et à celle de Monsieur. Cet ecclésiastique était regardé comme l'un des principaux auteurs des troubles qui avaient éclaté dans le royaume ; le 30 mars 1631, une déclaration du roi, enregistrée au Parlement de Dijon où la Cour se trouvait alors, ordonna de le poursuivre comme criminel de lèse-majesté.

Ce père Chanteloupe qui, par position était l'ennemi personnel du cardinal de Richelieu, fut accusé d'être l'âme d'une conspiration tramée contre la vie du premier ministre. Voici comment il se fit que le Parlement de Metz eut à statuer dans une affaire aussi grave :

Le 14 septembre 1633, on vit arriver à Metz un gentilhomme accompagné de deux soldats. Tous trois avaient servi dans les gardes du maréchal de Marillac, mort victime de la politique du cardinal de Richelieu. Pendant leur séjour à Bruxelles, ils avaient été nourris, soit dans la maison de la reine-mère, soit dans celle du père Chanteloupe. Aussitôt qu'ils furent arrivés à Metz, ces deux soldats allèrent déclarer au seigneur de Montmart, commandant de la ville, que pendant la route leur compagnon de voyage les avait engagés à assassiner le cardinal de Richelieu. Cet officier fit arrêter les dénonciateurs et l'homme qu'ils accusaient ; celui-ci se nommait Alpheston et se disait gentilhomme originaire des environs de Châlons-sur-Marne. Le premier président Anthoine de Bretagne fut prévenu immédiatement. Après avoir pris connaissance de l'affaire, il expédia de suite le greffier qui avait reçu les dénonciations au garde des sceaux, qui se trouvait alors en Lorraine avec toute la cour. Le lendemain même, le roi fit adresser au Parlement l'ordre d'instruire le procès d'Alpheston.

Le Parlement informa d'abord sur le fait de conspiration contre le cardinal, ce qui constituait un crime de lèse-majesté au second degré, puis sur un second chef capital, celui d'un assassinat. Alpheston était accusé d'avoir confié à un nommé Clerbourg, courrier du cardinal, ses projets d'attentat à la vie du premier ministre, et d'avoir tué quelques mois après ce malheureux courrier à Void, près de Toul, parce qu'il avait craint ses indiscrétions.

La procédure fut instruite promptement ; par arrêt du 22 septembre 1633, huit jours après l'arrestation d'Alpheston, le Parlement le déclara convaincu des deux crimes à lui imputés, en conséquence le condamna à faire amende honorable devant la principale porte de la cathédrale, et à être rompu et brisé vif sur la place de Champ-à-Seille.

Cet arrêt, signé sur les registres par Anthoine de Bretagne, premier président, Nicolas Rigault et Guillaume Fremyn, conseillers chargés de l'instruction du procès, reçut le lendemain son exécution.

Quelques jours après, une députation solennelle, composée du premier président, de quatre présidents à mortier, de deux conseillers, du procureur général et du premier avocat général, fut chargée d'aller à Nancy complimenter Louis XIII. La députation eut audience le mercredi 28 septembre ; le roi, qui était entouré de ses ministres, témoigna au Parlement combien ses services lui étaient agréables.

En quittant le roi, les magistrats allèrent saluer le cardinal de Richelieu, qui reçut les députés fort courtoisement et remercia la Cour de la bonne justice qui avait été faite pour l'assassin qu'Alpheston avait entrepris sur sa personne.

L'arrêt de condamnation prononcé contre ce malheureux portait qu'avant l'exécution il serait appliqué à la question ordinaire et extraordinaire, *pour avoir par sa bouche la vérité de ses complices.* Sur le vu du procès-verbal de question, le Parlement ordonna que le père Chanteloupe, la Roche, son domestique, Claude, son cocher, et Garnier, ancien secrétaire du maréchal de Marillac, seraient également arrêtés, si faire se pouvait, et que l'on instruirait leur procès.

Au commencement de ce même mois de septembre, un nommé Blaise Rouffet, se disant de Chavaignac, né à Brévilliers, en Auvergne, était venu trouver le cardinal de Richelieu au camp devant Nancy, pour le prévenir que le marquis d'Ayetonne, commandant dans les Pays-Bas, cherchait à le faire empoisonner, et que Sivry, capitaine du château de Namur, était disposé à livrer la forteresse aux Français. Rouffet reçut ordre de retourner immédiatement à Namur, avec défense d'aller plus loin. Il quitta le camp de Nancy le 18 septembre, revint le 2 octobre trouver le cardinal à Saint-Dizier, et lui remit une lettre qui parut suspecte au ministre. M. du Chatelet, conseiller d'état, chargé de l'instruction de l'affaire, constata bientôt que la lettre attribuée à Sivry était fausse, que Rouffet l'avait écrite lui-même, qu'il ne s'était point arrêté à Namur et qu'il avait été jusqu'à Bruxelles malgré les défenses à lui faites.

Quand la Cour retourna à Paris, on transféra Rouffet à la Bastille. Le garde des sceaux l'interrogea lui-même trois fois, et M. Lanier, maître des requêtes, fut chargé de continuer l'instruction de son procès.

On reconnut alors que Rouffet avait pris faussement le nom de Durfé, baron de Chavaignac; qu'il avait supposé des contrats, des baux de terres et seigneuries imaginaires; qu'il avait fait des promesses de mariage à plusieurs femmes en divers lieux, et que le 22 juillet 1630, il avait dans une rencontre tué un nommé Gaspard Jacquet.

D'un autre côté, Rouffet, dans ses interrogatoires, avait déclaré qu'il avait été engagé par le père Chanteloupe et le sieur de Fargis à tuer le cardinal de Richelieu, mais qu'il en avait été empêché par les sages conseils d'un capucin à qui il s'était confié.

Toutes ces circonstances firent penser que le procès de Rouffet pourrait répandre quelque lumière sur celui que le Parlement de Metz instruisait contre le père Chanteloupe, la Roche, Claude et Garnier. En conséquence, le roi, par ses lettres-patentes du 18 mars 1634, attribua au Parlement de Metz la connaissance du procès contre Rouffet. Il fut extrait de la Bastille et amené à Metz où il arriva le 15 avril suivant, pour être déposé dans les prisons de la conciergerie du palais.

Cette procédure fut aussi terminée promptement : vingt-six jours après son arrivée à Metz, Rouffet fut, par arrêt du 10 mai, déclaré convaincu d'avoir tué Gaspard Jacquet, d'avoir en outre conspiré contre le cardinal de Richelieu. Pour réparation de ces crimes, il fut condamné à être pendu et étranglé sur le Champ-à-Seille.

Cet arrêt, exécuté le lendemain, avait ordonné que les pièces du procès Rouffet seraient jointes à celles du procès Chanteloupe, et avait décrété de prise de corps plusieurs autres individus retirés en pays étranger.

Cette grande affaire se termina par des arrêts du 7 juillet de la même année, qui condamnèrent le père

Chanteloupe et le nommé la Roche, son domestique, à être rompus et brisés vifs sur le Champ-à-Seille, *si pris et appréhendés pouvaient être, sinon par effigie en un tableau qui serait mis et attaché à une potence.*

Après deux siècles, il serait téméraire de réviser des procès. On ne peut cependant s'empêcher de remarquer qu'Alpheston n'a été condamné à mort que sur des faits peu éclaircis. L'instruction dura à peine huit jours, et la principale charge était la dénonciation de deux soldats qui l'avaient attiré à Metz pour le livrer au commandant de la place. Il est vrai qu'Alpheston, dans les douleurs de la torture, a avoué son crime et dénoncé des complices ; qu'il a répété même ses aveux et ses dénonciations *hors du tourment* : mais avant de monter à l'échafaud il les a rétractés et a remis au greffier un écrit de sa main, constatant ses rétractations.

Quant à Rouffet, dit de Chavaignac, il a déclaré, il est vrai, que le père Chanteloupe lui avait proposé de tuer le cardinal de Richelieu, mais il varia toujours dans ses déclarations.

Tout ce qu'il y a de plus clair dans ces affaires, c'est qu'Alpheston et Rouffet étaient des aventuriers, peut-être même des espions, et que le cardinal de Richelieu n'était point fâché de laisser croire que l'on voulait attenter à sa vie. Déjà en 1626, Henri de Taleyrand, prince de Chalais, avait été décapité, pour avoir conspiré contre le cardinal de Richelieu ; plus tard, en 1636, Montrésor et Saint-Ibal étaient accusés d'avoir formé le projet d'attenter à sa vie.

CHAPITRE II.

Monsieur le Prince siége au Parlement.
Démolition des châteaux forts de la Lorraine. Divers arrêts portant règlement.
Luttes avec l'autorité militaire. Translation du Parlement à Toul.

La résistance au pouvoir de la France se manifestait de toutes manières. Mouzon s'était soulevé contre l'impôt du sel ; à Gorze, on avait brisé les armoiries du roi ; un arrêt du 3 décembre 1633 avait dû ordonner qu'elles fussent rétablies sur les portes de la ville et sur celles de l'église. En 1634, le Parlement avait commis des conseillers pour se transporter avec les Gens du roi dans les diverses juridictions, afin d'y faire lire et publier l'édit de création. Les magistrats remplirent cette mission avec zèle, mais nulle part ils ne trouvèrent les officiers de justice disposés à reconnaître le pouvoir nouvellement établi. Les uns s'excusaient en disant qu'ils ne comprenaient rien aux réquisitions du ministère public, les autres refusaient d'assister aux proclamations, ou n'y assistaient que contraints et forcés.

François de Lorraine, évêque de Verdun, était en rébellion ouverte. Le 20 octobre 1633, le Parlement considérant que le prélat oubliant les obligations qu'il devait au roi, *tenait la campagne avec armée levée par lui*, ordonnait la saisie des fruits et bénéfices de son évêché; il informait en outre contre lui et ses adhérents. Le 3 novembre suivant ils étaient tous décrétés de prise de corps.

Ces résistances multipliées, loin d'arrêter la marche du Parlement, l'encourageaient au contraire à saisir toutes les occasions pour mettre de plus en plus en avant les droits de souveraineté de la France. Averti que depuis la démolition de l'abbaye de Gorze, en 1609, on avait changé des fondations dues à la libéralité des rois de France et remontant même au roi Pepin, le Parlement, par arrêt du 23 juin 1634, commit le conseiller Tambonneau pour informer à cet égard et dresser procès-verbal, tant des changements faits dans cette abbaye que du nombre et de la qualité des ecclésiastiques qui s'y trouvaient.

C'est ici que vient se placer un de ces fameux arrêts que dom Floret et dom Bigot signalent comme des services rendus à la couronne de France.

Des ordonnances de Henri IV et de Louis XIII avaient disposé que les bénéfices des Trois-Evêchés ne pourraient être accordés qu'à des sujets du roi, et que les pourvus de bénéfices ne seraient admis à en prendre possession qu'après avoir communiqué leurs provisions aux officiers royaux et prêté serment de fidélité entre leurs mains. Le clergé éludait ces ordonnances; tout récemment on y avait contrevenu dans le

diocèse de Verdun en procédant à la réception d'un chanoine étranger. Le procureur général appela comme d'abus des prises de possession de bénéfices faites sans sa permission, depuis son établissement, dans l'étendue des Trois-Évêchés, villes et terres qui en dépendent. Le 15 janvier 1635, la Cour reçut l'appel du procureur général, et, y faisant droit, lui permit de faire intimer sur ledit appel qui bon lui semblerait, et de faire saisir les fruits et revenus des bénéfices indûment possédés. Elle statua en outre que tous ceux qui seraient dorénavant pourvus de bénéfices ne pourraient en prendre possession sans la permission des Gens du roi, et que les titulaires contrevenants seraient censés intrus et les bénéfices vacants et impétrables. Le Parlement ordonna en outre que son arrêt serait « lu et publié ès chapitres des
» églises cathédrales, abbatiales et collégiales desdits évêchés,
» et ès auditoires des jurisdictions royales à jour d'audience
» et icelle tenante, et affiché partout où besoin serait, à ce
» qu'aucune personne n'en ignore. »

Au milieu de toutes ces difficultés, renouvelées à chaque instant et sous toutes les formes, les magistrats étaient soutenus par le sentiment de leurs devoirs et par les témoignages d'estime qui leur furent donnés dans des occasions solennelles.

L'année 1635 apporta au Parlement une de ces hautes marques de considération qui devaient singulièrement le relever aux yeux des peuples.

M. le Prince, père du grand Condé, traversant Metz pour se mettre à la tête des armées du roi, voulut siéger au Parlement, en qualité de pair de France et de prince du sang.

Le jeudi 21 juin, une députation composée d'un président à mortier et de quatre conseillers alla le recevoir à la première grande porte de la salle du palais. Son Altesse, introduite dans la chambre du conseil, prit place *en la chère à elle préparée, ayant un carreau de velour en la dite chère et un soubs les pieds.* MM. de Machault et d'Argenson, maîtres des requêtes de son hôtel, l'accompagnaient et furent placés à ses côtés.

M. le Prince adressa à la compagnie des paroles flatteuses; il lui dit en outre « qu'il recevoit un grand contentement de
» veoir en cette ville l'establissement d'une compagnie sou-
» veraine, laquelle y estoit si nécessaire pour le bien et ad-
» vancement des affaires de Sa Majesté; qu'il l'estime et
» chérit tant à cause de ce, que de l'affection et cognoissance
» qu'il a de la pluspart de ceux qui sont en icelle, et qu'elle
» peut s'asseurer qu'il la servira en toutes les occasions qui
» se présenteront. »

Le premier magistrat de la compagnie lui répondit par un respectueux compliment.

La Cour monta alors à l'audience publique. M. le Prince marcha après le premier président et prit place sur les rangs destinés aux ducs et pairs.

Quand l'audience publique fut terminée, M. le Prince se retira avec la Cour. Il fut reconduit par un président à mortier et quatre conseillers jusqu'à la première grande porte de la salle d'audience joignant l'escalier.

Le lendemain, une députation composée de deux présidents à mortier, de six conseillers et des Gens du roi, alla remercier Son Altesse de l'honneur qu'elle avait bien voulu faire à la Cour.

Le 7 janvier 1647, la Cour ayant appris la mort de M. le Prince, fit adresser à son fils une lettre de condoléance dans laquelle elle lui rappelait « les preuves indubitables que les
» Cours de Parlement avaient eues de l'amour de son père

» pour la justice, et de son ardeur pour le soulagement
» des peuples. » La Cour lui rappelait aussi l'honneur qu'il
avait reçu quand il vint siéger avec elle et la protection que
Son Altesse lui avait toujours continuée.

Louis de Bourbon, dans sa réponse du 26 janvier 1647,
exprimait au Parlement toute sa reconnaissance et le désir
de le servir.

Richelieu, ce grand démolisseur de la féodalité, lui porta
un coup terrible en Lorraine. En faisant raser tous les châteaux forts de la province, il réduisit la Lorraine à un tel état
d'impuissance qu'elle devait nécessairement tomber plus tard
dans les bras de la France.

Le Parlement de Metz a, lors de la démolition de toutes
ces forteresses, joué un rôle assez important. A son passage
à Metz, M. le Prince, en qualité de généralissime des armées
du roi, avait donné commission au conseiller Tambonneau
de faire raser le château et les fortifications de Boulay; au conseiller de Bruc celle de faire démanteler Briey. Ces deux
places, dépendantes de la Lorraine, compromettaient par
leur position la sécurité des Trois-Evêchés.

Pour l'exécution de leurs commissions, les conseillers Tambonneau et de Bruc durent demander à leur compagnie une
dispense de service; elle leur fut accordée avec empressement
par arrêts du 2 juillet 1635. A cette occasion, Anthoine de
Bretagne, premier président, s'adressant à M. Tambonneau,
lui dit au nom de la Cour que « ces démolitions se faisant
» pour le bien du service du roi et le soulagement de ses
» sujets, le plus tôt qu'il pourrait exécuter la dite commis-
» sion, ce serait le meilleur. »

L'année suivante, on prit une mesure générale. Le conseil
du roi ordonna la destruction de tout ce qui restait de châ-

teaux forts en Lorraine. On nomma quatre commissaires pour procéder de suite à ces démolitions ; le conseiller Guillaume Fremyn fut désigné pour faire partie de cette commission. Le 1er février 1636, les commissaires se réunirent à Nancy sous la présidence du gouverneur, et se distribuèrent la besogne. Le département de M. Fremyn se composa de dix-huit villes fortes ou châteaux, parmi lesquels on comptait Etain, Nomeny et Blâmont. Le délégué du Parlement ne fit grâce à aucune de ces forteresses. *Tout cela fut ruiné et démoli* (dom Calmet).

Le Parlement n'était point seulement un corps judiciaire et politique, c'était aussi un corps administratif et souverain. Son œil vigilant embrassait toutes les parties de l'administration ; ses arrêts portant règlement témoignent de son pouvoir et de sa sollicitude. En voici quelques-uns :

Au mois de janvier 1634, il publia un *Style et Règlement pour l'abréviation des procès*. Le président Pinon et le conseiller Jacques Doumengin père, furent chargés d'en préparer la rédaction. Ce règlement fut ensuite discuté et adopté dans plusieurs assemblées de la Cour. Ce style a été abrogé par l'ordonnance de 1667 ; néanmoins son titre X, à peu de chose près, a eu force de loi dans le ressort jusqu'à l'abolition des Parlements en 1790. Bien des œuvres législatives de nos jours n'auront point une si longue durée.

Dès le mois de novembre 1633, des arrêts avaient ordonné des assemblées générales de police, composées de membres du Parlement et des échevins. Elles se tenaient au palais de justice, sous la suprématie de la Cour. L'arrêt du 17 novembre 1635 prescrivit qu'elles se tiendraient le premier mardi de chaque mois. Ce règlement avait été fait à l'imitation de ce qui se passait au Parlement de Paris. C'était une nouvelle usurpation des droits municipaux du maître-échevin et des échevins de la ville de Metz.

Par son arrêt du 10 juillet 1634, le Parlement ordonna que les *amans* et notaires feraient signer les parties et témoins dans les actes ; jusque-là on s'était contenté, dans les Trois-Évêchés, de la signature des officiers publics. En prescrivant cette mesure, la Cour ne faisait que ce que le Parlement de Paris avait fait en 1579 pour son ressort.

Il n'était point encore d'usage d'indiquer dans les minutes des jugements les noms des juges qui les avaient rendus. Un arrêt du 28 août 1634 l'exigea.

Un autre arrêt du 21 avril 1636 défendait aux ecclésiastiques de faire des baux excédant neuf années; et celui du 23 juillet suivant défendait de compter *par pistoles, écus ou richdales*, monnaies espagnoles ou allemandes. Il ordonnait de compter par livres, sols, francs et gros messins. Le principal but de cette mesure était de faire disparaître les anciennes habitudes de l'empire et d'y substituer les usages de France.

Le Parlement disposait quelquefois, pour ainsi dire, de l'autorité royale. Tantôt on le voyait passer des marchés pour les sels nécessaires à la province ; tantôt il faisait défense aux laquais de porter des armes et il permettait aux demoiselles de Metz d'avoir des coiffes d'or, malgré l'édit somptuaire du 18 novembre 1633. Par un arrêt du 3 janvier 1634, motivé sur la cherté des vivres, la Cour ordonnait qu'il serait payé aux hôteliers de la ville de Metz, par ceux qui logeraient chez eux, trois livres par jour pour l'homme et le cheval. Le 14 mai de la même année, le Parlement réglementait l'exercice de la médecine. Enfin, par un arrêt du 13 août 1635, il faisait abattre entre Metz et Verdun un bois infesté par les voleurs.

Parmi ces arrêts portant règlement, il en est quelques-uns capables de piquer la curiosité par les détails de mœurs qu'on y retrouve. Les différentes professions formaient des corporations extrêmement jalouses de leurs droits. Il était bien difficile de poser ces limites délicates où finissaient les attributions d'un corps de métier et où commençaient les attributions d'un autre.

Les merciers, *ces vendeurs de tout et ces faiseurs de rien*, comme a dit un ministre du roi, eurent avec les passementiers et les éperonniers des démêlés dans lesquels le Parlement dut intervenir. Une discussion sérieuse élevée entre les pâtissiers et les rôtisseurs fut surtout solennellement portée devant la Cour souveraine. L'arrêt est du 26 octobre 1636.

Nicolas de Corberon, premier avocat général, porta la parole dans cette affaire. Voici un échantillon des moyens présentés par l'officier du ministère public :

« Un ancien, parlant dans le sénat de la nécessité de la
» loi Appia, disait que l'extrême dépense et l'avarice estoient
» les pestes mortelles que les démons conjurez à la ruine
» des états influaient sur eux pour les faire périr.....

« Aussi les princes zélés pour le bien de leurs sujets ont
» toujours eu un soin particulier d'établir une police exacte,
» et de la faire observer dans chacune des villes de leur
» royaume.....

» En effet, le peuple n'a d'autre objet que l'abondance des
» denrées, d'autre but que le bon marché des vivres ou les
» jeux publics : *Vulgus alimenta in dies mercari solitum cui*
» *una de republicâ annonæ cura* (le peuple achète ses vivres
» au jour le jour ; le soin principal de l'administration est
» d'y pourvoir) ; ou comme dit Juvénal : *Duas tantùm res*
» *anxius optat panem et circenses* (le peuple ne désire tant
» vivement que deux choses, du pain et des spectacles).

« Mais si la police est nécessaire, c'est particulièrement
» dans cette ville, où il y a rareté de toutes choses, et à
» laquelle on peut appliquer ce que Tibère disait de Rome
» et de toute l'Italie : *Italia externæ opis indiget, et vita populi*
» *romani per incerta maris et tempestatum volvitur* (l'Italie
» ne reçoit plus de provisions de l'étranger, et la vie du peuple
» romain est livrée aux incertitudes des mers et des tempêtes),
» puisque si les vivres ne lui sont pas amenés avec le péril de
» la mer et des tempêtes, du moins c'est à la merci des
» Cravates et des voleurs; dans cette ville dont les habitants,
» à cause de la guerre, ont pu dire depuis quelques mois ce
» que disaient les Israélites à Moïse dans le désert : *Deest*
» *panis, non sunt aquæ, anima nostra nauseat super isto cibo*
» *levissimo* (point de pain, point d'eau; rien qu'un misérable
» morceau d'aliment qui soulève le cœur). Ainsi nous voyons
» que pendant la cherté, Achab dans Samarie donna ordre
» lui-même, etc.....

« On dit que les cuisiniers ne pourront vendre de viande
» cuite, et cela est conforme à ce qui est dit de l'empereur
» Claudius : *Curavit ne quid coctum veniret in popinis, præter*
» *legumina et olera* (il veilla à ce qu'on ne servît rien de cuit
» dans les tavernes, à l'exception des légumes et des her-
» bages, etc., etc.) »

Nicolas de Corberon fut un des magistrats éloquents de son
époque : on aimait alors ces formes emphatiques, cet étalage
pompeux d'une immense érudition.

Lors de l'établissement du Parlement, Bernard, duc de la
Valette, était gouverneur et lieutenant général des villes et
citadelles de Metz, Verdun, Toul et Marsal, des pays messin
et verdunois. Fils aîné du duc d'Epernon, il avait comme
son père, un des hommes les plus fiers et les plus violents

de son siècle, une haine innée contre les Parlements ; aussi s'était-il joint aux trois ordres pour protester contre la formation et l'installation de la nouvelle Cour. Les troupes sous ses ordres avaient partagé les mauvaises dispositions de leur chef ; les magistrats ne trouvèrent donc dans la force armée que de l'inertie, au lieu d'un secours efficace.

Le duc de la Valette n'était pas à Metz lors de l'arrivée du Parlement : les premiers démêlés de la Cour eurent lieu avec les lieutenants du gouverneur.

Le Parlement avait demandé aussitôt après son installation le déplacement d'un corps-de-garde, comme trop rapproché du palais ; cette concession lui fut refusée. Quelques jours après, la Cour faisant acte d'autorité, ordonna d'informer contre un soldat de la garnison, et cela sans en avertir le commandant de la place. M. de Montmart, qui remplissait ces fonctions, se rendit aussitôt chez le premier président pour lui remontrer que cette forme de procéder était contraire à l'usage, et « il priait en même temps la Cour de ne rien » innover, crainte des inconvénients, à ce qu'un soldat » assigné pour comparaître à la Cour, serait contraint, s'il » échéait, de quitter sa garde. »

Les réclamations de M. de Montmart n'avaient rien que de raisonnable, car il ne contestait pas la juridiction de la Cour ; il demandait seulement qu'on lui donnât connaissance des poursuites dirigées contre les soldats.

Le Parlement se renferma avec fierté dans son droit. Le lendemain 6 septembre, il rendit l'arrêt suivant : « a été or» donné qu'il serait dit audit sieur de Montmart que la Cour » étoit établie pour rendre la justice à un chacun ; que pour » la forme par lui alléguée, qui s'estoit observée ci-devant, » elle ne pouvoit être suivie ; que c'étoit à lui à commander » à ses soldats de l'avertir. »

On conçoit combien cet arrêt dut blesser les officiers de la garnison. Ils s'empressèrent de rendre au duc de la Valette, lors de son retour à Metz, un compte bien peu favorable de la nouvelle Cour.

Le lundi 5 octobre, le Parlement ayant appris l'arrivée de M. le duc de la Valette, lui envoya une députation chargée de le complimenter. Cette députation était composée du président Michel Charpentier et de quatre conseillers, Jean de Bullion, Nicolas Rigault, Guillaume Fremyn et Jacques Doumengin.

Après l'audience, MM. les délégués de la Cour se présentèrent à l'hôtel de M. le duc de la Valette; le duc était encore au lit, et quoiqu'il eût été averti par un huissier que c'était une députation du Parlement, *il ne bougea pas* et ne fit pas même recevoir ni reconduire les magistrats par les officiers de sa maison.

La Cour fut justement offensée. *Lequel procédé ayant été jugé par la compagnie extraordinaire*, elle arrêta qu'elle n'enverrait plus à l'avenir aucune députation au duc de la Valette, *qu'au préalable, il n'ait esté concerté avec lui la forme avec laquelle il recevra lesdits députés.*

Au mois d'octobre, un des gentilshommes de la suite du gouverneur s'était conduit d'une manière inconvenante dans la salle du palais. Un laquais même appartenant à la domesticité du duc avait tenu des propos insolents contre le Parlement. Ce dernier ordonna une information.

Le jour de la Toussaint, le duc de la Valette ayant rencontré dans la cathédrale M. Claude de Paris, procureur général, *lui témoigna par beaucoup de bonnes paroles qu'il avait du déplaisir de ce qui s'étoit fait.* Le lendemain, M. de Muy, prévôt des bandes, vint chez le procureur général de la part du duc de la Valette, pour lui répéter que le gouverneur désavouait ses gens et offrait de les représenter, à condition qu'on leur fît réparation s'il était prouvé que les huissiers, qui prétendaient avoir entendu les propos injurieux, *avaient menti à la vérité.*

Malgré ces protestations, deux jours après, le 4 novembre 1633, un domestique du procureur général était maltraité par des individus soupçonnés d'être les gentilshommes contre lesquels on informait.

Le Parlement sentait la nécessité de réprimer la licence de la garnison; chaque jour les violences se renouvelaient. Un soir des soldats arrêtèrent le doyen de Saint-Thiébault et le procureur Gaucher; on leur prit leurs manteaux après les avoir maltraités.

Enfin d'autres militaires avaient, en plein jour et dans sa propre maison, battu et volé un sieur Dujardin. Le Parlement avait cru devoir ordonner une information sur ce sujet.

Le prévôt des maréchaux vint de la part du duc de la Valette remontrer à la Cour qu'il s'agissait d'un acte commis par des soldats contre un commissaire des guerres; que par conséquent la connaissance de cette affaire lui appartenait exclusivement, *qu'il était souverain en sa charge de colonnelle.*

Le Parlement ordonna aussitôt le dépôt au greffe de la commission du sieur Dujardin pour y être vérifiée. Il ordonna en même temps qu'il serait sursis *au jugement de la colonnelle.*

Dujardin ni le duc de la Valette n'eurent égard à cet arrêt. Les soldats furent condamnés à être pendus : les Gens du roi interjetèrent en vain appel de la sentence ; le jugement fut exécuté.

Le Parlement n'eut d'autre satisfaction que celle de condamner Dujardin *à cent livres d'aumône au pain des prisonniers,* pour avoir désobéi à la Cour.

Le lendemain le sieur de Muy, prévôt des bandes, voulut élever une estrapade en face même du palais. L'estrapade était un poteau au haut duquel était placée une poulie traversée par une corde; on attachait le patient à la corde, on le soulevait, puis on le laissait retomber violemment. Sur la plainte de plusieurs bourgeois, le Parlement se rassembla et manda le procureur général en la chambre du conseil. Celui-ci représenta que « ce serait chose nouvelle, » sans exemple et fort odieuse, de voir une estrapade plantée » vis-à-vis de l'église cathédrale et en face du palais où la » justice du roi est exercée en son Parlement, et qu'ainsi » les habitants étoient bien fondés dans leurs plaintes. » Le Parlement ordonna au greffier de la Cour d'enjoindre au prévôt des bandes de comparaître en chambre du conseil; elle le chargea en même temps d'inviter M. de Montmart, commandant dans la ville, *à venir en la dicte Cour pour être communiqué avec lui du contenu de la plainte des habitants*. Quoiqu'ils se trouvassent tous deux dans la salle basse du palais, ces officiers refusèrent de se rendre aux invitations du Parlement. Claude de Paris, procureur général, choqué de cette conduite, exposa que *la chose était instante, parce que l'on continuoit à creuser la terre pour planter l'estrapade*, et prit ses conclusions. La Cour y faisant droit, rendit incontinent un arrêt portant défense d'élever des instruments d'exécution de justice militaire en face de son palais. M. de Montmart ne tint aucun compte de cet arrêt.

Une autre cause d'irritation se présenta bientôt. Le Parlement, averti qu'il s'agissait de procéder à une nouvelle élection du maître-échevin, du conseil et des treize de la ville de Metz, pensa qu'il était important de savoir comment se ferait cette élection. Il s'en fit informer par les Gens du roi auprès du duc de la Valette. Le gouverneur ayant répondu sèchement *qu'il procéderait comme il avoit accoustumé*, la Cour arrêta le 21 novembre qu'elle ne députerait aucun de ses membres pour assister à la prestation de serment des nouveaux magistrats de la ville, *jusqu'à ce qu'elle eût reçu les ordres du roi*. Il fut donné avis de cette décision au duc de la Valette.

Les discussions du Parlement avec l'autorité militaire eurent un grand retentissement. Le premier avocat général, dans une assemblée générale de la Cour du 22 novembre, fit connaître que le bruit courait à Paris et dans d'autres lieux, que le Parlement avait été assiégé par la garnison. Il fit remarquer en outre que les bourgeois de la ville et les habitants du ressort, pour la plupart mal intentionnés, prenaient avantage de ces fausses rumeurs. Les Gens du roi furent chargés de conférer à ce sujet avec le duc de la Valette.

Le gouverneur était très-mal avec le cardinal de Richelieu; il craignit sans doute d'irriter le premier ministre, car Richelieu, outre son estime particulière pour le premier président, devait tenir à protéger le Parlement, qui était son œuvre. Le duc de la Valette reçut donc très-bien les Gens du roi; il leur témoigna *un grand déplaisir et ressentiment de tous ces mauvais bruits;* il déclara même qu'il eût donné satisfaction entière à la Cour pour l'estrapade, si on lui en eût parlé.

La paix ainsi rétablie fut assez bien gardée, car la Valette ayant abandonné son gouvernement au cardinal, son frère, écrivit au Parlement la lettre suivante, datée de Paris, du 25 janvier 1635.

« Messieurs, je tiens à grand honneur les témoignages
» que MM. les premier président et de la Grelière m'ont

» rendu de la part de votre compagnie, de celle que vous
» prenez au contentement que m'a apporté l'alliance en la-
» quelle je suis entré, que je tiendray d'autant plus advan-
» tageuse qu'elle me fournira de moyens de servir les per-
» sonnes que j'honore et estime comme vous. Je vous prie
» de vous en asseurer en général et en particulier, et que
» je suis véritablement, messieurs,

« *Votre serviteur très-humble,*

« Le duc de la Valette. »

On a dit que le cardinal de la Valette avait eu son frère à venger; c'est une erreur. Le duc de la Valette n'avait reçu aucune injure du Parlement. Si cela eût été, Bernard de la Valette était trop fier pour avoir dissimulé son ressentiment.

Si donc le cardinal de la Valette fut vivement opposé au Parlement, s'il demanda l'éloignement de cette Cour souveraine, c'est parce qu'elle portait ombrage à son pouvoir. Cependant, si par sa seule influence il obtint la translation du Parlement à Toul, on doit s'étonner de trouver dans toutes ses relations personnelles avec la compagnie des formes convenables, et même des témoignages réitérés d'estime et d'affection.

Le cardinal fit son entrée à Metz le 18 juillet 1635. Une députation composée de deux présidents à mortier, de six conseillers et du premier avocat général, alla le complimenter en sa qualité de gouverneur général de la province. Il reçut très-bien les députés et leur témoigna *avoir beaucoup de contentement de l'honneur que la compagnie lui faisait.*

Le mardi 2 octobre, le cardinal, qui commandait en chef l'armée du roi en Allemagne, étant de retour de Vaudrevange où il venait de battre les troupes impériales, reçut avec beaucoup de bienveillance une seconde députation de la Cour; le prélat guerrier témoigna en outre « par son » action et par ses paroles qu'il avoit beaucoup d'obliga- » tions à la compagnie de l'honneur qu'elle lui rendoit. »

Au mois de décembre suivant, le cardinal de la Valette revint encore à Metz : sa conduite envers la Cour fut, également affectueuse.

Il est vrai qu'à la même époque, des membres du Parlement éprouvaient des vexations de la part des militaires qu'on logeait chez eux. Cette violation des immunités accordées aux officiers de la Cour devait être attribuée surtout aux magistrats de la cité; car ceux-ci ne perdaient jamais une occasion de blesser l'amour-propre de la Cour souveraine.

Des pouvoirs mal définis amenaient nécessairement des conflits entre l'autorité judiciaire et l'autorité militaire. Il ne suffisait pas alors d'être sous les drapeaux pour être enlevé à la juridiction ordinaire ; sous ce rapport, la législation a reculé depuis deux siècles. Sous le gouvernement militaire du cardinal de la Valette lui-même, on voit par un exemple frappant que l'armée reconnaissait le pouvoir souverain du Parlement.

Un nommé Robert de Grache, dit Dufresne, premier sergent de la compagnie de M. le comte de Pas Feuquières, commandant en 1635 les villes et citadelles de Vic et Moyenvic, avait reçu l'ordre du comte de Pas d'occuper et défendre le château de Moyen, avec quatorze soldats laissés à sa disposition. L'ennemi s'étant présenté, Robert de Grache capitula. M. de Rochaurt, capitaine de cavalerie entretenue, commandant Vic et Moyenvic en l'absence du comte de Pas, accusa Robert de Grache *d'avoir sans raison et par sa faulte rendu ledit chasteau de Moyen aux ennemis du roi*, et livra spontanément l'accusé au procureur général, pour le procès lui être fait en Parlement.

On tient cependant pour certain que le cardinal de la Valette, fort de son crédit auprès du premier ministre, fort surtout du relief que lui donnaient ses premiers succès sur les armées impériales, demanda comme une faveur que le Parlement fût transféré à Toul. Il alléguait, prétexte assez frivole, l'incompatibilité de la Cour avec la présence d'une nombreuse garnison, et il exagérait les dangers de recevoir dans une place de guerre une foule d'étrangers qui pouvaient s'y introduire sous le titre de plaideurs. Le Parlement avait été déjà menacé en 1635 d'être renvoyé de Metz. Ce fait est prouvé par une délibération du 20 juillet de la même année.

Le Parlement avait contre lui non-seulement l'autorité militaire, et surtout le cardinal de la Valette, son chef, mais il s'était encore attiré la haine d'une femme alors toute-puissante à Metz.

Madame Louise de la Valette, fille naturelle du duc d'Epernon et sœur du gouverneur, était abbesse du monastère de Sainte-Glossinde; cette femme altière voulait tout faire plier à ses caprices. Un jour il lui avait pris fantaisie d'empêcher les dames de l'abbaye d'assister à une procession. La communauté protesta devant notaire et se rendit en corps à la cérémonie. Louise de la Valette voulut faire intervenir l'autorité du Parlement; mais celui-ci déclina sa compétence.

Louise de la Valette était abbesse de Sainte-Glossinde depuis 1605. Elle avait, en 1646, obtenu du pape un bref qui l'autorisait à disposer par testament de tous les biens meubles et immeubles qu'elle posséderait au jour de son décès, au profit de telles personnes qu'il lui plairait; elle avait en outre obtenu des lettres patentes par lesquelles le bref de sa sainteté était agréé. Néanmoins il fallait obtenir l'enregistrement de ces lettres au Parlement, qui fit beaucoup de difficultés pour les enregistrer.

Madame l'abbesse avait, le 11 mars 1634, adressé une simple requête au Parlement; cette compagnie n'en fut point satisfaite, car le 12 août suivant, madame de la Valette fut obligée de présenter une nouvelle requête, où elle exposa longuement les causes qui justifiaient le bref du pape, ainsi que les lettres patentes du roi.

Elle fit valoir « qu'à son avènement à la dignité abbatiale,
» elle avait trouvé la maison vuide et desnuée de toutes com-
» modités; qu'elle avait été contrainte d'abord de recourir aux
» emprunts et maisons bourgeoises pour avoir des meubles;
» qu'elle avait affranchi la dite abbaye des dettes excédantes
» la somme de cent cinquante mille francs; qu'elle avait
» fait rebâtir les maisons de la ville et des champs, etc. »

Il a dû coûter à l'orgueil de l'abbesse de Sainte-Glossinde d'entrer dans tous les détails de son administration; on peut donc penser avec raison qu'elle n'a pas été étrangère à l'exil du Parlement : le peu de docilité de cette Cour envers elle était un motif suffisant pour exciter sa vengeance.

Les ennemis du Parlement triomphèrent enfin, et le Parlement de Metz dut transférer sa séance à Toul, par lettres patentes du 10 mai 1636, dont voici le préambule : « Nous
» avions ordonné la séance de notre Parlement en notre
» bonne ville de Metz pour être la dite ville plus grande
» qu'aucune de celles qui sont en l'étendue dudit ressort;
» néanmoins, nous ayant été remontré combien il importait
» au bien de notre service et au soulagement de nos sujets
» de transférer le siège dudit Parlement en une autre ville plus
» commode, non-seulement pour ceux qui y rendront la
» justice, mais aussi pour ceux qui la demanderont..... »

Le Parlement résista à ces lettres patentes. La peste qui désolait Toul lui servit d'abord de prétexte pour retarder son départ. Une lettre de cachet du roi vint inutilement, au mois d'août, ordonner de procéder à l'enregistrement des lettres patentes ; cet ordre ne fut pas exécuté : la Cour arrêta même que l'on ferait des remontrances et que l'on enverrait au roi une députation.

Les députés nommés n'avaient pu partir tout de suite ; le Parlement persistait à ne point enregistrer ces lettres d'exil. Sur ces entrefaites, le cardinal de la Valette étant revenu à Metz, la Cour le fit complimenter par plusieurs de ses membres. Le prélat guerrier reçut *fort favorablement* les magistrats, et leur témoigna son affection pour la compagnie. Cela se passait le 17 décembre 1636. Cette bonne réception était loin de faire pressentir ce que le Parlement aurait bientôt à souffrir de la part des lieutenants du gouverneur, agissant en son nom.

Le 30 du même mois, une seconde lettre de cachet parvint à la compagnie. Le roi lui défendait de différer à obéir, *sous quelques prétextes ou causes que ce soit*. De ce moment, le Parlement eut à lutter directement avec l'autorité militaire, chargée de faire exécuter les ordres du roi.

Le 31 décembre, les membres du Parlement, après avoir entendu la messe dans la chapelle de Saint-Michel, se présentèrent au palais ; ils en trouvèrent les portes fermées par ordre de M. de Roquepine, capitaine commandant la citadelle en l'absence du cardinal de la Valette.

Le greffier en chef et deux huissiers furent aussitôt dépêchés auprès de ce capitaine pour redemander les clefs du palais ; celui-ci répondit aux émissaires du Parlement « qu'il » avait agi d'après les ordres du roi et du cardinal de la

» Valette, et qu'il ne restituerait les clefs qu'entre les mains
» de ceux à qui il plairait au roi de l'ordonner. »

La compagnie retirée dans la boutique d'un marchand nommé Colin, fit appeler des serruriers à qui l'ordre fut donné d'ouvrir les portes du palais. Quand les ouvriers, munis de leurs outils, s'approchèrent de la porte principale, ils furent « empêchés d'agir par un homme de moyenne » stature, vêtu de gris et portant un hausse-col, une épée » au côté et un bâton à la main. » Cet officier était assisté d'une trentaine de soldats tenant leurs mousquets en joue, la mèche allumée sur le serpentin. Le chef de cette troupe déclara s'appeler Saint-Venal, et avoir ordre de défendre l'entrée du palais.

Les serruriers ayant voulu forcer une autre porte, y trouvèrent également des sergents avec leurs hallebardes, et des soldats avec leurs mousquets.

Après ces tentatives infructueuses, le Parlement se rendit en corps à l'hôtel du premier président Anthoine de Bretagne, où la compagnie rédigea une protestation contre les violences dont elle venait d'être l'objet.

L'après-midi du même jour, les membres du Parlement voulurent encore se réunir chez le premier président; un poste de vingt soldats, commandé par un aide-major, placé à la porte de son hôtel, leur en défendit l'entrée.

Le 2 janvier, les membres de la Cour récalcitrante ayant été informés que les corps-de-garde placés à la porte de l'hôtel du premier président avaient été retirés, s'empressèrent de se rendre chez ce magistrat. Là, ils procédèrent à l'expédition des affaires, après avoir préalablement rendu un arrêt qui cassait et annullait les lettres de cachet adressées à la compagnie.

Pendant ce temps, l'autorité militaire installée au palais de justice, en présence des membres de la noblesse et des magistrats de la cité, faisait donner lecture des lettres patentes du 10 mai 1636. On terminait la cérémonie en faisant jeter sur la place publique les bancs des procureurs.

Le lendemain matin, un avocat, trois procureurs et un huissier étaient saisis par des soldats dans leur domicile, et mis à la porte de la ville. De son côté, madame l'abbesse de Sainte-Glossinde faisait charitablement prévenir le sieur Asse, premier huissier, qu'on le chasserait également s'il s'avisait de faire le moindre acte de son ministère.

Ces coups, tout violents qu'ils paraissent, n'abattirent point le courage du Parlement : le 10 janvier, il décréta de prise de corps les officiers et les soldats qui avaient entravé la marche de sa justice.

De son côté, l'autorité militaire harcelait la Cour; elle interceptait ses dépêches en faisant courir le bruit que le courrier avait été volé entre Toul et Pont-à-Mousson, par un parti de cravates. Elle ne permettait pas aux condamnés appelant au Parlement, d'être amenés à la conciergerie du palais.

La compagnie, après avoir été chassée par surprise de son palais, s'était réfugiée dans l'hôtel de son premier président comme dans une citadelle, et y avait soutenu avec courage de nombreux assauts. Ce ne fut qu'après avoir été assurée par ses députés à Paris, qu'il n'y avait aucun secours à espérer; ce ne fut qu'après que le premier président eut reçu une lettre particulière du roi, qu'elle consentit à capituler. Elle ne pouvait plus, sans compromettre son existence même, prolonger une lutte qui durait depuis onze mois.

Par sa délibération du 7 avril 1637, le Parlement déclara qu'il allait se transporter à Toul; mais avant de quitter Metz, il enjoignit au maître-échevin, aux échevins et aux Treize de tenir la main à ce que les sièges, tapisseries, bureaux et autres meubles des chambres du conseil, d'audience et du parquet, fussent conservés dans l'état où on les laissait. Cet arrêt fut exécuté par les magistrats de la ville ; les salles furent respectées.

Le Parlement chargea son procureur général de faire connaître sa résolution à la ville de Toul, et de lui transmettre la lettre de cachet du roi, ordonnant la réception de la Cour en cette ville. La lettre que M. Claude de Paris écrivit le même jour à Messieurs les dix justiciers et magistrats de la ville de Toul, était ainsi conçue :

» Messieurs, ayant pleu au Roy de transférer la Cour de
» Parlement de Metz en la ville de Thoul pour y tenir pour
» quelque temps sa séance ordinaire, j'ay eu ordre de la
» Cour de vous faire savoir par le porteur la résollution
» qu'elle a prise d'y aller au premier jour et de vous faire
» tesnir la dépesche que Sa Majesté vous a fait expédier pour
» et affin qu'en estant advertis, vous vous disposiez de la
» recevoir selon son intention et dignité d'icelle, et de pour-
» voir au logement de Messieurs suivant la liste que je vous
» envoye. En faisant ces logements, j'estime que vous ferez
» considération de Messieurs les présidents. Je me recom-
» mande à vos bonnes grâces et suis,

« Messieurs,

« *Votre plus affectionné à vous faire service.*

« Signé DE PARIS. »

Dans sa retraite sur Toul, le Parlement eut tous les honneurs de la guerre. Il sortit en corps de la ville de Metz, précédé par le prévôt des maréchaux et la communauté des huissiers. Deux cents cavaliers et quatre cents hommes de pied l'escortèrent jusqu'à Toul. Il y fit son entrée solennelle le jeudi 12 avril 1637, après avoir reçu à Pont-à-Mousson où il avait séjourné, et sur toute la route, les hommages et les respects des populations.

Jean Dupasquier, alors procureur syndic de la ville de Toul, a, dans sa chronique manuscrite, rendu compte de l'arrivée du Parlement. Le discours qu'en sa qualité de syndic il adressa à M. le premier président, y est transcrit tout entier.

Le maître-échevin, les échevins et les justiciers avaient été attendre à l'entrée de la ville le Parlement, qui se composait du premier président, de deux autres présidents, de dix-neuf conseillers et du procureur général, Claude de Paris.

Messire Anthoine de Bretagne était seul dans son carosse, quand Jean Dupasquier lui adressa sa harangue. Il complimenta aussi le président Charpentier et le procureur général, qui suivaient immédiatement dans un autre carosse.

Enfin, tous les membres de la compagnie furent visités dans leurs logis par les autorités; et à l'heure du repas, on leur porta, au nom de la ville, les vins d'honneur.

Tel fut le commencement de l'exil auquel le Parlement de Metz fut condamné pendant vingt-deux ans.

CHAPITRE III.

Suppression du conseil souverain de Nancy. Arrêt Bossuet.
Établissement des bailliages. Menaces de siége en 1642.
Projet de suppression du Parlement.
Mort du cardinal de Richelieu et de Louis XIII. La reine redemande une lettre adressée par erreur au Parlement.
La ville de Toul est affranchie d'un tribut qu'elle payait aux ducs de Lorraine.
Discussions violentes avec le gouverneur, le lieutenant de roi et les échevins de la ville de Toul.
L'insolence d'un jésuite réprimée. Traité de Westphalie.

A peine le Parlement de Metz était-il installé à Toul, que le roi lui donna un témoignage de satisfaction pour ses bons services. Il prouva à cette Cour souveraine qu'il voulait affermir de plus en plus son établissement et même accroître sa juridiction.

Lors de l'occupation de la Lorraine en 1634, Louis XIII avait, par une déclaration en date du 16 septembre de la même année, établi un conseil souverain à Nancy, pour remplacer celui qui existait autrefois sous les ducs de Lorraine. Le président Charpentier et seize autres membres du Parlement de

Metz, choisis parmi les magistrats les plus capables, avaient reçu commission d'y siéger soit comme président, soit comme conseillers. Nicolas Rigault avait été nommé procureur général de la nouvelle Cour. L'établissement du Parlement par semestre et le grand nombre de ses officiers permettaient, sans trop de gêne pour le service, que plusieurs d'entre eux fussent ainsi chargés de commissions plus ou moins longues, plus ou moins importantes; au reste, cette mesure ne les privait ni de leur qualité de membres du Parlement, ni des gages et prérogatives attachés à ce titre.

Le ressort du conseil souverain établi à Nancy par Louis XIII n'avait compris d'abord que celui de la Cour à laquelle il venait de succéder. Le Parlement de Saint-Mihiel avait été conservé, et sa juridiction s'étendait sur les autres parties de la Lorraine. Mais en 1635, les habitants de Saint-Mihiel s'étant révoltés contre l'autorité royale et ayant dû être réduits par la force des armes, le roi, pour les punir, supprima leur justice souveraine et attribua en définitive au conseil souverain de Nancy, tout ce qui avait été réservé jusque-là au Parlement établi dans leur ville.

Tel était l'état des choses quand, en avril 1637, le Parlement de Metz arriva à Toul. Au mois de juillet suivant, parurent sous la date du 13, des lettres patentes du roi, portant suppression du conseil souverain de Nancy et mettant tout son ressort, par conséquent toute la Lorraine, sous la juridiction du Parlement de Metz.

Le cardinal de Richelieu avait compris qu'une Cour entièrement étrangère à la Lorraine, aurait une action bien plus efficace sur cette province. La suppression du conseil souverain de Nancy et la réunion de son ressort au Parlement de Metz, suivant immédiatement la translation de ce

Parlement dans la ville de Toul, permettent de penser qu'en déplaçant cette Cour, on avait déjà l'intention de soumettre à l'action de son pouvoir la Lorraine tout entière. Pour rendre plus facile l'exécution de ce projet, on voulait qu'elle siégeât aux confins de la Lorraine; on l'établit donc à Toul, ville voisine de la capitale du duché et chef-lieu diocésain de la plus grande partie de cette province.

A la même époque, pour complaire au cardinal de la Valette et enlever pour ainsi dire à la juridiction du Parlement la partie de territoire sur lequel s'étendait son commandement, des lettres patentes du roi, en date du 21 mai 1637, avaient nommé un intendant de justice et de police pour la ville de Metz, le Pays-Messin et les terres de l'Evêché. Ces fonctions avaient été confiées au conseiller Nicolas Rigault, précédemment procureur général au conseil souverain de Nancy. Les lettres patentes du roi donnaient à l'intendant le droit de se faire assister de six gradués, et de juger souverainement dans tous les cas de sédition et de différends survenus entre les bourgeois et les soldats.

Ce démembrement de l'autorité du Parlement, quoiqu'une partie des pouvoirs de la Cour eût été accordée à un de ses membres, ne pouvait manquer de donner lieu à des conflits. Les intendants, qui étaient une création nouvelle dont l'origine remontait seulement à 1634, furent rappelés en 1648, sur les plaintes des Parlements. A cette occasion le président Hénault a fait remarquer avec raison que les Parlements trouvaient les intendants trop puissants, et que peut-être dans ces temps malheureux, les Parlements étaient trop puissants eux-mêmes.

L'attribution de la Lorraine au ressort du Parlement de Metz, donna à l'autorité de cette Cour un accroissement considérable. Elle lui fournit en outre une grande augmentation d'émoluments, à raison des procès lorrains qui désormais devaient être portés devant elle.

C'est par l'effet de cette extension de son ressort, que la Cour eut à juger un différend survenu entre les religieuses de Remiremont, et les habitants de Remoncourt. Il s'agissait de réparations à exécuter à l'église de ce village. Les habitants prétendaient y faire contribuer la riche et célèbre abbaye. Un extrait tiré d'une pièce de procédure élaborée et signée par maître Alba, avocat des dames chanoinesses, montrera avec quel luxe d'imagination on traitait alors la moindre affaire. Les pièces de procédure ne sont plus aujourd'hui ni aussi pleines d'érudition ni aussi amusantes.

Les dames chanoinesses répliquent ainsi à leur partie adverse : « Il faut advouer que lesdits habitants sont de véri-
» tables ignorants de vouloir parler de l'histoire et de l'ancien-
» neté des églises de Remiremont et de Remoncourt. Il faut
» qu'ils suivent ce que dit Virgile et qu'ils enseignent plutôt
» comme la terre se cultive,

» Nautici de nautis, de bobus narrat arator,

» et suivant la maxime ordinaire, *ne sutor ultrà crepidam*
» (cela soit dit en passant), puisque les dites dames sont la
» justice dans le lieu, sont dames dimières, et en l'une et
» l'autre des qualités, collatrices de la cure, ayant plusieurs
» autres beaux droits et prérogatives. Ainsi pour répondre à
» leurs fables plutôt qu'à l'histoire, il n'y a qu'à leur dire
» comme on a fait, que ce sont de véritables ignorants. »

Il se présentait aussi quelquefois de ces affaires importantes par la question de droit qu'elles donnent à résoudre et par les conséquences que leur décision entraîne.

M⁰ Eric de Saint-Ignon avait été pourvu en 1628, par

voie de coadjutorerie, de la prébende de M⁰ Jean Breton, chanoine de la cathédrale de Metz, et du consentement de ce dernier : les bulles en avaient été signifiées au chapitre dans le courant de la même année.

Après la mort de M⁰ Jean Breton, le célèbre Jean Royer, chanoine tournaire, nomma au canonicat vacant Jacques Bénigne Bossuet, dont le père était alors conseiller au Parlement de Metz.

Bossuet troublé dans sa possession par Eric de Saint-Ignon, se pourvut au Parlement pour être maintenu dans ses droits. Jean Royer intervint pour soutenir la nomination qu'il avait faite. L'un et l'autre interjetèrent appel comme d'abus, tant de la fulmination des bulles de 1628, que d'un statut du chapitre de l'an 1611, qui autorisait les coadjutoreries.

Eric de Saint-Ignon fondait principalement ses prétentions sur ce statut « fait, disait-il, pour empêcher que le pape
» qui a l'alternative avec le chapitre de Metz en la collation
» des prébendes, ne les remplisse de personnes affidées au
» saint-siége, pour y établir les maximes de Rome, au pré-
» judice des libertés de l'Église gallicane. »

Dans cette grave affaire, le premier avocat général Louis Fremyn porta la parole avec son talent habituel.

Il fit remarquer « 1° que c'était une chose inouie en France
» qu'un chanoine eût un coadjuteur ou plutôt un héritier de
» sa prébende, d'autant que n'ayant d'autre obligation que
» d'assister aux heures canoniales, son bénéfice étant simple
» et sans charge d'âmes, un coadjuteur ne pouvait l'aider
» en aucune chose ; 2° que si nos rois avaient enjoint aux
» prélats et aux curés de prendre des coadjuteurs, lorsqu'ils
» étaient âgés et valétudinaires, c'était afin que le peuple
» ne fût pas privé de la parole de Dieu et de l'adminis-

» tration des sacrements, sans que le coadjuteur néanmoins
» succédât au bénéfice qui demeurait à la nomination du
» collateur ; 3° qu'il n'était pas permis à un évêque de se
» choisir un successeur, qu'à plus forte raison un chanoine,
» dont les fonctions sont suppléées par ses confrères en cas
» de nécessité, ne pouvait adopter une personne pour la
» rendre héritière de son bénéfice ; que tel était l'objet du
» canon 7, 8, quest. 1re.

« Ainsi (continua le premier avocat général Fremyn), le
» statut de 1611 étant contraire aux constitutions cano-
» niques et à l'usage de la France, il est abusif ; il est
» même contraire à l'honnêteté publique, car il donne occa-
» sion de souhaiter la mort de celui du décès duquel on doit
» profiter. Et qu'on n'objecte pas que le pape, *par sa toute-*
» *puissance*, a pu autoriser les coadjutoreries : nous n'admet-
» tons point *cette toute-puissance du pape*, lorsqu'il s'en sert
» au préjudice des concordats ; c'est pourquoi les appellations
» comme d'abus sont introduites. Si l'on déférait à tout ce qui
» vient de Rome sans connaissance de cause, ce ne seraient
» que désordres et confusions, contraventions aux concor-
» dats, entreprises sur les ordinaires et divisions dans la
» police de l'Eglise. »

Par son arrêt du 27 juin 1641, la Cour, adoptant les
conclusions du premier avocat général, adjugea à Jacques
Bénigne Bossuet la possession de son canonicat, et fit défenses
à Saint-Ignon et à tous autres de l'y troubler.

Cet arrêt mémorable, en ouvrant au grand Bossuet, alors
âgé de quatorze ans, la carrière des dignités ecclésiastiques,
a donné à la ville de Metz le privilège d'être le premier
théâtre des combats et de la gloire de l'illustre prélat.

C'est à la même époque que l'on put enfin mettre à exécution l'édit du mois d'août 1634, relatif à la suppression de toutes les différentes juridictions du ressort et à leur remplacement par des bailliages et prévôtés. Une déclaration du roi du 12 décembre 1640, confirmatif de l'édit d'août 1634, ordonna l'établissement immédiat des juridictions royales. Cette mesure pouvait seule assurer la marche de la justice dans les Trois-Evêchés et faire cesser la résistance continue des juridictions inférieures contre le Parlement.

Cette déclaration du roi du 12 décembre 1640, fut enregistrée au Parlement de Metz le 24 février suivant.

Dès le 4 janvier, des commissaires pris au sein du Parlement même avaient été désignés, par ordonnances particulières du roi, pour présider à l'établissement des nouveaux tribunaux. Les conseillers Mathurin de Mallebranche et Bénigne Bossuet furent désignés pour l'établissement du bailliage à Toul. Ils remplirent leur mission sans éprouver de résistance. Il ne paraît pas non plus que pour l'installation de la plupart des tribunaux, il y eut de l'opposition.

Mais à Metz les choses ne se passèrent point aussi tranquillement. Le président Cauchon et le conseiller Doumengin avaient été commis pour procéder à l'établissement du bailliage. Le maître-échevin et les échevins employèrent tous les moyens possibles pour empêcher les commissaires d'exécuter leur mandat. Les trois ordres envoyèrent des députés à Paris pour supplier le roi de révoquer la déclaration du mois de décembre précédent, et pour obtenir qu'on laissât encore dormir cet édit d'août 1634. Le gouverneur militaire, M. de Lambert, se joignit à ceux qui résistaient : « il s'opposa fort
» et ferme à cet établissement, disent les bénédictins dans
» leur histoire de Metz, alléguant que le roi l'avait envoyé
» en cette ville pour la maintenir en son ancienne forme et

» manière de gouverner, et qu'une lettre de cachet que le
» roi lui avait écrite n'était suffisante pour permettre un tel
» changement. » Par suite de cette résolution, il fit fermer
les portes du palais de justice. Au mois de juin suivant, les
députés des trois ordres étant revenus de Paris sans avoir
pu rien obtenir, M. de Lambert fut contraint de permettre
aux commissaires du roi d'exécuter les ordres dont ils étaient
porteurs.

Une mesure, qui compléta l'institution des bailliages et des
autres juridictions royales, ce fut la publication du style et
réglement pour l'instruction et abréviation des procès devant
tous les nouveaux tribunaux. Ce style, œuvre du conseiller
Doumengin père, fut ensuite discuté par la Cour et enfin
rendu exécutoire par l'arrêt du 22 novembre 1646.

Les bailliages établis, il se présenta bientôt des circonstances qui mirent à l'épreuve le courage des membres du Parlement et l'énergie surtout de messire Claude de Bretagne, son premier président. Ce magistrat avait succédé à Anthoine de Bretagne son père; doué d'une force d'âme peu commune, il montra que non-seulement il avait hérité de son fauteuil, mais encore de son dévouement aux intérêts de la France.

En 1636, quand les ennemis passèrent la Somme, prirent Corbie, ravagèrent toute la Picardie et menacèrent Paris, le Parlement de cette ville se conduisit avec courage. Il résolut de lever deux mille cinq cents hommes et nomma douze commissaires pour veiller à la sûreté de la cité et à la levée des troupes.

Le Parlement de Metz transféré à Toul depuis quelques années seulement, dut, comme celui de Paris, veiller à sa propre défense.

Charles IV, duc de Lorraine, avait réuni ses troupes. Le

voisinage de ce prince habile et entreprenant faisait toujours craindre qu'il ne pénétrât dans les Trois-Evêchés et ne vînt attaquer Toul. Déjà au mois de septembre 1641, le Parlement avait chargé le conseiller Bossuet de se transporter à Nancy pour s'informer des bruits qui couraient au sujet de l'approche du duc de Lorraine. Les inquiétudes se calmèrent d'abord, mais au printemps suivant, on redouta de nouveau une irruption des Lorrains.

Le lundi 9 juin 1642, Claude de Bretagne réunit chez lui les membres de la Cour pour leur donner avis des mouvements du duc de Lorraine. Le lendemain, le premier président réunit une seconde fois ses collègues; il leur fit part « que
» les bruits augmentaient de jour en jour de l'arrivée du
» duc Charles de Lorraine à Thionville ; qu'il avait retiré
» toutes ses troupes du Palatinat, de Worms, archevêché
» de Trèves et comté de Sarrebruck ; qu'il assemblait ses
» forces sur les frontières du Pays-Messin ; qu'il avait dessein
» sur le Pont-à-Mousson et sur cette ville de Toul. »

Messire Claude de Bretagne ajouta qu'on ne pouvait plus douter de la vérité de ces bruits : M. de Lambert, gouverneur de la ville et de la citadelle de Metz, lui avait donné avis que le duc de Lorraine pourrait bien passer par le pont de Conflans ou par Mars-la-Tour, et que laissant Pont-à-Mousson sur la gauche, il pourrait pousser jusqu'à Toul et profiter, pour s'emparer de cette ville, « de la brèche toute ouverte
» du côté du faubourg Saint-Epvre, du fossé rempli et sans
» eau, de la faiblesse de la place et de l'insuffisance d'une
» garnison composée de soixante hommes seulement. »

La Cour se fit donner lecture des lettres adressées par M. de Lambert au premier président. Il résultait positivement de ces lettres que le rendez-vous général des troupes du duc

Charles était donné dans la plaine de Thionville ; que le duc arrivait de Cattenom, distant de deux lieues de cette ville, pour passer la revue de son armée ; qu'il devait former un détachement composé de douze cents fantassins et appuyé de six pièces d'artillerie, tirés de Thionville et de Luxembourg, pour se porter en avant et s'emparer des villes de Pont-à-Mousson et de Toul.

La matière mise en délibération, il fut arrêté « que l'on
» attendrait le siége avec résolution de se bien défendre et
» de tenir ferme jusqu'aux extrémités ; qu'à cet effet l'on
» apporterait toutes les précautions nécessaires à un siége,
» et telles que la nécessité des affaires du roi, le peu de
» force qu'il y avait sur cette frontière, le peu de temps
» aussi que l'on avait pour y pourvoir, et l'état présent de
» la ville, le pouvaient permettre ; que mondit sieur le pre-
» mier président était prié de prendre la peine d'en donner
» avis promptement par courrier exprès à M. du Hallier,
» lieutenant général pour le roi et gouverneur de ses pays de
» Lorraine et Barrois, étant de présent à Nancy, lui faire
» entendre l'état de la place, la faiblesse d'icelle et de la
» garnison, le danger de la brèche, le supplier d'y donner
» les ordres nécessaires pour le service du roi, la sûreté
» de la ville et du Parlement, de la conservation desquels
» dépendaient en partie et la ville de Nancy et la province
» à cause du passage assuré pour les troupes de France, les
» vivres et les munitions, en donner avis aussi à Messieurs
» les ministres d'état et particulièrement à M. le Prince,
» comme chef du conseil ordonné par sa majesté à Paris ;
» que le sieur de Ronzières, gouverneur de Toul, serait
» invité de continuer à pourvoir comme il avait commencé
» à ce qui serait nécessaire pour soutenir un siége ; que

» Messieurs prendraient chacun leur département pour voir
» et visiter les portes et les murailles, les fortifications, les
» dehors, les remparts et autres ouvrages, visiter aussi les
» vivres et les munitions, les greniers publics et les parti-
» culiers, les armes, les poudres et les munitions, et tenir
» la main à ce que chacun en fût suffisamment pourvu;
» cependant que l'on continuerait d'ouvrir le palais toutes
» les matinées pour rendre la justice aux sujets du roi,
» et qu'à la levée de la Cour, on prendrait les armes pour,
» suivant les départements, contribuer à tout ce qui se
» pourrait pour la conservation de la place, laissant néan-
» moins la liberté à ceux de Messieurs qui se voudraient
» retirer; de le faire sans bruit, de crainte d'intimider par
» leur retraite le magistrat, les bourgeois et le peuple animés
» à se bien défendre par l'exemple de Messieurs. »

Le mercredi 11 juin, les nouvelles étaient encore plus inquiétantes : six conseillers et un avocat général se retirèrent à Nancy. Le lendemain, six autres conseillers quittèrent également la ville; et quand la Cour se réunit au palais de justice, elle ne se trouva plus composée que de six conseillers et de son premier président. La Cour arrêta aussitôt qu'elle continuerait à rendre la justice et qu'il suffirait de sept membres pour valider les arrêts.

On donna ensuite lecture des dépêches de M. de Lambert, en date du 11 juin. Elles portaient que le duc Charles, après avoir passé la revue de ses troupes dans la plaine de Thionville, avait changé ses logements; qu'il avait pris ses quartiers à Richemont, Rombas et Pierrevillers; que le bruit général était qu'il se dirigeait vers Toul avec des forces nombreuses; qu'il pourrait y arriver dans deux ou trois jours ; enfin qu'il fallait se tenir sur ses gardes. Le Parlement arrêta alors que toutes affaires cessantes, *Messieurs se rendraient dans leurs départements*; que l'on presserait de plus en plus la réparation de la brèche et la continuation des autres travaux de défense, et que l'on attendrait les secours promis.

A peine cette détermination était-elle prise que les secours arrivèrent. Vers midi, cent mousquetaires de la garnison de Nancy firent leur entrée dans Toul. Deux heures après, quatre compagnies d'infanterie de la garnison de Neufchâteau, une compagnie de chevau-légers et environ deux cents hommes des villages voisins, vinrent également renforcer la garnison.

Le vendredi 13 juin, le Parlement réuni au palais vit avec peine que le procureur général et ses substituts avaient disparu. Un avocat fut nommé d'office pour remplir les fonctions du ministère public, et un conseiller fut désigné pour les fonctions de syndic de la compagnie, pendant l'absence de messire Nicolas Rigault.

La Cour ne se composait plus que de messieurs Claude de Bretagne, premier président, et des conseillers Doumengin père, Jacques Leclerc de Château-Dubois, Jacques Barrin de la Galissonnière, Claude Leclerc de Bois-Rideau, Jean Midot et Jacques Péricard. Le même jour, le conseiller Paul Chenevix vint rejoindre ses collègues. Ces huit membres du Parlement sont bien dignes de quelque souvenir.

Ce même jour vendredi 13 juin, la Cour s'étant réunie l'après-midi, résolut de tenir ferme et de soutenir le siége dans le cas où le duc Charles viendrait attaquer la ville. Elle arrêta aussitôt que les avocats, procureurs, huissiers et autres petits officiers, leurs clercs et domestiques formeraient une compagnie séparée des compagnies bourgeoises; le premier président en fut nommé capitaine et les conseillers

Doumengin et Chenevix en furent nommés lieutenant et enseigne ; il fut en outre décidé qu'après la revue générale de tous les bourgeois et gens de guerre, la compagnie organisée par la Cour se rendrait en armes devant le logis du premier président, à cinq heures du soir, et que son lieu de rassemblement serait sous les porches, près de l'hôtel de messire Claude de Bretagne.

Le samedi 14, l'inquiétude augmenta. On apprit que le colonel Cliquot, connu pour sa bravoure, son audace et principalement par son hardi coup de main sur Saint-Avold en 1635, alors gouverneur pour le duc Charles de la forteresse de la Mothe, s'avançait vers Toul, avec au moins six cents hommes de guerre et deux ou trois pièces d'artillerie. Le Parlement envoya des messagers pour observer sa marche, invita le gouverneur à faire doubler les gardes et fit activer les travaux de défense.

Le dimanche 15 juin, vers quatre heures de l'après-midi, quatre gardes à cheval du gouverneur de Nancy apportèrent de nouveaux ordres. La garnison qui, la veille avait encore été augmentée par l'arrivée du régiment de cavalerie de Bussy-Helmont, devait former deux forts détachements. Le premier était destiné à se porter sur le château de Vicherey, entre la Mothe et Neufchâteau ; le second devait être prêt à marcher pour accompagner le gouverneur de Nancy ou le lieutenant de roi de cette ville, M. de Lambertye.

Ce dernier arriva à Toul vers neuf heures du soir ; immédiatement il fit battre aux champs, rassembla l'infanterie, le restant de la cavalerie et deux cents mousquetaires qui l'avaient accompagné, et partit pour aller au secours de Neufchâteau, assiégé par Cliquot avec sa garnison de la Mothe.

Le premier président avait été prévenu que l'attaque de

Neufchâteau pourrait bien être une feinte du duc Charles pour faire sortir la garnison de Toul et venir attaquer cette ville à l'improviste. Les membres de la Cour firent en conséquence des rondes fréquentes pendant toute la nuit et redoublèrent de surveillance dans la crainte d'une surprise.

Le lundi suivant, on apprit la levée du siège de Neufchâteau, et le lendemain 17 juin, on fut entièrement rassuré au sujet de la ville de Toul. Charles IV avait repassé la Moselle, pris la route du pays messin par Sierck, Boulay et Vaudrevange; son avant-garde était déjà arrivée au-delà du château d'Ennery. La Cour reprit aussitôt ses travaux.

On ne peut méconnaître que l'attitude courageuse du Parlement a singulièrement contribué à la conservation de la ville de Toul, dont la possession était de la plus grande importance pour la sécurité des troupes françaises dans la Lorraine. Par la promptitude de ses mesures, la Cour a rendu l'ennemi circonspect, soutenu le courage des habitants et donné au gouverneur de Nancy le temps d'organiser et d'envoyer des secours.

Dans cette circonstance périlleuse, la conduite du premier président Claude de Bretagne est remarquable non-seulement par l'énergie qu'il déploya, mais encore par le soin qu'il prit de faire consigner jour par jour sur les registres secrets de la compagnie tous les incidents de ces mémorables journées.

La guerre et les malheurs des temps rendaient bien pénible la position du Parlement; tout était en révolte contre son autorité. Ses officiers ne recevaient pas leurs gages; ils devaient cependant se procurer à grands frais des escortes pour se rendre à Toul ou en sortir, et ces escortes ne les protégeaient pas toujours. L'année 1645 fut surtout marquée par de fâcheux évènements. M. Colombet se rendant à

Toul pour se faire recevoir conseiller clerc, fut pris par les ennemis et retenu pendant plusieurs mois à Luxembourg. Au mois d'août de cette année, les conseillers Leclerc de Lesseville et Marcel de Boucqueval éprouvèrent le même sort; pendant un an, ils furent privés de leur liberté. M. Louis Fremyn, nommé président à mortier, subit aussi une captivité de douze mois. Le conseiller Jean de Pajot fut encore plus malheureux; il fut tué par un parti ennemi, en venant faire son semestre.

Deux ans plus tard, en 1647, le procureur général Billet de Fasnières tombait également au pouvoir des ennemis, qui le conduisirent à la forteresse de Luxembourg.

Cette même année, monseigneur le Chancellier chargeait le président Pinon *d'asseurer la compagnie qu'en toutes rencontres, il rechercheroit les occasions de la servir.* Le Parlement disait avec vérité et avec tristesse dans la lettre de remerciements qu'il adressait au chef de la magistrature sous la date du 5 septembre : « dans les continuelles et extraor-
» dinaires agitations que nous recevons en cette frontière,
» si nous nestions appuyez par votre aucthorité, il nous
» faudroit succomber au grand nombre de nos adversaires. »

Un danger plus grand encore avait menacé la compagnie. On avait eu le projet de la supprimer ; c'est ce qui résulte d'une note assez longue et sans signature, sous la date de 1642; l'original existe dans les archives de la Cour royale de Metz. Cette note commence ainsi :

« Si pour des considérations desquelles la cognoissance est
» réservée à sa majesté, son plaisir estoit de tirer le Par-
» lement de Metz du lieu où il est pour le placer en la ville
» de Lyon ou en celle de Poictiers trop éloignées du Par-
» lement duquel elles ressortissent et qui mériteroient bien

» d'avoir un ressort, on pourroit faire entrer une somme
» notable dans ses coffres pour le secours de ses affaires.
» L'Angoulmois si c'est à Poictiers en joignant au Poitou la
» Xaintonge avec le pays d'Aulnis.
» Si c'est à Lyon en attribuant le Lyonnois, Forest, Beau-
» jolois, Maconnois et le comté d'Auvergne et Bourbonnois.
» Il fascheroit peut-être moins à Messieurs du Parlement
» de Paris de perdre Lyon que Poictiers et en l'un et l'autre
» cas, la chose est plausible en lui ostant l'un desdits res-
» sorts pour luy donner celui de Metz et ses dépendances. »

Vient ensuite un exposé de mesures financières. On ne peut douter qu'en 1642, il n'ait été question de supprimer le Parlement de Metz. Ce projet a-t-il existé avant l'époque où Toul a été menacé par le duc de Lorraine, et la conduite si énergique de la Cour a-t-elle fait renoncer à ce funeste projet? N'a-t-il été conçu qu'après cette époque et dans la crainte de ne pouvoir maintenir un Parlement dans la province des Trois-Évêchés? Ces questions sont restées indécises. Metz toutefois a conservé son Parlement; Lyon et Poitiers n'en ont jamais eu.

En 1642, le Parlement perdit son principal appui. Par une lettre du 5 décembre, Louis XIII lui annonçait la mort du cardinal de Richelieu et le choix qu'il avait fait du cardinal Mazarin pour son successeur.

Richelieu avait fondé le Parlement de Metz; il l'avait placé hardiment au milieu d'une province antipathique à la souveraineté de la France. Ce grand ministre était tombé avant d'avoir vu l'autorité royale consolidée par les institutions qu'il avait créées. Il n'a point assez vécu pour voir les puissances étrangères renoncer enfin à leurs prétentions sur les Trois-Évêchés.

Quelques mois après la mort de son ministre, Louis XIII descendait aussi dans la tombe. Le 15 mai 1643, des lettres de la reine-mère et de Louis XIV, encore enfant, annonçaient le changement de règne. Par les anciennes lois, à la mort du souverain, les Parlements étaient censés ne plus exister. Il fallait que les présidents et les conseillers fussent confirmés dans leur charge par le nouveau souverain, et prêtassent en conséquence un nouveau serment.

Au milieu du tumulte et du désordre produits par l'assassinat de Henri IV, ces formalités n'avaient pas été observées à l'égard du Parlement de Paris, lors de l'avènement de Louis XIII. A la mort de ce souverain, le chancelier Séguier voulut faire revivre la loi une seule fois oubliée ; le Parlement de Paris l'éluda. Lors de sa présentation à la reine-mère, la Cour salua le roi, protesta de son respect et de son obéissance : il ne fut plus question ni de confirmation d'offices ni de renouvellement de serment de fidélité.

Le Parlement de Metz suivit l'exemple de celui de Paris. Il continua à rendre la justice et s'y crut suffisamment autorisé par la lettre de la reine-mère ; elle exhortait les compagnies souveraines à continuer leurs fonctions, nonobstant le changement de règne. Le Parlement se borna à députer le président Piñon pour aller complimenter le jeune roi, au sujet de son avènement au trône.

Au mois d'avril suivant, la reine-mère écrivit au Parlement de Metz pour lui donner avis du choix qu'elle avait fait du cardinal Mazarin pour sur-intendant de l'éducation du roi et de M. de Villeroy, en qualité de gouverneur de sa majesté. Une erreur s'était glissée sans doute dans la rédaction de la lettre de la reine, car quelques jours après sa majesté la redemanda.

En 1636, des lettres patentes du roi autorisèrent le Parlement de Metz à juger au nombre de sept magistrats, bien que les anciennes ordonnances prescrivissent dix juges au moins pour la validité des arrêts. Cette tolérance avait été reconnue indispensable par la difficulté de composer les chambres de la Cour au milieu des troubles et des désordres de la guerre. A cette époque beaucoup de magistrats ne pouvaient, à cause du danger des routes, arriver exactement pour le service de leur semestre, et bien des offices restaient vacants; car pour remplir les devoirs de leurs charges, les membres de la Cour devaient quelquefois exposer leur liberté, leur vie même.

Cette difficulté de composer les chambres augmenta tellement, qu'une déclaration du roi permit plus tard la confusion des semestres, de telle manière que les membres appartenant à l'un des deux semestres, pussent faire le service dans l'autre.

Quand les temps devinrent meilleurs et les communications plus faciles, le Parlement fit cesser ce provisoire. Par son arrêt du 16 septembre 1644, il décida que *les deux semestres cy-devant unis seront divisés*, et que chacun des présidents et conseillers reprendra séparément ses fonctions dans le semestre auquel il était primitivement attaché.

En 1645, le Parlement procéda à une grande opération : il fit un recensement de la population de toutes les provinces de son ressort et fixa le contingent de leurs contributions.

Cette même année, des lettres patentes du roi furent adressées au Parlement pour qu'il eût à enregistrer un arrêt du conseil, destiné à briser un de ces innombrables liens qui attachaient autrefois les Trois-Evêchés soit aux puissances de l'Allemagne, soit à la maison de Lorraine, ennemie née de la France.

En 1406 et 1420, la ville de Toul s'était engagée par deux traités à payer à Charles II, duc de Lorraine, pour prix d'un soi-disant protectorat, une rente et pension annuelle de mille francs barrois. L'occupation de Toul par la France depuis 1552, et l'établissement du Parlement depuis 1633, n'avaient pas empêché les princes lorrains de lever cette contribution : il était nécessaire de supprimer ce tribut. Sur les réclamations du Parlement, un arrêt du conseil d'état du 19 janvier 1645, cassa et annulla les traités de 1406 et 1420, fit défenses aux magistrats de la cité de Toul de garder et observer ces traités à l'avenir, et enjoignit au Parlement de tenir la main à l'exécution de l'arrêt même. La solennité donnée à cet acte du conseil, en l'accompagnant de lettres patentes, prouve l'importance qu'on y attachait : la mesure elle-même, prise et exécutée à une époque où la souveraineté de la France sur les Trois Evêchés était encore contestée, prouve également les progrès que l'autorité royale faisait chaque jour dans la province et les services que le Parlement rendait à la mère patrie.

Les luttes entre le Parlement et le gouverneur de Metz ou ses lieutenants avaient été vives. Les discussions de la Cour avec l'autorité militaire et la municipalité de Toul ne furent pas moins animées. Des arrêts du Conseil en date des 10 mars 1646 et 8 mars 1647, durent intervenir au milieu de tous ces violents débats. On retrouve dans ces sentences l'énumération minutieuse des procès-verbaux dressés de part et d'autre, l'exposé des griefs réciproques, la série des procédures suivies, la liste enfin des arrêts intervenus. Ces deux arrêts du conseil, transcrits en entier dans l'excellent ouvrage de M. Emmery, intitulé *Recueil des édits, etc.*, tome 2, pages 98 et 191, ne rapportent pas cependant tous les faits.

Dans les premières années de son séjour à Toul, il ne paraît pas que le Parlement ait été sérieusement inquiété soit par l'autorité militaire, soit par l'autorité municipale de la ville. Des discussions graves ne s'élevèrent qu'après l'arrivée du nouveau gouverneur militaire, qui succéda à Henri d'Hardancourt, sieur de Rozière.

Par lettres patentes du 1er novembre 1640, enregistrées au Parlement quelque temps après, Louis de Havard, seigneur de Ronzières, maréchal des camps et armées du roi, avait été nommé gouverneur de Toul. Christophe de la Vallée avait été confirmé dans ses fonctions de lieutenant du gouvernement ou major de place, poste qu'il occupait depuis longtemps.

Le gouverneur fut bientôt en mauvaise intelligence avec le Parlement : l'irritation réciproque ne fit qu'augmenter plus tard.

M. de Ronzières obtint en 1644 un arrêt du conseil lui accordant le droit, à l'exclusion du bailli, de convoquer et de présider les assemblées générales de la ville de Toul, lors de l'élection de son maître-échevin et de ses échevins. Le Parlement lui contestait ce droit ; il ne devait, prétendait la Cour, être permis au gouverneur militaire d'assembler la bourgeoisie que pour le service des armes et la sûreté de la place.

Le gouverneur avait de sa seule autorité levé une compagnie dite des *convois*, qu'il faisait entretenir aux dépens de de la ville. Le Parlement, se posant comme l'interprète de la plus grande partie des habitants, demandait la suppression de cette compagnie.

La Cour, par ses arrêts, avait dispensé de la charge des logements militaires ses avocats, procureurs, huissiers et autres officiers subalternes. Même jusqu'au chauffe-cire de la chancellerie, tout ce qui était attaché au Parlement voulait être privilégié; à cette époque, on achetait des charges pour jouir de certains privilèges qui leur étaient accordés. Ces arrêts rendus dans un intérêt purement personnel froissaient les habitants et mécontentaient l'autorité militaire.

En 1645, M. Christophe de la Vallée avait chassé de la ville un des prétendus privilégiés du Parlement, qui était venu insolemment réclamer contre un logement de guerre à lui imposé. Le Parlement prit fait et cause pour l'expulsé et condamna le lieutenant du gouverneur à des dommages-intérêts. Celui-ci s'étant pourvu au conseil, avait fait casser l'arrêt prononcé contre lui.

Par un autre arrêt du conseil en date du 31 décembre 1644, deux conseillers du Parlement, Nicolas Rigault et François de Paris, avaient été commis pour procéder à la vérification et liquidation des dettes de la ville de Toul; il y avait eu de grands désordres dans l'administration des deniers municipaux. Le Parlement, non satisfait de cette demi confiance qui lui était accordée, voulait s'attribuer la connaissance des comptes tant de la ville que des autres communautés de son ressort.

Le maître-échevin et les échevins étaient aussi en discussion avec le major de place, Christophe de la Vallée, relativement à la nomination du capitaine de la bourgeoisie; plusieurs habitants étaient en outre en opposition avec M. de Ronzières, à l'occasion d'une élection d'échevins qu'il avait présidée.

Des actes de violence se mêlaient à tous ces débats. Déjà en 1644, M. de Ronzières avait menacé un huissier du Parlement de le faire jeter par la fenêtre. Une autrefois il avait également menacé un de ces officiers, tout en lui tirant la barbe, de lui faire donner une volée de coups de bâton.

Le 23 septembre 1644, le tambour de la ville avait accompagné un huissier sur les marchés et carrefours de Toul pour la publication d'un règlement de police arrêté par le Parlement. M. de Ronzières fit arrêter, maltraiter et jeter dans un cachot le malheureux tambour. Le Parlement ordonna qu'il serait mis en liberté, et nomma des commissaires pour l'exécution de son arrêt. Quand ceux-ci se présentèrent devant la tour où était renfermé le prisonnier, le gouverneur et ses soldats les repoussèrent à main armée. Les membres du Parlement se retirèrent *pour éviter une sédition.*

Trois jours après, le Parlement informé que plusieurs membres de la compagnie avaient fait visite au gouverneur » nonobstant la conduite injurieuse tenue par lui contre la » Cour, résolut que Messieurs seraient invités à s'abstenir » de visiter M. de Ronzières » jusqu'à ce que la Cour eût obtenu une réparation.

Cette résolution ne fit qu'exciter davantage la colère du gouverneur et de son lieutenant contre les Gens de justice.

Christophe de la Vallée, accompagné de cinq ou six soldats armés, pénétra dans le logis du procureur du roi du bailliage et, en sa présence, maltraita un huissier. M. de Ronzières poussa même la hardiesse jusqu'à s'introduire dans l'appartement des conseillers procédant à des enquêtes, et là de se permettre de menacer ou de maltraiter des témoins.

Les membres du Parlement étaient chaque jour insultés par les militaires, et le gouverneur poussant l'outrage à ses dernières limites, faisait investir la maison du premier président par des soldats armés ayant la mèche allumée.

Au milieu de ces excès et de ces désordres, il est encore quelque chose de plus grave à signaler.

Les échevins de Toul avaient obtenu, le 12 juillet 1645,

un arrêt qui cassait une sentence rendue par le Parlement et évoquait au Parlement de Paris les différends pouvant s'élever ultérieurement entre la ville de Toul et la Cour souveraine y ayant son siége. L'arrêt cassé avait exempté de logements militaires les officiers subalternes de la Cour.

Pour faire signifier au Parlement l'arrêt du conseil, les échevins n'avaient trouvé qu'un nommé Claudin, soi-disant sergent ou huissier à Vaucouleurs. Celui-ci avait obtenu de M. de Ronzières cinq ou six soldats pour l'assister, lors de la notification à faire au procureur général.

Le Parlement offensé ordonna une information contre ce sergent, déclara qu'il était sans qualité et le condamna à être battu et fustigé de verges par l'exécuteur de la haute justice, dans la cour du palais, à cinquante francs d'amende et à un bannissement de neuf ans.

L'huissier fustigé porta plainte au conseil d'état. L'affaire parut grave, car cette Cour supérieure fit assigner devant elle le premier président Claude de Bretagne, le conseiller Jacques Angran, comme ayant signé l'arrêt de condamnation rendu contre Claudin, et le procureur général Billet de Fasnières, pour avoir intenté les poursuites et fait exécuter le jugement.

Un arrêt du conseil du 10 mars 1646 débouta Claudin de sa requête, *sans dépens* toutefois, déchargea les trois magistrats inculpés de l'accusation portée contre eux et les renvoya à l'exercice de leurs charges.

Un autre arrêt du conseil, en date du 28 mars de l'année suivante, ordonna une information sur les faits reprochés au sieur de Ronzières et à Christophe de la Vallée; leur fit défense d'entreprendre à l'avenir sur la juridiction du Parlement, et régla le mode d'assembler les bourgeois. Enfin pour éviter toutes discussions ultérieures, l'arrêt du conseil évoqua au Parlement de Paris tous les différends qui pourraient s'élever désormais entre les parties.

Ces divers faits prouvent combien le droit du plus fort, l'ancien Faust-recht de l'empire, était encore en usage à cette époque ; car les échevins étaient hautement répréhensibles en accablant de logements de guerre les officiers subalternes du Parlement, et en voulant les faire contribuer au paiement de dettes contractées par les bourgeois avant l'arrivée de ces officiers à Toul. La Cour elle-même commettait des excès de pouvoir et empiétait sur l'autorité royale en se créant des priviléges. Elle montra surtout peu de générosité en faisant retomber sa vengeance sur un pauvre huissier, sous le prétexte qu'il n'était point suffisamment commissionné et qu'il avait attenté à l'autorité et au respect dûs à la justice souveraine du roi. Elle montra même de la cruauté en faisant battre de verges ce sergent qui, en lui signifiant un arrêt, avait eu l'audace d'employer la force armée. Le gouverneur et le lieutenant de roi de la ville de Toul étaient aussi coupables, en abusant des troupes à leur disposition, pour se livrer à toutes sortes de violences. Cependant, chose triste à dire, le sergent de Vaucouleurs fut seul puni et le fut cruellement.

Les conflits fréquents entre les différentes autorités, les luttes déplorables entre les divers pouvoirs, les oppositions violentes contre la suprématie royale elle-même, peuvent avoir plusieurs causes. La confusion des pouvoirs législatif, exécutif et judiciaire, et par conséquent les attributions mal définies des fonctionnaires de l'état, ne faisaient pas seulement naître tous ces tiraillements anarchiques. Il faut reconnaître au milieu de ces désordres, les dernières convulsions de l'esprit expirant de la féodalité. Cet esprit de violente fierté et d'orgueilleuse domination avait pénétré depuis des siècles dans tous les rangs de l'échelle sociale et politique : les efforts et les rigueurs du cardinal de Richelieu ne l'avaient pas entièrement dompté. Il était réservé à Louis XIV d'étouffer enfin cette hydre et de résumer en lui le pouvoir souverain.

Avant Louis XIV, le roi était reconnu comme dépositaire de la puissance suprême ; c'était là le droit national, la croyance politique. Mais les corps et les officiers auxquels le roi déléguait une partie de sa puissance, se croyaient souverains dans leur sphère. Ils cherchaient à agrandir le cercle de leur autorité et ne tenaient aucun compte des pouvoirs voisins. Ces souverains au petit pied ne craignaient pas même d'attaquer le pouvoir supérieur dont ils étaient les représentants et dont ils auraient dû être les soutiens.

Les dépositaires partiels de la puissance souveraine, se croyant encore de simples feudataires de la couronne, voulaient agir sans contrôle dans l'étendue de leur domination ; ils ne s'arrêtaient, dans leurs envahissements d'autorité, qu'au moment où la force leur manquait, et leur orgueil fléchissait seulement quand la main d'un Richelieu était assez forte pour faire tomber leur tête. Irascibles et violents, ils se rendaient justice à eux-mêmes et renouvelaient, en petit, les orgueilleuses atrocités et les capricieuses barbaries des châtelains du moyen âge.

Ne retrouve-t-on pas les traces de cet esprit féodal dans la conduite de M. de Roquepine, commandant de la citadelle de Metz, chargé de fermer les portes du palais au Parlement, et de publier les lettres patentes du 10 mai 1636, ordonnant la translation de cette Cour à Toul ? Cet officier, après avoir exécuté les ordres du roi, se donne le plaisir

de faire briser et jeter sur la place publique les bancs des procureurs ; le lendemain, il envoie des soldats s'emparer violemment de quelques avocats, procureurs et huissiers, pour les mettre à la porte de la ville.

M. de Lambert, gouverneur militaire de Metz, ne se pose-t-il pas en feudataire puissant se révoltant contre son suzerain, quand, en 1641, il méprise les ordres du roi et repousse les commissaires de sa majesté, en s'opposant violemment à l'établissement du baillage ?

M. de Ronzières, gouverneur de Toul et Christophe de la Vallée, son lieutenant, n'ont-ils pas tout à fait les allures féodales, quand ils tirent les huissiers par leurs barbes, vont intimider les témoins dans le prétoire même des juges, expulsent des bourgeois de la cité ou les jettent au fond des cachots ; quand ils font outrager les magistrats par leurs soldats, et poussent l'insolence jusqu'à faire investir, par la force armée, l'hôtel d'un premier président de Cour souveraine ?

Il faut l'avouer, le Parlement lui-même n'était pas à l'abri de l'influence de cet esprit féodal. Le pouvoir royal, qui venait de l'établir, juge convenable de le transférer dans une autre ville ; le Parlement ne se contente pas de faire des remontrances, il s'insurge contre l'autorité royale et il faut employer la violence pour le rendre obéissant à la puissance souveraine. Enfin il se laisse aller à un acte de brutalité digne de la colère d'un ancien possesseur de château fort, en faisant battre de verges le malheureux sergent qui a eu l'audace de lui signifier un arrêt.

Le Parlement devait sans doute se faire respecter, mais il devait le faire avec cette dignité qui convient à un corps de magistrature hautement placé : c'est ce qu'il faisait quelquefois.

En 1646, le père Committi, jésuite de Pont-à-Mousson, était venu prêcher l'Avent dans la cathédrale de Toul. En présence des magistrats eux-mêmes, il s'était permis contre le Parlement des paroles peu respectueuses ; cette attaque avait singulièrement réjoui les ennemis de la Cour souveraine.

L'année suivante, le Parlement ayant appris que le chapitre de la cathédrale avait choisi le même jésuite pour prêcher l'Avent, chargea un conseiller de prévenir le chapitre que le choix de ce prédicateur n'était pas agréable à la Cour, et de l'engager à en désigner un autre. Les chanoines ne paraissant pas disposés à donner cette satisfaction, le Parlement arrêta le 5 octobre 1647, qu'un prédicateur serait choisi par la compagnie pour prêcher aux jours et aux heures les plus commodes pour les magistrats.

Cette mesure produisit son effet, car le 11 du même mois le père provincial des jésuites de Pont-à-Mousson et un révérend père de la même communauté vinrent tout exprès à Toul, pour demander pardon à la Cour. Celle-ci agréa leurs excuses, en priant M. le premier Président de mander le père provincial en son hôtel et de lui dire que la Cour *estoit satisfaite de la submission et pardon, qu'il avait demandés pour ledit père Committi.* Moyennant cette soumission, ce jésuite prêcha l'Avent.

A cette époque, de grands intérêts se débattaient. L'Europe fatiguée depuis trente ans par la guerre, avait besoin de repos. La France désirait vivement la paix ; elle désirait surtout que ses droits de souveraineté sur la province des Trois-Évêchés fussent irrévocablement reconnus par l'Allemagne. Pour arriver à ce but, déjà depuis plusieurs années les négociateurs de la France et de l'empire étaient en conférence à Munster. Pendant que de chaque côté on soutenait avec chaleur ses prétentions, les opérations militaires n'en étaient pas poussées avec moins de vigueur. La cession des Trois-Evêchés à la France était une des plus grandes difficultés à résoudre ; car après avoir arrêté cette cession en principe, il fallait encore s'entendre sur le territoire qui en ferait partie.

M. Abel Servien, l'un des plénipotentiaires de la France, adressa, sous la date du 4 août 1647, à messire Claude de Bretagne, premier président du Parlement de Metz, une longue lettre qui est transcrite en entier dans les mémoires manuscrits laissés par l'intendant Turgot.

Les impériaux voulaient restreindre la cession des Trois-Evêchés au seul temporel desdits évêchés et aux fiefs qui en relevaient.

La France voulait au contraire que l'on comprît les pays mêmes où le spirituel des évêchés s'étendait.

M. Abel Servien disait dans sa lettre du 4 août 1647 :

« Si on peut justifier que le Parlement établi dans lesdits
» évêchés ait fait reconnaître sa juridiction dans toute leur
» étendue tant spirituelle que temporelle, et si on peut
» prouver que le droit de protection que nos rois ont eu
» depuis longues années en ce pays-là se soit étendu sur
» tous ceux qui ont leurs demeures dans les trois évêchés
» et que les gouverneurs établis par le roy leur aient fait
» reconnoitre l'autorité de sa majesté ; en ce cas nous aurons
» plus de droit de soutenir que la cession de l'empereur doit
» être sans réserve. »

L'éclaircissement demandé ne pouvait pas être favorable aux prétentions de la France, car en réduisant la question au fait de la possession, il est certain que la France ne possédait sous la protection, c'est-à-dire depuis 1552 jusqu'à 1633, que les mêmes terres faisant partie du ressort du Parlement depuis cette dernière époque jusqu'en 1647. Il était certain en outre que les autres terres de l'empire ressortissant pour le spirituel des évêchés de Metz, Toul et Verdun, même les terres mouvantes des évêques, n'étaient point comprises sous la protection ni sous la juridiction du Parlement de Metz.

Les plénipotentiaires français n'abandonnèrent pas complètement leurs prétentions. La paix se fit à Munster le 24 octobre 1648; l'empire céda définitivement à la France les Trois-Evêchés, mais dans le traité de paix, on n'employa ni le terme *diocæsis* que la France voulait, ni le terme de *districtûs temporalis* que les commissaires de l'empereur demandaient; on se contenta de part et d'autre de la simple expression que les Trois-Evêchés étaient cédés à la France, *cum eorum districtu*. Cette expression équivoque soulèvera plus tard des prétentions pour le soutien desquelles le Parlement de Metz jouera un grand rôle.

Depuis quinze ans, cette Cour souveraine, aussi vigoureuse dans ses actes qu'énergique dans ses déterminations, avait, au nom de la France, exercé les droits de la souveraineté sur les moindres parties du territoire temporel des Trois-Evêchés et facilité ainsi l'obtention de la reconnaissance de ces droits par l'empire lui-même.

Maintenant que la province est reconnue française par l'empire, le Parlement aura à y déraciner les anciennes traditions germaniques et à la protéger contre les prétentions de la Lorraine et de l'Espagne. Ce sera une époque marquée encore par des luttes et par des dangers.

Enfin quand l'esprit des Trois-Évêchés sera devenu tout à fait français, le Parlement aura alors des devoirs non moins honorables à remplir, car il aura à défendre les intérêts de la province et à faire valoir ses besoins ; il aura de plus à la préparer à de nouvelles destinées.

CHAPITRE IV.

L'abbé de Saint-Symphorien n'est point reçu en qualité de conseiller
né du Parlement. Troubles de la Fronde,
Majorité de Louis XIV. En 1652, Toul est de nouveau menacée d'un siége.
Le Parlement s'oppose avec succès
au rétablissement des juridictions épiscopales dans le diocèse de Verdun.
Arrêt contre le comte d'Aspremont qui voulait ressaisir
des droits de souveraineté.
Abolition du concordat germanique dans les Trois-Évêchés.
Discussions avec l'évêque, les échevins et le gouverneur de Toul.
Retour du Parlement à Metz.

Par l'édit de création du Parlement, les abbés de Gorze et de Saint-Arnould avaient été compris parmi les conseillers nés de la Cour, avec droit de séance et de voix délibérative aux audiences publiques. Cette récompense était due aux successeurs de ces abbés, qui avaient cédé à la France leurs droits de souveraineté. En 1556, le cardinal de Lorraine, archevêque de Rheims, avait fait cession au roi de France de tous les droits régaliens qui pouvaient lui appartenir en sa qualité d'abbé de Gorze. L'année suivante, l'abbé, le prieur et les religieux de l'abbaye de Saint-Arnould cédèrent aussi au roi le privilège qu'ils avaient de participer à l'élection du maître-échevin de la ville de Metz.

Les abbés, les prieurs et les religieux des abbayes de Saint-Symphorien et de Saint-Vincent de cette ville, avaient aussi abandonné au roi leur droit de concours à la nomination du maître-échevin; mais l'édit de 1633 n'avait point accordé aux abbés de ces deux monastères le privilège d'être conseillers nés du Parlement.

Cependant, en 1649, l'abbé de Coursan, abbé de Saint-Symphorien, obtint des lettres de provisions qui lui conféraient ce titre. Il tenta inutilement de les faire enregistrer; par son arrêt du 30 septembre de cette année, le Parlement ordonna que la requête de l'abbé de Saint-Symphorien lui serait rendue.

A cette époque, la guerre civile de la Fronde avait déjà éclaté. L'intendant Turgot, ordinairement si exact, a, dans ses mémoires, attaqué bien à tort le Parlement de Metz, en disant: « Cette compagnie, toute récente qu'elle était, ne » laissa d'entrer dans les associations, que le Parlement de » Paris fomentait dans le temps de la Fronde avec tous les » autres Parlements. »

Le Parlement de Metz n'a joué qu'un rôle très-réservé au milieu de toutes ces dissensions civiles. Dominé par le désir d'obtenir son rétablissement dans la ville de Metz, il avait un trop grand intérêt à ménager le cardinal Mazarin pour se joindre ouvertement à ses ennemis. D'ailleurs la compagnie était trop occupée de sa propre conservation, au milieu des troubles qui l'entouraient elle-même; et elle avait déjà assez de luttes à soutenir pour ne point se mêler à d'autres querelles.

Le Parlement de Paris contribua beaucoup à exciter cette malheureuse guerre civile qui désola la France pendant une partie de la minorité de Louis XIV. Sous la date des 15 mai et 15 juin 1648, il rendit des arrêts pour former une ligue ou union avec les Parlements et les autres compagnies souveraines du royaume. Ces arrêts n'eurent pas de suite ; la déclaration du roi du 4 octobre suivant avait apaisé le Parlement.

Ce dernier s'étant assemblé bientôt sous le prétexte des infractions faites à la déclaration du roi, la reine régente ne crut plus la personne de Louis XIV ni la sienne en sûreté dans Paris ; et crut devoir se retirer avec toute la cour à Saint-Germain-en-Laye.

Des lettres de cachet, en date des 8 et 10 du même mois, transféraient le Parlement de Paris à Montargis. Des copies de ces lettres furent aussitôt envoyées au Parlement de Metz pour y être enregistrées. Cette Cour ne mit pas, il est vrai, un grand empressement à les vérifier et faire enregistrer. Elles ne le furent que le 28 du même mois ; et pour excuser ce retard, les registres secrets portent qu'il provient de ce que *l'avocat général les avait omises par mégarde*. Quoiqu'il en soit, le Parlement de Metz écrivait au roi, quelques jours après, pour l'assurer de sa fidélité et de son obéissance, et prévenait sa majesté qu'il n'avait pas ouvert des lettres du Parlement et de l'hôtel-de-ville de Paris ; qu'il les avait fait déposer au greffe.

Le retard apporté à l'enregistrement des lettres de cachet des 8 et 10 janvier, et le choix que fit le Parlement pour porter sa dépêche au roi, d'un gentilhomme attaché au maréchal de la Ferté-Senectere, gouverneur militaire des évêchés et de la Lorraine, peuvent faire supposer que l'enregistrement n'a pas été spontané, et qu'il est dû en partie à l'influence du gouverneur de Nancy.

Le 13 février suivant, le Parlement écrivit au chancelier Séguier pour l'assurer de ses sentiments de fidélité au roi et d'obéissance à ses ordres. Un secrétaire de l'un des présidents à mortier fut envoyé en courrier à Paris, afin de remettre cette lettre : une somme de trois cents livres lui avait été accordée pour ses frais de route. Le 18 du même mois, le chancelier répondait au Parlement qu'il avait fait connaître à leurs majestés *les bonnes et généreuses résolutions de la cour.*

Le cardinal Mazarin avait dû céder à l'orage ; il s'était retiré.

« Tant que le cardinal Mazarin put trouver auprès de la
» reine un asyle contre la fureur de ses ennemis, le Parle-
» ment de Metz ne vit en lui qu'un ministre honoré de la
» confiance de son maître ; mais dès que la régente l'eut
» sacrifié à l'acharnement des factieux et qu'elle lui eut
» enjoint de sortir des terres de l'obéissance du roi, le Par-
» lement de Metz dut veiller à l'exécution de cet ordre, avec
» les autres Cours du royaume. »

C'est ainsi que M. Emmery explique l'arrêt du Parlement de Metz, rendu le 20 mars 1651, contre le cardinal Mazarin.

L'expulsion de Mazarin n'apaisa point les troubles, le Parlement de Metz y resta tout à fait étranger.

Lors de la majorité de Louis XIV, au mois de septembre 1651, une députation composée du président de Loynes et des conseillers du May, Laffemas, Grasseteau et Jabin se rendit à Fontainebleau pour y complimenter le roi. Le discours du président de Loynes prouve évidemment le peu de sympathie du Parlement pour les *factions populaires*, qui agitaient le royaume.

Pendant l'année 1652, la conduite du Parlement fut également très-circonspecte.

Le 3 janvier, il fit publier la lettre de cachet du roi, en date du 6 décembre précédent, contre les princes de Condé, de Conty et la duchesse de Longueville; d'un autre côté, il avait reçu du Parlement de Paris des lettres et des arrêts contre le cardinal Mazarin. Sa réponse n'indique pas une adhésion formelle; elle est d'ailleurs expliquée par les lettres adressées au Parlement de Paris et au duc d'Orléans, le 17 janvier. Le Parlement s'excuse de sa non participation, sur ce qu'il a reçu des ordres précis du roi à cet égard.

Une lettre de cachet en date du 10 juillet 1652, donna avis au Parlement de Metz des désordres arrivés dans la capitale, avec défenses de recevoir des lettres du Parlement et de l'hôtel-de-ville de Paris. La Cour, se conformant aux ordres du roi, n'ouvrit pas une lettre du Parlement de Paris, reçue le 29 juillet.

Le 6 août, la Cour arrêtait même qu'elle ne répondrait pas à des lettres du duc d'Orléans, du prince de Condé et du Parlement de Paris.

Rien ne prouve mieux l'opposition du Parlement de Metz au parti des frondeurs que l'emprisonnement du conseiller Chenevix. Ce magistrat avait été pris en 1652, auprès de Damvillers par des troupes du prince de Conty. On imposa au prisonnier une rançon qu'il promit; ne pouvant pas la payer, il fut maltraité. Le Parlement ayant été informé de sa malheureuse position, vint à son secours; par sa délibération du 28 décembre 1652, la Cour ordonna qu'une somme de trois mille livres serait avancée au conseiller Chenevix, sur ses gages, afin de le tirer de captivité.

Quelques mois après, le conseiller Chenevix forma une

saisie-arrêt entre les mains d'un nommé Jean Bouchard, fermier de l'abbaye de Saint-Mansuy de Toul, qui se trouvait débiteur d'une somme de quinze cents livres dix sols, envers le prince de Conty. Par son arrêt du 11 juillet 1655, le Parlement de Metz ordonna que Jean Bouchard viderait ses mains dans celles du [sieur Chenevix, jusqu'à concurrence de la somme appartenant au prince de Conty, « pour
» indemniser ledit Chenevix d'une partie de la rançon
» ou perte qu'il a faite lors de sa prise par un parti de
» Damvillers. »

Cette fureur de guerre civile était enfin apaisée, la tranquillité avait reparu dans le royaume, le cardinal Mazarin avait été rappelé et avait fait sa rentrée à Paris, le 3 février 1653.

Pendant les troubles de la fronde, le Parlement et la ville de Toul avaient été exposés à des dangers. Le duc de Lorraine, retiré dans les Pays-Bas depuis plusieurs années, voulut profiter de la guerre civile qui régnait en France pour rentrer dans ses états. Il embrassa le parti des princes et envoya en Lorraine trois à quatre mille hommes sous la conduite du comte de Lignéville, son général d'artillerie. Epinal, Châtel-sur-Moselle, Mirecourt, Neufchâteau, Bar-le-duc, Commercy et plusieurs autres villes du ressort du Parlement de Metz furent enlevées ou se rendirent elles-mêmes. Le maréchal de La Ferté Senectere, qui commandait Nancy, les reprit presque toutes. Lignéville fut battu, mais les débris de son armée se réunissant à quelques troupes fournies par les espagnols et par les mécontents, ravagèrent cette frontière. Pendant ce temps, le Parlement veillait sur les traîtres; par arrêt du 11 novembre 1650, il condamna au bannissement perpétuel et à la confiscation de ses biens, le greffier de

Mirecourt convaincu d'avoir entretenu des intelligences avec les ennemis. La ville de Toul étant par sa situation exposée à leurs insultes, il était à craindre qu'ils n'en fissent le siège. Plusieurs corps de leurs troupes avaient intercepté les passages par Neufchâteau, Void et autres lieux ; les communications avec Toul étaient devenues si difficiles que plusieurs conseillers n'avaient pu s'y rendre pour faire le service de leur semestre.

Le Parlement demanda des secours à M. Le Tellier, secrétaire d'état. Ce ministre se hâta d'en promettre ; sa lettre fut lue au bureau le 5 septembre 1650. La Cour ne se reposa point entièrement sur les promesses du ministre ; le même jour, elle s'occupa de nouveau à mettre la place de Toul en état d'opposer une vigoureuse résistance.

M. Jean Midot, ancien conseiller à la Cour et doyen de la cathédrale de Toul, avait entre les mains six mille livres provenant de l'économat de l'évêché. Par délibérations des 5 et 16 septembre, le Parlement ordonna que Jean Midot verserait à Jacques de la Grand-maison, bourgeois de Toul, la somme de deux mille livres, pour être employée aux travaux de défense.

Le jeudi 7 novembre, le premier président rassembla les deux semestres, pour leur faire connaître le résultat d'une conférence qu'il avait eue avec M. le maréchal de la Ferté, traversant Toul et se rendant à Nancy. M. le maréchal lui avait appris que l'armée ennemie, composée de beaucoup de troupes, avait pris les villes de Rhétel, Chateau-Porcien, investi Sainte-Menehould et s'avançait vers Toul pour en faire le siège. Le maréchal avait été d'avis que la ville dépourvue de munitions et de gens de guerre, était incapable de faire résistance et il se crut obligé, par son attachement au service du roi, d'avertir la Cour en la personne de son premier président, qu'elle devait immédiatement pourvoir à sa sûreté et penser à sa retraite.

Le premier président ajouta qu'il avait reçu un courrier de M. de Feuquières, gouverneur de Verdun. Cet officier donnait avis du mouvement des troupes ennemies et engageait la compagnie à quitter Toul le plus tôt possible.

Malgré l'imminence du danger, le Parlement était décidé à n'abandonner la ville qu'à la dernière extrémité : en conséquence, il prit avec calme les mesures de prévoyance que la nécessité lui imposait.

Ce même jour 7 novembre, le conseiller Marin fut député en toute hâte auprès du Roi pour le supplier de donner des ordres pour la défense de Toul, et les conseillers Le Duchat et Foës furent envoyés à Metz pour obtenir du maréchal de Schomberg, gouverneur de cette ville, qu'il permît au Parlement de s'y retirer. Le conseiller Scarron fut dépêché à Nancy auprès du maréchal de la Ferté, afin de pouvoir être informé exactement de ce qui se passait et d'en instruire la Cour. Il devait en outre s'entendre avec le maréchal, afin d'obtenir une escorte suffisante pour assurer la retraite du Parlement et s'en rapporter à l'expérience de cet officier sur la nécessité absolue et sur le moment de l'opérer.

La Cour compléta ces mesures en prenant un arrêté qui faisait défenses à tous les officiers de la compagnie de quitter la ville, sous peine d'interdiction de leurs charges, et l'on continua à rendre la justice.

Deux jours après, des lettres du maréchal de la Ferté donnèrent avis au Parlement que l'ennemi s'avançait et menaçait toujours d'assiéger Toul; qu'il était dangereux pour la Cour d'y demeurer plus longtemps. Le Parlement crut devoir autoriser les membres de la compagnie à quitter Toul, sans cependant s'éloigner du ressort, afin de pouvoir attendre les ordres du roi.

Pendant huit jours, une grande inquiétude régna dans la ville ; les ennemis s'approchaient de toutes parts. Enfin, le lundi 18 novembre, une lettre du maréchal de la Ferté et une dépêche du gouverneur de Bar-le-Duc informèrent le Parlement que cette ville était investie depuis la veille et que la compagnie ne pouvait plus longtemps différer son départ. Dès ce moment le cours de la justice fut suspendu entièrement ; les magistrats qui étaient restés furent de nouveau autorisés à se retirer, et des ordres furent donnés pour transporter à Nancy les minutes des arrêts et les registres de la Cour.

Avant de se séparer, le Parlement prit encore une mesure dans l'intérêt de la défense de la place. Il ordonna que la conciergerie et les autres prisons seraient ouvertes aux détenus, « à leurs cautions juratoires et à la charge » de se représenter toutes fois et quantes ils en seront » requis, » et qu'ils seraient employés aux travaux des fortifications.

La Cour ne pouvant plus rien pour le service du roi et la sûreté de la ville, se réfugia à Nancy.

L'armée des princes s'empara bientôt des villes de Bar-le-Duc, de Ligny et de Commercy, passa la Meuse et vint camper aux villages de Pagny et de Sorcy. Les bonnes dispositions du maréchal de la Ferté mirent la ville de Toul à l'abri d'une attaque ; l'armée du roi s'avançait, les ennemis se retirèrent.

Sa majesté, qui avait ordonné au Parlement de se rendre à Nancy, lui enjoignit alors de retourner à Toul pour y reprendre le cours de ses séances. Les membres de la compagnie arrivèrent le 3 décembre, et le surlendemain, s'étant réunis pour la première fois, ils firent écrire à M. le maréchal de la Ferté pour le remercier de la protection qu'il avait accordée à la Cour et du bon accueil qu'il avait bien voulu lui faire pendant son séjour à Nancy. Le roi fut en outre remercié par les députés que la Cour avait à Paris, des ordres qu'il avait donnés pour la sûreté du Parlement, et dès le 6 décembre on expédia les affaires.

L'édit de 1634, qui créait les bailliages, n'avait pu recevoir son exécution qu'en 1641, tant l'opposition avait été grande contre l'établissement de ces juridictions royales.

Depuis plus de douze ans, le bailliage était établi à Verdun, quand, en 1654, le prince François de Lorraine, évêque de cette ville, essaya de faire revivre les anciennes juridictions épiscopales. Il avait, par son grand crédit, obtenu du conseil d'état, sous la date du 12 janvier, un arrêt favorable à ses projets. Cet arrêt ordonnait que la justice et la police de la ville et du comté de Verdun seraient exercées comme jadis par le bailli et les autres officiers de l'évêque; il portait en outre que les Gens du bailliage royal seraient appelés *pour être ouïs sur la suppression de leur juridiction.*

Le 9 février suivant, Claude de Bruillard, abbé de Coursan, conseiller d'état, princier de la cathédrale, abbé de Saint-Symphorien et vicaire général de l'évêché de Metz, avait été commis par le roi pour l'exécution de cet arrêt du conseil. L'abbé de Coursan, doué d'une grande capacité et d'un esprit dominateur, convenait parfaitement à cette mission; d'ailleurs il était peu ami du Parlement qui, en 1652, lui avait refusé le titre de conseiller né.

Le 27 février, l'abbé de Coursan se transporta à Verdun :

il exerça assez d'influence sur les officiers du bailliage royal pour obtenir qu'ils consentissent à la suppression de leur juridiction, moyennant le remboursement de la finance de leurs charges, et pour faire accepter à plusieurs d'entre eux des emplois dans les justices de l'évêque.

Le Parlement de Metz considéra que la conduite des Gens du bailliage royal était *une lâcheté*, et que le projet de l'évêque était *un attentat à l'autorité du roi et aux droits de sa couronne*.

Le président Jules César Faure et quatre conseillers se trouvant alors à Paris furent, par délibération du 31 janvier, députés pour présenter de vive voix des remontrances au roi sur les entreprises de l'évêque de Verdun. Plus tard on renouvela ces protestations par écrit.

Par arrêt du 14 mars suivant, le Parlement enjoignit aux officiers du bailliage de Verdun de continuer les fonctions de leurs charges. Le 31 du même mois, il reçut le procureur général, opposant à l'arrêt du conseil d'état, enjoignit de nouveau aux officiers du bailliage de rendre la justice, et reçut aussi le procureur général dans son opposition contre une ordonnance de l'abbé de Coursan, en date du 20 mars, qui ordonnait aux officiers de l'évêque de siéger, sans avoir égard à l'arrêt du Parlement du 14 précédent. Cet arrêt du 31 mars ordonnait en outre qu'il serait publié à son de tambour et affiché dans les carrefours et les places publiques de la ville de Verdun.

Un incident vint se joindre à cette lutte entre le Parlement et l'abbé de Coursan.

Dans une ordonnance du 8 avril, confirmative de celle du 20 mars, ce commissaire du roi avait donné au prince François de Lorraine la qualité d'*évêque, prince et comte de Verdun*.

Cette qualité de prince de Verdun était insolite et affichait, surtout dans les circonstances présentes, des prétentions de souveraineté que le Parlement ne pouvait ni ne voulait tolérer. Par son arrêt du 16 avril 1654, il cassa et annula l'ordonnance de l'abbé de Coursan « comme rendue témérairement » et par attentat, tendante à faire soulever les habitants de » Verdun sujets du roi et les soustraire à son obéissance. » A la première audience publique, le Parlement fit biffer et lacérer l'ordonnance de l'abbé de Coursan, le condamna personnellement à six mille livres d'amende applicable au pain des prisonniers, au paiement de laquelle somme il serait contraint par la saisie de ses bénéfices; fit rayer la qualité de *prince de Verdun*, faussement attribuée à l'évêque, et défendit à toute personne de lui donner ce titre, soit en public, soit en particulier, mais seulement de l'appeler évêque et comte, sous peine d'être poursuivi comme ennemi de l'Etat, des droits du roi et de la couronne. L'arrêté fut ensuite publié à son de trompe dans les places publiques et les carrefours de Verdun.

Cette lutte dura assez longtemps, car le 23 juin 1655, le Parlement dut fulminer encore un arrêt contre l'évêque de Verdun, qui, par des moyens détournés, voulait ressaisir ses droits de juridiction et de souveraineté.

Le Parlement obtint enfin un succès complet. Les prétentions de François de Lorraine étaient contraires aux intérêts de la France; les juridictions qu'il voulait rétablir ne pouvaient que fouler les peuples de son diocèse. Le Parlement parvint, par son énergique opposition, à empêcher tout ce mal; le bailliage royal fut maintenu et continua d'exister jusqu'à la révolution française.

Les sentiments de piété qui animaient les membres du

Parlement en particulier et le respect que la Cour avait en général pour la religion, ne l'empêchaient pas de résister aux exigences déraisonnables des évêques et de se faire respecter par tous les ecclésiastiques, de quelque rang qu'ils fussent.

Le 9 avril 1635, la Cour s'étant rendue à la cathédrale de Toul pour assister ensuite à la procession du saint Clou, M. de Bretagne, grand doyen de cette église et fils du premier président Claude de Bretagne, ne céda pas sa place aux membres du Parlement, comme cela s'était toujours pratiqué jusque-là.

Le Parlement voulut avoir satisfaction de ce manque de déférence envers lui. Vainement le premier président, qui était fort respecté de sa compagnie, donna l'assurance que son fils avait agi par mégarde et s'engageait dorénavant à céder sa stalle aux membres de la Cour; celle-ci, par arrêt du 16 avril, enjoignit au grand doyen de ne prendre à l'avenir place dans la cathédrale, lorsque la compagnie serait en corps de Cour, qu'après le dernier des conseillers. Elle ordonna en outre au doyen de comparaître en la chambre du conseil pour y entendre prononcer l'arrêt.

Cependant la compagnie, sur la prière et en considération du premier président, sursit à ce que le grand doyen comparût en chambre du conseil, jusqu'à ce qu'il eût eu l'occasion d'exécuter l'arrêt; elle décida qu'alors seulement il serait dispensé définitivement de comparaître.

Le premier président, qui s'était retiré pendant la délibération, rentra et *remercia la Cour de la grâce qu'elle lui avait faite.*

Le Parlement veillait principalement à réprimer tout ce qui pouvait porter atteinte à sa juridiction et aux droits de souveraineté de la France. Gardien fidèle des intérêts à lui confiés, il les défendait avec courage envers et contre tous.

Les habitudes de la souveraineté ne se perdent point facilement. Henri de Bourbon, marquis de Verneuil, évêque de Metz, en est un exemple. Ce prélat avait exercé le pouvoir souverain dans son diocèse ; on a de lui un teston daté de 1624 et une jolie pièce de billon frappés à Vic : c'est le dernier évêque de Metz qui ait fait battre monnaie. Après la reconnaissance formelle de la souveraineté de la France sur les Trois-Evêchés par le traité de Westphalie, cet évêque accorda encore en l'année 1649 des lettres de grâce et affecta par là de se considérer comme prince souverain.

Le Parlement avait surtout à lutter contre les prétentions du duc de Lorraine. C'est un spectacle assez singulier que celui de Cours de justice s'attaquant à coups d'arrêts au nom de leurs souverains respectifs, et combattant avec vigueur pour la possession d'une belle province.

Le duc Charles avait établi à Luxembourg, sous la protection de l'Espagne, un tribunal supérieur prenant le titre de Cour souveraine de Lorraine et de Barrois. Cette Cour avait la prétention de juger en dernier ressort les affaires de la Lorraine, alors occupée par la France et attachée à la juridiction du Parlement de Metz.

Déjà en 1647 le Parlement se disputait les appels des justices de la ville de Remiremont avec Henri de Roncourt, se disant conseiller d'Etat du duc Charles de Lorraine, en sa prétendue Cour de Luxembourg. Le 27 juin 1648, il cassait un arrêt rendu par cette Cour sous la date du 29 janvier précédent. De son côté la Cour de Luxembourg cassait aussi les arrêts du Parlement de Metz.

Le 20 juin 1651, le Parlement dut renouveler ses défenses de reconnaître dans le duché de Lorraine d'autres juges que les juges royaux et de porter les appels ailleurs que devant la Cour de Metz. Cet arrêt était nécessité par ce qui se passait dans le bailliage de Mirecourt : dans la plupart des affaires, les appels étaient portés devant la Cour de Luxembourg. Le Parlement enjoignit en même temps au lieutenant général du bailliage de cette ville, d'informer contre tous ceux qui reconnaîtraient la juridiction de la Cour de Luxembourg et par conséquent la souveraineté du duc de Lorraine.

Le Parlement fut même obligé de déployer de la sévérité. Le 28 mars 1655, il défendit sous peine de la vie à tout habitant des villes de Neufchâteau, d'Epinal et de Remiremont, ainsi que des prévôtés d'Arches et de Bruyères, de reconnaître d'autre souverain que le roi de France, et de se pourvoir par appel ailleurs qu'au Parlement. Depuis deux ans, cette partie de la Lorraine était travaillée par les affidés du duc Charles, qui étaient soutenus par les officiers de justice du pays eux-mêmes; elle ne reconnaissait plus, pour ainsi dire, la juridiction du Parlement.

Le 4 novembre 1652, le Parlement cassa et annula encore un arrêt *donné par les Gens se disant tenir la Cour souveraine à Trèves* (c'était toujours la Cour du duc Charles, ne siégeant plus à Luxembourg). Il condamna celui qui avait poursuivi et obtenu cet arrêt à être pris au corps et amené à la conciergerie du palais, pour répondre aux conclusions du procureur général.

Non-seulement le Parlement de Metz cherchait à maintenir sa juridiction sur la Lorraine, mais encore à intimider ou à punir ceux qui prenaient ouvertement le parti de l'ancien souverain. Le 19 octobre 1655, il avait ordonné qu'il serait informé contre les habitants des pays de Lorraine et Barrois, au service des ennemis de la France, et que leurs biens seraient saisis et confisqués au profit du roi.

Parmi les justiciables du Parlement se trouvait Charles d'Aspremont, comte d'Aspremont et de Dun, qui devint plus tard beau-père du duc Charles IV de Lorraine. En 1656, ce comte fit des tentatives pour ressaisir sur ses terres et seigneuries les droits régaliens qui, en 1357, avaient été accordés à sa famille par l'empereur Charles IV de la maison de Luxembourg. Il donnait des lettres de noblesse et prétendait avoir le droit d'accorder des grâces, rémissions, lettres de naturalité, légitimation de bâtards, de battre monnaie et de faire tous autres actes de souveraineté. Il avait même établi des officiers de justice dont les appellations ne devaient relever qu'à son buffet; on appelait ainsi le tribunal supérieur des seigneurs hauts-justiciers.

Le Parlement rendit inutiles ces tentatives; par son arrêt du 30 octobre 1656, il ordonna qu'il serait informé sur les usurpations faites sur les droits du roi et du Parlement, et fit défenses aux habitants des comtés d'Aspremont et de Dun de relever leurs appellations autre part qu'à la Cour de Metz. Il se fit même représenter par un sieur Mansart dit Saint-Jour, les lettres de noblesse qu'il avait obtenues du comte d'Aspremont.

Le duc de Lorraine employait tous les moyens pour conserver les droits de la souveraineté sur les Etats dont il était dépossédé. Le 5 novembre 1658, sur la remontrance de l'avocat général Charles de Guillon, le Parlement permit d'assigner devant lui le prévôt de la ville d'Etain. Cet officier, dévoué au duc de Lorraine, s'avisait de lever de l'argent sur les bourgeois de la ville de Verdun pour prétendus droits de protection, déshérence, etc., en vertu d'un bail qu'il disait avoir de la chambre des comptes de Bar.

Un semblable droit de protection avait été aboli définitivement pour la ville de Toul en 1645. Le Parlement en affranchit aussi par sa vigilance la ville de Verdun et le pays Verdunois.

Les Trois-Evêchés, comme dépendances de l'Allemagne, étaient régis pour la juridiction spirituelle et leurs rapports avec le saint-siége, par des règles toutes différentes de celles qui régissaient la France ; car ils étaient soumis au concordat germanique passé en 1448 entre le pape Nicolas V et l'empereur Frédéric III, tandis que la France était régie par le concordat de Léon X. D'après le concordat germanique, les élections des évêques et des autres bénéficiers se faisaient dans toute l'étendue de l'empire par les chapitres ; le pape seul avait le droit de confirmer ces élections. Le concordat de Léon X accordait au contraire aux rois de France le droit de nommer aux évêchés et autres bénéfices auparavant soumis à la collation du pape.

Il était d'un grand intérêt pour la France que la collation des bénéfices se fît dans les Trois-Evêchés comme dans les autres parties du royaume, mais la prétention du roi à cet égard devait nécessairement éprouver de l'opposition de la part des chapitres et de la cour de Rome.

Peu de temps après l'établissement du Parlement de Metz, la difficulté vint à surgir.

M. de Gournay, évêque de Toul, était décédé le 14 septembre 1635. La France prétendit alors que les Trois-Evêchés étant rentrés sous sa domination, ne devaient plus être régis par le concordat germanique, mais bien par le concordat de Léon X ; que par conséquent le roi avait le droit de nommer à l'évêché de Toul. Cette prérogative lui fut contestée ; cependant le roi et le chapitre de la cathédrale de Toul s'entendirent et prirent un moyen terme ; les chanoines nommèrent évêque leur doyen Henri Arnauld, et Louis XIII approuva ce choix. Il n'en fut pas de même de la part du pape Urbain VIII : le pontife refusa d'accorder des bulles à Henri Arnauld ; il n'osa point cependant nommer à l'évêché de Toul, dans la crainte d'irriter le roi de France : Le siége resta vacant pendant quatre ans.

A la même époque il se présenta pour le Parlement une occasion de soutenir les prétentions du roi de France contre les droits que les chapitres voulaient encore exercer en vertu du concordat germanique.

Jean-Jacques de Férocourt avait été pourvu en 1634, par le cardinal Nicolas François de Lorraine, évêque de Toul, de la charge de bailli de l'évêché : c'était le chef de la noblesse du pays. Au mois de juin 1637, Jean-Jacques de Férocourt résigna son office à René Daussy, son neveu, qui obtint du roi, le 24 juillet suivant, des lettres de provisions. Quand René Daussy voulut les faire enregistrer au Parlement, le sieur Christophe de la Vallée, lieutenant pour le roi au gouvernement de Toul, s'opposa à la réception de Daussy, en prétendant que lui-même était pourvu de cet office par le chapitre de Toul, dont il avait en main des provisions datées du 14 août 1637.

Le premier avocat général de Corberon porta la parole dans cette affaire. Si dans d'autres circonstances il déploya une immense érudition, il montra dans celle-ci qu'il joignait à une grande science le talent du raisonnement.

Il rappela d'abord les moyens favorables à la prétention du chapitre :

« Il est certain, dit-il, que le siége épiscopal vacant, les
» chanoines ont toujours eu l'administration du spirituel
» et du temporel de l'évêché : la possession suffirait donc
» pour les faire maintenir dans le droit de pourvoir aux
» offices vacants.

« Le chapitre est considéré comme la famille de l'évêque,
» comme son sénat et son conseil. Le concile de Trente
» regarde le chapitre comme l'assesseur de l'évêque ; et
» puisqu'autrefois, dans ces provinces, leurs menses, leurs
» revenus et leurs habitations étaient communs, il semble
» raisonnable qu'après la mort de l'évêque, le chapitre
» prenne sa place et jouisse de son pouvoir ; en sorte que si
» la possession du chapitre, quant à l'administration du
» temporel, paraît extraordinaire et peu conforme à ce qui
» se pratique dans le royaume, l'usage particulier de la
» province a néanmoins tant de force et d'autorité, qu'il
» tient lieu d'une puissante loi. »

Le premier avocat général de Corberon crut cependant
que, malgré tous les moyens favorables au chapitre, il fallait
consacrer les prétentions du roi de France. Voici quelques-
uns des moyens sur lesquels il fondait son opinion :

« L'usage et la possession qu'allègue l'opposant ont pu
» être de quelque poids, lorsqu'il plaisait au roi de rester
» dans les termes d'une simple protection ; mais depuis que,
» par l'établissement du Parlement, le roi a fait connaître
» qu'il voulait jouir de ses droits dans la province, et en
» traiter les habitants comme le reste de ses sujets, le droit
» de régale qui va partout, *quod ossibus Regis adhæret*, qui
» n'a point de bornes que celles du royaume, a fait cesser
» les priviléges du chapitre.

« Ce serait un crime de douter que la régale s'étende en

» ce pays ; or, contre ce droit, l'usage, la longue et paisible
» possession ne servent de rien, ni la provision du pape,
» ni celle du légat, ni celle d'un concile général, à plus
» forte raison celle du chapitre. La régale étant ouverte, les
» nominations sont au roi seul, il a même pouvoir que le
» pape pour celles de Saint-Jean de Latran, *ubi papa veré*
» *est ordinarius.* »

Le Parlement, conformément aux conclusions du premier avocat général, jugea par son arrêt du 25 septembre 1638, que pendant la vacance de l'évêché de Toul, le roi pouvait, en conséquence de la régale, pourvoir aux offices dépendants de l'évêché.

Il ne suffisait point sans doute d'un arrêt du Parlement pour trancher une question aussi grave que celle de savoir si le concordat germanique ou le concordat de Léon X régirait dorénavant les Trois-Evêchés.

Le roi n'ayant pu vaincre la résistance du pape ni obtenir, pour Henri Arnauld qu'il avait agréé comme évêque de Toul, les bulles nécessaires à sa consécration, avait révoqué son brevet et nommé en sa place Paul de Fiesque. Il avait espéré que ce choix serait ratifié par la cour de Rome: le pape ne voulut pas céder. Le roi fit alors mettre Paul de Fiesque en possession de son temporel par le Parlement de Metz. Enfin Innocent X, successeur d'Urbain VIII, consentit, en 1643, à préconiser Paul de Fiesque ; mais ce prélat mourut la même année sans avoir pu prendre possession de son évêché.

Deux ans plus tard, Innocent X voulant soutenir les prétentions de ses prédécesseurs sur l'évêché de Toul, y nomma directement Jean Lebret, l'un de ses prélats référendaires. Le nouvel évêque s'étant fait sacrer à Rome au mois de mai

1645, sans en donner avis au roi de France, l'ambassadeur du roi très-chrétien reçut ordre de témoigner au prélat le mécontentement de sa majesté. Lebret fut tellement affecté de ce blâme, que dès le lendemain il contracta une maladie dont il mourut au mois de juin suivant.

La vacance continua jusqu'en 1649; le roi nomma alors à l'évêché de Toul André du Saussay, qui obtint ses bulles du pape Alexandre VII. Ce pontife, successeur d'Innocent X, accorda enfin, par un indult, à Louis XIV, le droit de nommer aux bénéfices des Trois-Evêchés.

L'indult du pape Alexandre VII, en date du 11 décembre 1664, n'accordait qu'à la personne seule de Louis XIV le droit de nomination aux évêchés et bénéfices. Mais le roi n'accepta point cette restriction. La difficulté ne fut terminée que par l'indult accordé par Clément IX, le 23 mars 1668. Le pape renonça entièrement au droit de nomination des bénéfices dans les Trois-Évêchés et le céda au roi. Dès ce jour le concordat germanique cessa de faire loi dans la province; elle fut soumise pour l'avenir au concordat de Léon X. Cette négociation eut pour résultat de séparer complètement, sous le rapport spirituel, les Trois-Évêchés de l'Allemagne. La vigilance et la fermeté du Parlement y contribuèrent pour beaucoup.

Il y avait près de vingt ans que le siège de Toul n'était pas occupé quand André de Saussay fut nommé : Le Parlement eut aussi des démêlés avec ce prélat.

Le 6 novembre 1656, les Gens du roi ayant été admis dans la chambre du conseil, le premier avocat général Pavillon porta plainte au Parlement de ce que la veille André du Saussay avait pris par procureur possession de l'évêché de Toul, « sans avoir fait apparoir à la Cour des lettres pa-

» tentes à elles adressées, contenant le serment de fidélité
» au roi. »

Le Parlement ayant mandé devant lui Nicolas Rambouillet, Etienne Leliepvre, chanoines de la cathédrale de Toul, et Nicolas Bayon, secrétaire du chapitre, constata qu'Etienne Leliepvre avait pris possession de l'évêché au nom d'André du Saussay et que Bayon en avait reçu l'acte.

Par arrêt du même jour, la Cour réprima cette entreprise de l'évêque et de son chargé de pouvoirs, pour ne point s'être conformé à ce qui s'était fait en 1637, lors de l'installation de M. de Gournay; elle cassa et annula la prise de possession du temporel de l'évêché par M. de Gournay et fit afficher son arrêt à la porte de l'église cathédrale.

Pour témoigner publiquement qu'il ne reconnaissait point le nouvel évêque, le Parlement, lors de l'ouverture du semestre, au mois d'août suivant, n'alla point entendre la messe du Saint-Esprit dans l'église cathédrale de Toul, comme cela avait lieu ordinairement, mais dans l'église de Saint-Gengoult.

L'année suivante, le Parlement eut encore à s'occuper de l'évêque de Toul. Ce prélat avait fait imprimer les statuts synodaux de l'évêché, en tête desquels il avait pris la qualité de prince du saint-empire. Le Parlement trouva que les sujets du roi, ne pouvant être les feudataires de l'empire, la qualité prise par l'évêque de Toul était préjudiciable aux droits de la couronne. Il fut fait défenses à l'évêque de prendre cette qualité.

Le Parlement était en outre en guerre perpétuelle avec les échevins de la ville de Toul.

Des arrêts du conseil leur avaient défendu de faire des levées extraordinaires de deniers sans avoir assemblé et consulté les principaux habitants de la cité.

Lorsqu'il s'agissait de deux mille francs ou au-dessous, il fallait obtenir l'autorisation du Parlement. Si l'imposition devait excéder deux mille francs, l'autorisation du roi était nécessaire.

Les magistrats municipaux ne s'étant point conformés à ces arrêts du conseil, le procureur général les dénonça au Parlement, le 3 novembre 1649.

Des observations faites au nom de la Cour ne furent point écoutées ; les échevins continuèrent à lever sans contrôle des impôts extraordinaires : des arrêts du Parlement durent intervenir.

Le 14 mai 1657, sur les conclusions de l'avocat général Jacques Mignon, qui s'était plaint non-seulement de l'irrégularité mais encore du désordre de la comptabilité des officiers municipaux du ressort, le Parlement leur ordonna de déposer au greffe les comptes des levées extraordinaires d'impôts faites sur les peuples du ressort depuis cinq ans. Cette mesure atteignait principalement les échevins de la ville de Toul.

Au mois de mai suivant, le Parlement dut encore défendre à ces échevins de faire des levées extraordinaires de deniers, et les 24 et 27 de ce mois, il leur fut ordonné de déposer au greffe de la Cour les rôles de toutes les impositions extraordinaires levées sur les habitants et de représenter les pièces comptables au procureur général. Malgré l'appui qu'ils trouvèrent dans le gouverneur militaire de la ville, les échevins furent enfin obligés de céder et de laisser vérifier leurs comptes par le Parlement.

Ce n'était point seulement à l'occasion de leurs comptes que les échevins étaient en discussion avec la Cour. Déjà au mois d'octobre 1645, ils avaient pris plaisir à loger un grand nombre de soldats dans la maison épiscopale, où le Parlement tenait ses séances. Les soldats y avaient commis beaucoup de désordres : ils avaient fait un si grand feu qu'ils avaient failli incendier le palais, et mis en danger la magnifique cathédrale qui en est voisine.

Malgré les justes réclamations du Parlement, les échevins logèrent encore des gens de guerre dans la maison épiscopale au mois d'avril 1648. Cette soldatesque s'étant livrée à beaucoup d'excès, le conseiller Bossuet fut chargé de faire au commandant de la place et aux échevins des réclamations qui ne produisirent aucun effet.

La position du Parlement était pénible; à la fin du mois de janvier 1649, en accusant réception des édits du roi contre les frondeurs et en assurant le roi de son obéissance, il écrivait au chancelier : « Il nous reste de déplaisir que « nous sommes dans une ville où nos biens et nos vies ne « sont pas en sûreté. »

L'établissement d'un marché sur la place en face de l'hôtel où l'on rendait la justice, devint aussi un sujet de discussion entre les échevins et le Parlement. Ces réunions bruyantes troublaient les audiences : le Parlement avait dû, le vendredi 31 mai 1657, mander devant lui les échevins pour leur intimer l'ordre de désigner aux marchands de la ville et aux forains un autre emplacement.

En 1650 et 1651, le pays avait eu à souffrir de l'indiscipline et des excès des soldats.

Un régiment irlandais, commandé par le colonel Duval, avait été logé au mois d'avril 1650 dans les faubourgs de Toul et tenait la ville presque bloquée. Les soldats, après avoir pillé les campagnes, forçaient les portes des maisons, maltraitaient les hommes et s'emparaient violemment des femmes. Ils menaçaient de piller Toul et même de s'en emparer, s'ils obtenaient d'y avoir leurs quartiers d'hiver. Le gouverneur militaire, Louis de Havard, sieur de Ronzières, maréchal des camps et armées du roi, était impuissant pour réprimer ces désordres et assurer la tranquillité de la ville. M. de Ronzières fut mandé devant la Cour et, en sa présence, le procureur général exposa la triste situation du pays ; le Parlement fut réduit à adresser des remontrances au roi.

Le Parlement de Paris avait aussi été touché des excès commis dans son ressort par les gens de guerre et, par son arrêt du 25 mai 1651, il avait déclaré responsables non-seulement les auteurs de ces brigandages, mais encore leur postérité. Il avait envoyé son arrêt au Parlement de Metz qui lui fit, sous la date du 15 juin suivant, une réponse se terminant ainsi : « et comme les peuples de notre ressort ont
» souffert et souffrent encore des misères extrêmes par la
» licence et la barbarie des troupes étrangères qui tiennent
» quartier d'hiver en cette frontière, nous avons opposé à
» ces excès la sévérité des lois et l'autorité royale, par
» arrêts publiés en diverses occasions, dont l'exécution n'a
» pu être que proportionnée à la force du lieu où notre
» séance est réduite. Nous ne manquerons jamais de courage
» ni d'affection au service du Roi et soulagement de ses
» sujets, y étant invités par exemples si généreux et illus-
» tres et demeurant toujours selon nos devoirs et respects,
» Messieurs, vos bons frères et amis, les Gens tenant la
» Cour de Parlement. »

En 1654, les échevins de la ville de Toul furent obligés d'avoir recours au Parlement pour obtenir protection contre les excès de tous genres auxquels la garnison se livrait journellement. Des gendarmes d'ordonnance et des chevau-légers de la garde du cardinal Mazarin avaient commis de graves désordres. Une émeute s'en était suivie, plusieurs chevau-légers avaient été tués ou blessés par les bourgeois : le reste avait été obligé de sortir de la ville. Sur la plainte des habitants, le Parlement, qui était sans force pour punir les crimes commis par les gens de guerre, fit faire des informations qui furent envoyées au roi.

En 1655, la ville de Toul fut menacée d'une augmentation de garnison ; elle avait reçu l'ordre de loger pendant un quartier d'hiver huit compagnies de cavalerie et dix d'infanterie. Le Parlement écrivit au cardinal Mazarin pour lui demander le retrait de cet ordre. La Cour fit valoir que la guerre avait réduit la ville à un état tellement déplorable, qu'elle n'était plus habitée que par des ecclésiastiques et un petit nombre de bourgeois. Le 15 janvier, le cardinal répondit au Parlement qu'il avait obtenu du roi l'autorisation de décharger la ville de Toul d'une partie de la garnison.

Le gouverneur de Toul, M. de Ronzières, avait été tué en duel à Chartres en 1651, et remplacé le 17 novembre de la même année par M. de Grachet, maréchal des camps et armées du roi, à qui M. Henri, comte de Pas Feuquières, succéda peu d'années après. Le 24 septembre 1655, le comte de Pas fut appelé au gouvernement de la ville de Toul et du pays Toulois. Le Parlement ne trouva point en lui cet esprit de conciliation et cet amour du bien public qui auraient été si nécessaires dans ces temps de discorde.

Dans la lettre de cachet du roi, en date du 27 août 1655, qui ordonnait au Parlement d'enregistrer de suite les provisions du comte Henri de Pas Feuquières, nommé capitaine gouverneur de la ville de Toul « afin que la compagnie le

» recognoissant en cette qualité, un chacun et les habitants
» dudit gouvernement lui porte volontiers obéissance, » sa
majesté mandait aussi qu'elle avait particulièrement recommandé au comte de Pas d'appuyer de son autorité l'exécution des arrêts du Parlement « en sorte que la force aidât à la
» justice. »

En se faisant recevoir, le 28 septembre 1654, comme conseiller chevalier d'honneur, il avait promis solennellement de maintenir l'autorité de la Cour. Cela n'empêcha point que M. le comte de Pas, abusant de son pouvoir, se mit bientôt en opposition avec elle. Il avait interdit M. Christophe de la Vallée de Pimodan, lieutenant au gouvernement de cette ville. Cet officier s'était pourvu auprès du roi, et le 8 octobre 1654, il demanda au Parlement la permission d'entrer en la chambre du conseil; il exposa qu'il avait des lettres de S. M. ordonnant au gouverneur de Toul de le rétablir dans l'exercice de sa charge. Le Parlement arrêta que la plainte de M. de la Vallée serait transmise au roi.

Cette modération de la Cour produisit quelque effet, car le 1er décembre suivant, M. le comte de Pas étant venu occuper sa place dans la chambre du conseil, comme conseiller chevalier d'honneur, déclara avoir rétabli M. de la Vallée dans sa charge de lieutenant de roi. Il dit ensuite que ses ennemis l'avaient mis mal dans l'esprit du maréchal de la Ferté, et il pria la compagnie de chercher à lui concilier de nouveau la bienveillance du maréchal.

La Cour, chambres et semestres assemblés, chargea M. le premier président d'intercéder auprès de M. de la Ferté, en faveur du comte de Pas.

Ces bons offices de la Cour auraient dû rendre M. le comte de Pas plus circonspect; mais il continua à montrer de la malveillance à M. de la Vallée, et le 9 janvier 1655, un page du gouverneur envoya un cartel au fils du lieutenant de roi, qui le remit aux mains du procureur général. Le lendemain, un arrêt du Parlement ordonnait une information, et le dépôt du cartel de défi au greffe criminel.

Ce qui indisposa principalement le Parlement, ce fut un acte arbitraire du comte de Pas, qui avait fait jeter en prison un sieur Turquoy, réfugié à Toul pour y exercer la profession d'avocat.

Le gouverneur, mandé devant le Parlement, répondit que les échevins de la ville lui avaient porté plainte que cet avocat avait proféré des paroles injurieuses contre eux et contre lui, et qu'il croyait avoir le droit de punir de pareilles offenses.

Le 30 mars 1656, le premier président fut chargé de lui signifier qu'il eût à rendre immédiatement la liberté à l'avocat Turquoy.

Le comte de Pas continuait à exercer despotiquement ses fonctions; aussi, quand en 1657 le Parlement se transporta à Metz pour saluer le roi, le duc d'Anjou et le duc de Mazarin, il refusa de l'admettre dans ses rangs comme conseiller chevalier d'honneur. Par un arrêté du 1er septembre, on l'avait averti de ne point se trouver avec la compagnie lorsqu'elle marcherait en corps; qu'en cas d'insistance de sa part, il y serait pourvu.

Les excès de pouvoir du gouverneur ne cessaient point; il se permettait de faire jeter les bourgeois en prison, selon ses caprices. Un de ses protégés avait perdu au Parlement un procès contre un nommé Dubourg, chirurgien ordinaire du roi et bourgeois de Toul; le comte de Pas, irrité, fit saisir ce Dubourg et le fit enfermer dans le fond de l'une des tours de la ville.

Le 6 mai 1658, l'avocat général Mignon ayant porté plainte, le Parlement manda le comte de Pas. Le gouverneur prétendit qu'il n'avait jamais empêché l'exécution des arrêts de la Cour; qu'il avait fait arrêter le chirurgien Dubourg parce que celui-ci ne voulait point rendre un certain livre-journal produit dans ce procès et appartenant à un individu autrefois chargé de la recette des poudres et salpêtres; qu'enfin il avait fait emprisonner Dubourg pour des raisons concernant le service du roi, qu'il ne pouvait déclarer, et qu'il avait rendu compte de cette arrestation au ministre Le Tellier.

Peu satisfait de cette réponse, le Parlement ordonna une information et permit même au procureur général de provoquer un monitoire en forme de droit, pour obtenir des révélations. Le 18 mai, une copie des informations fut adressée aux députés que le Parlement avait à Paris, pour être mise sous les yeux du roi. Le 25 mai, il fut même ordonné que le gouverneur serait dans trois jours *ouy par sa bouche sur les charges résultantes des informations*.

A cette époque, le Parlement était en lutte avec les échevins de la ville de Toul : ces magistrats municipaux ne voulaient pas depuis plusieurs années soumettre leurs comptes à la vérification de la Cour. Cette résistance était soutenue et excitée par le comte de Pas, qui s'était emparé des clefs des armoires de la maison de ville, pour empêcher les commissaires du Parlement d'examiner les pièces de la comptabilité municipale; de plus, il avait fait fermer les portes de la maison de ville, y avait placé une sentinelle et avait défendu au maître-échevin et aux échevins de *s'assembler ailleurs pour les affaires communes que dans son logis*.

Le Parlement prit alors des mesures rigoureuses; le 30 mai, il fit rayer de la matricule le nom du comte de Pas, comme conseiller chevalier d'honneur, *sans qu'aucun puisse être reçu en la dite charge par résignation ou autrement.* Le lendemain il rendait arrêt contre les échevins et leur défendait, *sous peine de faux,* de s'assembler ailleurs qu'en la maison de ville pour les affaires communes.

Le comte de Pas avait fait remplacer M. de la Vallée par Pierre Prévost, sieur du Barail, officier entièrement à sa discrétion. Ce nouveau lieutenant de roi menaça et maltraita l'avocat général Mignon qui avait porté plainte contre le gouverneur. Le 1er juin, le Parlement décréta de prise de corps le sieur du Barail et ceux qui l'avaient aidé dans ses violences; il envoya en même temps une députation à Paris pour dénoncer au roi la conduite de l'autorité militaire. Enfin le 3 juin, la Cour fit défenses au gouverneur de chasser les bourgeois de la ville, de les emprisonner ailleurs que dans les prisons royales, d'user de violences contre les officiers de la Cour, d'empêcher ou de retarder l'exécution de ses arrêts, et de se mêler des affaires de justice. Cet arrêt ordonnait en outre que le procès serait fait et parfait au gouverneur, et que pendant le procès, il serait interdit des fonctions de son gouvernement. La fermeté du Parlement imposa enfin au comte de Pas qui, le 12 juillet suivant, lui adressa une requête. Il demanda, *attendu qu'il avait obéi aux arrêts de la Cour,* qu'il lui plût le rétablir dans sa charge de conseiller chevalier d'honneur. Le Parlement fit droit à sa requête. Le comte de Pas ayant été mandé derrière le bureau, le premier président lui déclara que son interdiction était levée et qu'il pouvait reprendre sa place, ce qu'il fit à l'instant même.

Quelques jours après, un arrêt du Parlement déchargea des accusations portées contre eux, ceux qui étaient accusés de menaces et de violences contre l'avocat général Mignon.

Le Parlement de Metz, pendant son séjour à Toul, rendit plusieurs arrêts portant règlement sur divers objets : ils sont en entier dans l'ouvrage de M. Emmery. Les soins de la Cour s'étendaient aussi jusqu'à veiller à l'approvisionnement de la ville de Toul. En 1649, elle eut surtout occasion de témoigner toute sa sollicitude pour le soulagement des populations.

Le 12 juin de cette année, le procureur général représenta qu'il n'y avait ce jour même sur le marché de Toul que fort peu de blé, mal nettoyé et sentant le renfermé, et que l'on exigeait de ce mauvais grain le prix exorbitant de vingt francs le bichet (94 litres 76 centilitres); tandis que six mois auparavant, il ne valait que cinq à six francs.

La Cour ordonna aussitôt qu'ouverture serait faite des greniers des particuliers. Le lieutenant général du bailliage fut chargé de s'emparer de la moitié du blé excédant la provision nécessaire à chaque ménage, et de le faire vendre ensuite au taux qu'il fixerait, pour l'argent en provenant être remis au propriétaire. De semblables mesures trouveraient difficilement aujourd'hui une justification tant sous le rapport économique que sous le rapport légal.

La jalousie ombrageuse du cardinal de la Valette et le désir peut-être de rapprocher de la Lorraine le Parlement de Metz, avaient fait transférer la compagnie à Toul ; la guerre et le voisinage des ennemis, maîtres encore de Thionville, avaient servi de prétexte. Le roi témoigna toujours d'une manière très-précise son intention de rétablir un jour le Parlement dans le lieu de sa première installation ; en revêtant toutes les lois et lettres destinées à la Cour, de l'adresse suivante : Aux Gens tenant notre Cour de Parlement de Metz, séante présentement à Toul.

Le Parlement ne cessait de réclamer son rétablissement à Metz. En 1639, le conseiller Bénigne Bossuet avait été député à Paris pour négocier ce retour. Il y avait été envoyé une seconde fois, et au mois de février 1642, il écrivait au Parlement qu'il espérait réussir dans ses négociations. On avait aussitôt prié M. le premier président de partir pour Paris, afin de joindre ses efforts à ceux de M. Bossuet : on espérait beaucoup du concours du premier président Claude de Bretagne, cousin du célèbre sur-intendant des finances Claude de Bouthillier.

Les démarches simultanées des deux députés de la Cour promettaient un heureux résultat, quand la mort du cardinal de Richelieu vint mettre obstacle à la conclusion tant désirée de cette affaire. Cependant, quelque temps après, le premier président écrivit à la compagnie qu'il espérait obtenir prochainement une décision favorable : la mort de Louis XIII et la disgrâce du sur-intendant Claude de Bouthillier firent évanouir de nouveau les espérances du Parlement.

La prise de Thionville et de Sierck par le duc d'Enghien, aux mois d'août et de septembre 1643, faisait disparaître les prétextes qui avaient servi à faire transférer le Parlement à Toul : l'ennemi n'était plus dans le voisinage de Metz. La Cour voulut profiter de ces heureux événements pour renouveler ses instances et redemander avec chaleur sa réintégration dans le chef-lieu véritable de la province. Ses démarches furent tout-à-fait inutiles. On craignait sans doute que le Parlement ramené dans une ville aussi importante que Metz, n'y pût exercer une fâcheuse influence en se joignant aux Parlements qui, pendant la Fronde, suscitèrent tant d'embarras au gouvernement de la reine régente.

Le Parlement ne se rebutait point, car en 1644, il envoyait encore à Paris des députés pour solliciter son rétablissement à Metz.

La paix conclue à Munster le 4 octobre 1648, entre la France et l'empire, surtout la reconnaissance formelle de la souveraineté du roi sur les Trois-Evêchés, parurent des circonstances favorables pour adresser au gouvernement de nouvelles réclamations. La Cour se rassembla le 10 décembre suivant, et décida *que toutes voies seraient tenues pour faire réussir cette poursuite.* On chercha à intéresser le maréchal de Schomberg, gouverneur militaire de Metz, en consentant la création de deux charges de conseiller à son profit, dans le cas où il obtiendrait le retour du Parlement à Metz; et l'on députa à Paris pour traiter cette affaire le président Bonneau et les conseillers Nicolas Rigault, de Bruc, Scarron, Luillier et Angran. On les autorisa en outre à engager la compagnie jusqu'à concurrence d'une somme de soixante mille livres, si l'offre d'une création de deux charges ne suffisait pas.

Au commencement de 1650, on députa encore à Paris le conseiller Bossuet, dont le choix devait être agréable au maréchal de Schomberg, et on autorisa le mandataire de la Cour à offrir cent vingt mille livres, outre la création de deux charges.

Dès cette époque, il semblait n'y avoir plus qu'à fixer la somme à verser dans les coffres du roi pour obtenir la réintégration à Metz. Au mois d'octobre suivant, le célèbre Nicolas Rigault, doyen des conseillers, fut envoyé à Paris pour suivre dans cette pensée les négociations; elles durèrent plusieurs années.

En 1654, l'un des présidents à mortier, M. de Loynes, désespérant sans doute du rétablissement du Parlement à Metz, avait pensé à obtenir au moins pour lui une résidence plus importante que la ville de Toul. Il avait fait de son propre mouvement au conseil du roi et particulièrement à M. Abel Servien, sur-intendant des finances, des ouvertures à ce sujet. On s'était entendu pour ainsi dire sur les conditions à imposer au Parlement, en le retirant de Toul pour l'établir à Châlons-sur-Marne. Ces conditions étaient préjudiciables aux officiers du Parlement en particulier sous le rapport financier. Sous le rapport politique, la translation du Parlement à Châlons-sur-Marne aurait été, en outre, une chose vraiment désastreuse : la présence d'une Cour souveraine au milieu de la province des Trois-Evêchés était encore trop nécessaire. Le Parlement informé des négociations ouvertes par le président de Loynes, les désavoua formellement. Le président Faure et les conseillers Angran et Pajot alors à Paris, furent chargés de faire connaître ce désaveu au chancelier et au sur-intendant des finances. Cela se passait au mois de mars 1654 ; quelques mois plus tard, la Cour députait encore MM. Bossuet et Le Duchat pour offrir cent vingt mille livres, si l'on rappelait le Parlement à Metz. Toutes ces démarches n'eurent point de résultat favorable.

Dans une lettre de Jean-Baptiste Colbert au cardinal Mazarin, sous la date du 16 juillet 1656, on trouve le passage que voici : « Le Parlement de Metz offre cinquante mille écus » sy votre éminence désire le faire restablir dans la ville de » Metz. » En marge et de sa propre main, le cardinal Mazarin mit la réponse en ces termes : *Cela ne se peut*.

La Cour marchait de désappointements en désappointements quand une circonstance heureuse vint ranimer ses espérances.

Le conseiller Bossuet se trouvant à Verdun, annonça au Parlement que le roi allait se rendre à Metz. La compagnie se réunit le 13 septembre 1657 et décida, *attendu que le véritable lieu de sa séance était la ville de Metz*, qu'elle se transporterait en cette ville pour rendre ses respects au roi. Le lendemain on prit les mesures nécessaires, et un commis du greffe fut chargé *de pourvoir à ce qu'il y eût des chariots et charrettes prêtes pour conduire le bagage.*

Dix-neuf membres de la Cour, y compris le premier président et plusieurs présidents à mortier, se réunirent à Metz et furent reçus par le roi et la reine, le 21 septembre 1657, à onze heures du matin. L'après-midi la Cour, après avoir salué le duc d'Anjou et Monsieur, frère du roi, se rendit à l'évêché où elle présenta ses hommages au cardinal Mazarin.

La Cour avait saisi cette circonstance pour porter ses doléances au roi ainsi qu'au premier ministre, et réclamer avec force son rétablissement à Metz.

L'accueil bienveillant fait au Parlement l'encouragea. Le premier président Claude de Bretagne et les conseillers Le Duchat, Chenevix, Bossuet et Foës ainsi que M. Le Gendre, procureur général, furent chargés de rester à Metz pour y poursuivre, pendant le séjour du roi, l'affaire importante du rétablissement de la Cour dans cette ville.

Le 6 octobre, ils étaient de retour à Toul où ils rendirent compte à la compagnie de leurs démarches. On les remercia de leur zèle, et le même jour on écrivit au chancelier et au surintendant Foucquet.

Le 30 du même mois, le procureur général Le Gendre fut chargé particulièrement de continuer les sollicitations commencées; mais au mois d'avril 1658 on le rappela.

Cependant quelques mois plus tard on députa de nouveau M. Le Gendre, en lui donnant, par une délibération du 22 octobre, des pouvoirs plus étendus.

10

Le vendredi 22 novembre 1658, la Cour se réunit pour entendre M. Le Gendre qui venait rendre compte de sa mission. Il s'était transporté à Dijon où se trouvait le roi et avait obtenu l'ordre du rétablissement du Parlement dans la ville de Metz ; cet ordre était daté de Dijon du 15 novembre, et contre-signé par M. de Loménie. Ce résultat heureux fut vivement applaudi, mais il n'avait été obtenu qu'à l'aide de grands sacrifices. M. Le Gendre s'était engagé au nom de la Cour à verser dans les mains du trésorier de l'épargne à Paris, une somme de deux cent mille livres, dont la moitié payable au premier janvier 1659 et l'autre moitié payable au premier avril suivant.

On trouve dans un almanach des Trois-Évêchés une note de la main d'un ancien bénédictin de l'abbaye de Saint-Epvre, indiquant qu'une somme de vingt mille livres fut donnée en cadeau au cardinal Mazarin. Les registres secrets ne font pas mention de cette circonstance : le fait, eût-il eu lieu, ne pouvait pas être consigné. La cupidité de Mazarin pourrait y faire croire, et cette circonstance aurait pu arriver par tradition à la connaissance d'un religieux d'une abbaye qui peut-être a employé son influence sur le cardinal Mazarin, pour faciliter les démarches du Parlement.

Ce fut avec une grande pompe que la Cour se transporta à Metz. Elle partit de Toul le 30 novembre sous l'escorte de deux cents mousquetaires et de cinquante chevaux commandés par le comte de Pas Feuquières, gouverneur de Toul, et vint coucher à Pont-à-Mousson. Là elle fut complimentée non-seulement par les autorités de la ville mais encore par les députés du clergé, de la noblesse, de la municipalité et du bailliage royal de la ville de Metz.

Le dimanche 1er décembre 1658, elle se rendit à Metz,

accompagnée d'une nombreuse escorte et suivie d'une grande quantité de carrosses. A son entrée dans les murs de la cité, elle fut saluée par des volées de coups de canon.

Le lendemain 2 décembre, après avoir entendu une messe du Saint-Esprit à la cathédrale, le Parlement alla prendre séance au palais de justice. Le premier avocat général Étienne Pavillon prononça une longue harangue, et le premier président Claude de Bretagne termina la cérémonie en adressant une allocution au nombreux auditoire qui encombrait la grande salle.

Vingt-cinq ans seulement s'étaient écoulés depuis la création du Parlement, qu'il avait été soumis à de bien rudes épreuves.

CHAPITRE V.

Lutte du Parlement avec le commandant militaire de Metz.
Augmentation du ressort et des attributions de la Cour
par suite des traités de Westphalie, des Pyrénées et de la paix conclue
avec le duc de Lorraine.
Discussions avec le gouverneur et les habitants de la ville de Toul.
Résistance du présidial de Sedan.
Discussions avec le chapitre de la cathédrale de Verdun, avec les intendants
de la province et avec la ville de Metz.
Entreprises du duc de Lorraine. Arrêts criminels. Juifs.

M. de la Contour, lieutenant de roi, commandant à Metz en l'absence du maréchal de Schomberg, avait fort bien accueilli le Parlement à son retour de Toul. Il avait rendu à la Cour tous les honneurs qui lui étaient dus, non-seulement en lui donnant une forte escorte, mais encore en faisant rassembler sur son passage les milices du pays. Il avait même poussé les égards envers les membres de la compagnie jusqu'à les réunir chez lui dans un banquet le jour même où la Cour reprit ses séances. L'estime du maréchal de Schomberg pour le Parlement et son affection particulière pour quelques-uns de ses membres avaient peut-être commandé à M. de la Contour la conduite qu'il avait tenue. Ce n'était pas moins d'heureux présages qui devaient faire espérer un terme à des rivalités fâcheuses. Malheureusement il n'en fut point ainsi : la bonne intelligence entre le Parlement et l'autorité militaire ne fut pas de longue durée.

Deux mois s'étaient à peine écoulés, qu'une fâcheuse question de préséance vint rompre cette harmonie. M. de la Contour, en sa qualité de commandant de la ville, eut la prétention d'assister à une procession générale à la tête des officiers de la garnison et de marcher à la gauche du Parlement. La Cour s'étant opposée formellement à cette prétention, M. de la Contour s'abstint, ainsi que son état-major, d'assister à la cérémonie. De ce moment l'autorité militaire se mit en lutte ouverte avec le Parlement.

M. de la Contour s'emparait des dépêches adressées à la Cour et faisait relever la garde et battre le tambour quand le Parlement tenait ses séances : il poussait même la hardiesse jusqu'à faire molester les magistrats à leur entrée dans la ville et il ordonnait arbitrairement la fermeture des portes, de manière à incommoder les magistrats.

Le Parlement porta ses plaintes au roi : sa majesté chargea la Cour elle-même de faire remettre à M. de la Contour l'ordre de s'abstenir envers la compagnie de tout mauvais procédé. Le Parlement avant de transmettre au commandant militaire la lettre du roi, se donna la satisfaction de la faire transcrire en entier sur ses registres.

Cela ne fit qu'accroître l'irritation du lieutenant de roi et des officiers de la garnison contre les magistrats, et il se présenta bientôt des occasions où cette irritation se manifesta avec encore plus de violence.

Un soldat avait tenté de commettre d'horribles excès sur une mère et sur sa fille : le Parlement, selon son droit, fit arrêter le coupable. Les officiers de la compagnie à laquelle ce militaire appartenait, assistés de plusieurs soldats, forcèrent en plein jour les prisons royales et mirent en liberté celui que le Parlement poursuivait. C'était un attentat très-grave, un crime de lèse-majesté au second chef; le Parlement décréta de prise de corps les officiers. Mais quand il s'agit de les arrêter, M. de la Contour refusa main-forte ; il souffrit même que ces officiers parcourussent la ville accompagnés de soldats armés de fusils et d'épées, et suivis de leurs valets ayant des pistolets cachés sous leurs manteaux : dans cet équipage, ils insultaient les membres du Parlement et bravaient l'autorité de la Cour.

Un maréchal des logis de la ville, officier purement civil préposé par la municipalité à la répartition des logements militaires, avait commis des concussions que le Parlement voulut réprimer en ordonnant son arrestation. M. de la Contour prit le prévaricateur sous sa protection en lui donnant asile dans la citadelle pour le soustraire aux poursuites de la justice.

Le Parlement fit au roi des remontrances inutiles contre tous ces attentats. Les officiers coupables eurent assez de crédit pour obtenir des lettres d'abolition au sujet des poursuites commencées contre eux. M. de la Contour parvint même par son influence à procurer au maréchal des logis de la ville une complète impunité. Par un sentiment de pudeur, toutes ces lettres d'abolition ordonnaient aux militaires de respecter et de protéger les dépositaires des lois.

A cette malheureuse époque, le pouvoir royal était aussi impuissant pour prévenir les excès et les désordres des gens de guerre que pour les réprimer. Aussi une déclaration du roi du mois de novembre 1660 voulut effacer tous ces déplorables méfaits en accordant une amnistie générale.

La paix avait été conclue entre la France et l'Espagne le 7 novembre 1659, et à la fin de février 1661 entre la France et le duc de Lorraine. Ce dernier traité, en rétablissant Charles IV dans ses états, devait nécessairement apporter un grand changement aux attributions et au ressort du Parlement de Metz. Aussi quand le traité de 1661 fut envoyé à la Cour pour y être enregistré, il donna lieu à un examen sévère dont M. le conseiller Péricard fut chargé. Il ne fut enregistré le 5 novembre qu'avec des modifications et sous la réserve de faire des remontrances dans lesquelles le Parlement fit remarquer à sa majesté que le duc de Lorraine avait énoncé dans le traité jusqu'aux moindres villages qu'il cédait à la France, de manière à composer seize articles, tandis que la cession considérable qu'on lui faisait était exprimée en termes généraux et en quelques lignes. La Cour signalait surtout cette circonstance importante que les territoires cédés par le duc de Lorraine avaient pour la plupart appartenu de tous temps à la France.

Le Parlement se croyait autorisé à faire de semblables remontrances, *car il avait été institué*, disait-il, « pour veiller » continuellement à la conservation des droits de la couronne » et empêcher les entreprises des princes voisins. » Il combattait principalement dans cette circonstance *pro domo suâ*; son intérêt devait céder devant le besoin général de la paix : ses remontrances ne furent pas écoutées ; elles ne pouvaient pas l'être, et le 5 janvier 1664, il dut enregistrer purement et simplement le traité conclu avec le duc de Lorraine. Ce n'était aussi qu'après avoir reçu des lettres de jussion, que le Parlement avait, en 1662, enregistré purement et simplement le traité d'alliance conclu à Fontainebleau, le 12 octobre 1661, entre le roi et l'archevêque de Trèves.

Parmi les maux que la guerre entraîne, il faut toujours compter la dilapidation des finances des états. Après de longues guerres, les rois de France étaient obligés d'établir des chambres de justice, pour faire rechercher les exactions et les extorsions commises par les financiers ou traitants, surtout pour imposer de fortes restitutions à ceux qui s'étaient enrichis scandaleusement aux dépens de la fortune publique.

On avait eu recours à cet expédient en 1648; on créa encore, en 1661, une chambre de justice qui ne fut supprimée qu'au mois d'août 1669. Les messins s'étaient beaucoup alarmés de l'érection de cette chambre de justice, car les trois ordres de la ville de Metz envoyèrent des députés à Paris pour en empêcher l'établissement dans la province.

L'édit de création est du mois de novembre 1664, et ne fut vérifié au Parlement de Metz que le 22 décembre suivant. Il paraît cependant que les opérations de la chambre de justice commencèrent avant la publication même de l'édit, car le célèbre avocat Joseph Ancillon a dit dans sa chronique : « Le dernier jour de juillet 1664, une partie de la chambre » d'enquête dont j'ai parlé ci-devant, vint en cette ville ; ce » qui donna une grande appréhension aux bourgeois, voyant » qu'ils n'avaient pu empêcher l'établissement de ladite » chambre. » Monsieur Emmery n'a pu découvrir : « si les » opérations de la chambre de justice justifièrent les frayeurs » et les appréhensions des messins. »

On peut voir dans l'excellent ouvrage de M. Véron de

Forbonnais, conseiller au Parlement de Metz, ayant pour titre : *Recherches et considérations sur les finances de la France en 1661, 1663 et 1665*, combien il était nécessaire d'établir une chambre de justice et quels furent les résultats de ses opérations

La guerre avait ruiné la province des Trois-Evêchés ; le Parlement fit tout ce qu'il put pour apporter du soulagement à la misère publique. Le 6 août 1661, des femmes du peuple avaient été porter plainte à l'avocat général Joly de Fleury, de ce que le blé manquait sur le marché de Metz et que cependant il y en avait une grande quantité sur les greniers des bourgeois. L'avocat général transmit aussitôt ces plaintes au Parlement qui, le même jour, défendit à toutes personnes de transporter des grains hors de la ville.

Un des premiers actes du duc de Lorraine rentré dans ses états, avait été de faire proclamer que ses sujets ne seraient tenus de payer à leurs crédirentiers de la province des Trois-Evêchés que la moitié des rentes qu'ils leur devaient. Le Parlement de Metz usant de représailles, ordonna, par son arrêt du 5 septembre 1661, que les débiteurs de son ressort envers les habitants de la Lorraine, ne paieraient non plus que la moitié des rentes dues.

L'approvisionnement de la ville de Metz était devenu tellement difficile que pour le faciliter, la Cour, par son arrêt du 8 octobre suivant, défendit à tout créancier, à quelque titre que ce soit, de saisir les grains et les denrées amenés sur le marché.

Les meuniers profitant de cette misère, mettaient par leur cupidité *le pauvre peuple au désespoir*. La Cour chercha, le 7 novembre, à prévenir cette avidité coupable en enjoignant aux meuniers d'avoir des balances dans leurs moulins, de peser les grains à leur entrée et de rendre pareil poids tant en farine qu'en son, déduction faite du droit de mouture.

La guerre avait exigé la levée de beaucoup d'impositions devenues plus lourdes encore par suite des malversations des maires et des Gens de justice subalternes. Un arrêt, également sous la date du 7 novembre, ordonna les mesures nécessaires pour la répression de ces abus.

L'arrêt du conseil d'état du 12 mai 1661, déchargeait de toutes impositions arriérées les Trois-Évêchés, la terre de Gorze et les villes et prévôtés du Luxembourg et de la Lorraine, cédés à la France par les derniers traités. C'était un faible soulagement pour des communautés chargées de dettes dont la liquidation présenta de grandes difficultés.

Les traités de paix conclus avec l'empire et avec l'Espagne amenèrent surtout de grands changements dans la constitution du Parlement de Metz.

En exécution de l'article 84 du traité des Pyrénées, le prince de Condé, premier prince du sang, avait obtenu des lettres patentes en forme de don des villes et du pays de Clermont en Argonne, des prévôtés de Varennes, Montignon, Vienne-le-Châtel, Stenay, Dun et Jametz : cette cession comprenait plus de cent bourgs et villages d'un revenu considérable et dépendants du ressort du Parlement de Metz.

Par deux arrêts du 26 janvier 1661, le Parlement chercha à s'opposer à cette aliénation des droits de la couronne. Ces arrêts sont des monuments qui attestent que la Cour non-seulement connaissait et savait défendre le droit public de la France, mais aussi combien elle s'appliquait à étudier l'histoire des pays confiés à sa juridiction.

Ce qui touchait principalement le Parlement de Metz, c'est que les pays cédés au prince de Condé avaient été en même temps distraits de son ressort pour être attribués au Parlement de Paris. On avait député le président Le Musnier, le conseiller Angran et le procureur général Le Gendre pour engager le prince à consentir à ce que la Cour conservât sa juridiction sur le Clermontois. Cette démarche ne réussit pas ; mais pendant les négociations, d'autres circonstances éveillèrent la sollicitude du Parlement. On avait enlevé à sa juridiction le Clermontois et la Lorraine, et pour le dédommager, on était dans l'intention d'étendre son ressort sur des pays nouvellement cédés à la France et d'augmenter surtout ses attributions.

Les trois députés de la Cour envoyés à Paris pour traiter avec le prince de Condé, furent chargés, non-seulement d'insister pour cette augmentation de ressort et d'attributions, mais de s'opposer à une nouvelle création d'officiers. Cette affaire parut même d'une si grande importance, que les conseillers Rozey et Nau et l'avocat général Pavillon furent également envoyés à Paris pour se joindre aux trois magistrats qui s'y trouvaient déjà.

Les démarches des députés de la Cour ne purent empêcher qu'un édit du mois de mai 1661, tout en augmentant le ressort et les attributions de la Cour, ne créât un nombre considérable d'officiers.

Le Parlement fit de vives représentations pour obtenir la modification de cet édit. Les conseillers de Lannel, Dufour, de la Garde, de Creil et Feydeau furent employés aussi à cette importante affaire. Enfin vers le milieu du mois de septembre, on parvint à un arrangement conclu par le président de Loynes et par les conseillers Foës et de Chaponay, qui s'étaient rendus près du roi à Fontainebleau.

L'édit du mois de mai 1661 fut retiré et remplacé par

celui du mois de novembre qui, à peu de chose près, renfermait les mêmes dispositions.

Ce dernier édit, tout en confirmant la juridiction du Parlement sur les Trois-Evêchés et lieux en dépendants, lui attribuait le landgraviat de la haute et de la basse Alsace, le Sundgau, le comté de Ferrette et Béford, Brisach, ses annexes et dépendances; les dix villes impériales Haguenau, Colmar, Selestadt, Wissembourg, Landau, Oberehenheim, Rosheim, Munster en la vallée de Saint-Grégoire, Kaisersberg, Turckheim et tous les villages qui en dépendaient. Ces pays avaient été cédés à la France par les articles 73 et 74 du traité de Westphalie, confirmés par l'article 64 du traité des Pyrénées. Les villes et prévôtés de Phalsbourg, Sarrebourg, Sierck et Marcheville cédés à la France par les articles 5, 6 et 10 du traité conclu avec le duc de Lorraine, furent aussi attribués au ressort du Parlement de Metz. Il en fut de même pour les villes, châteaux, prévôtés, francs-alleux et seigneuries de Thionville, Yvoy, Marville, Montmédy, Chauvancy, Damvillers et villages en dépendants qui composaient le Luxembourg français cédé au roi par l'article 38 du traité des Pyrénées. Cette juridiction du Parlement devait aussi s'étendre sur les villes et prévôtés de Linchamps, Avesnes, Philippeville, Marienbourg, Landrecies, le Quesnoy et autres lieux cédés par les articles 37, 39, 59 et 60 du même traité. Enfin les villes de Sedan et de Raucourt, ainsi que leurs annexes dont la souveraineté avait été définitivement cédée à la France en 1654 par le duc de Bouillon, furent également mises sous sa juridiction.

Cet édit supprimait en même temps le conseil souverain d'Alsace, créé en 1658, pour en concéder tous les pouvoirs au Parlement de Metz. Il augmentait en outre les attributions de la Cour en lui donnant la connaissance de toutes les matières relevant aux cours de Parlement, chambres de l'édit, chambres des comptes, cours des aides et monnaies du royaume.

Les habitants de Metz se consolèrent un peu par cette augmentation de ressort aussi considérable : « Notre pauvre » patrie, dit Joseph Ancillon dans sa chronique, a reçu par » cet édit une espèce de forme et d'image de ce qu'elle a » été jadis, étant rendue la capitale d'une si grande pro- » vince. »

Les membres du Parlement se seraient réjouis complétement, si une nombreuse adjonction d'officiers n'étaient venus diminuer les avantages financiers qu'ils pouvaient se promettre. Quatre présidents à mortier, vingt conseillers, deux conseillers chevaliers d'honneur pris parmi la noblesse d'Alsace, dont un d'église et l'autre d'épée, deux substituts du procureur général, deux conseillers auditeurs des comptes, des greffiers, un crieur juré et même un trompette, etc., en tout soixante-quatre nouveaux officiers furent réunis au Parlement, sans compter les procureurs et les huissiers.

Par suite de cet édit, les officiers, tant anciens que nouveaux, ne devaient former qu'un corps de Parlement, chambre des comptes et cour des aides se divisant en grande chambre, chambre de tournelle et enquêtes, et chambre des requêtes.

Ce qui contrariait surtout le Parlement, c'est qu'en accordant aux officiers qui composaient la Cour souveraine de Bourg, supprimée tout recemment, et à ceux de l'ancien conseil souverain d'Alsace les places nouvellement créées, le roi les avait dispensés pour leur réception de tout stage et de toute contribution. La Cour chercha même à établir entre ces offices nouvellement créés et ceux qui dataient de l'établissement du Parlement une différence qu'il fut difficile d'effacer.

A toutes ces préoccupations et ces négociations du Parlement venaient se joindre des conflits avec les puissances voisines et des discussions très-vives avec toutes les autorités du ressort.

Le président et les Gens du conseil du roi d'Espagne siégeant à Luxembourg, prétendaient que le village de Servigny-lès-Raville appartenait à sa majesté catholique. Le Parlement de Metz soutenait au contraire que ce village dépendait de la France. Le roi avait, sous la date du 25 octobre 1662, écrit à M. de la Contour, commandant à Metz, une lettre qui se terminait ainsi : « Je vous escript cette lettre
» pour vous dire que mon intention est que vous ayez à
» appuyer de l'autorité de vostre charge et par le moyen
» des trouppes estant en garnison en ma ville de Metz, tout
» ce qui pourra estre ordonné tant par ma Cour de Parlement
» de Metz, que par les officiers du bailliage de ladite ville au
» subject dudit village de Servigny, s'il en est besoing et
» selon que vous en serez requis. » Le Parlement soutint avec fermeté les intérêts de la France, et en 1664, malgré une lettre que le conseil de Luxembourg lui avait adressée sous la date du 9 mai, il continua de procéder à l'égard d'Antoine Noël, seigneur en partie de Servigny, que l'intendant de la généralité de Metz avait fait arrêter et livrer à la justice de la Cour.

Au mois d'avril 1660, elle avait ordonné que devant deux de ses membres, il serait procédé à une élection de deux échevins dans la ville de Toul. Les magistrats délégués pour cette opération, se transportèrent sur les lieux, mais le jour fixé pour l'élection, le syndic et le gouverneur vinrent à

Metz et le maître-échevin s'en alla à la campagne, emportant les clefs de l'hôtel-de-ville. Les membres de la Cour furent obligés de remettre au premier mai l'élection qu'ils devaient présider. Ce jour, le comte de Pas, gouverneur du pays Toulois comparut, mais pour protester contre l'élection, comme ayant seul le privilége d'assembler et de présider les notables de la ville. Des officiers de l'évêque se présentèrent aussi pour s'opposer au nom du prélat à tout ce qu'on faisait et à ce qu'on ferait. Ils prétendaient que les évêques de Toul avaient pendant 700 ans joui du droit de nommer le maître-échevin, les échevins et les dix justiciers de Toul; que la forme de l'élection avait été changée, il est vrai, par l'établissement du bailliage royal en 1641; mais que ce changement avait été fait pendant la vacance du siége épiscopal; que d'ailleurs l'économe de l'évêché avait protesté et même obtenu un arrêt du conseil en date du 12 août 1643, qui surseait au jugement de l'instance jusqu'à la paix générale. Les officiers de l'évêque ajoutèrent que la paix ayant été conclue, le prélat était dans l'intention de rentrer dans tous ses droits. Les officiers de l'hôtel-de-ville formèrent aussi des oppositions. Les délégués du Parlement passèrent outre à toutes ces difficultés, firent procéder au scrutin secret à l'élection des deux échevins, les proclamèrent et reçurent leur serment.

Les notables habitants et les délégués des paroisses de Toul se pourvurent au conseil privé pour faire annuler cette élection. Le gouverneur, comte de Pas Feuquières, intervint dans l'instance; l'évêque n'y parut pas. Une longue procédure eut lieu, les anciens griefs de la ville et de son gouverneur contre le Parlement furent rappelés. Le conseil du roi, par son arrêt du 26 octobre 1660, confirma l'élection des échevins, faite sous la présidence des membres de la

Cour et fit défenses au Parlement de connaître à l'avenir directement ni indirectement des élections des échevins de son ressort, sinon par appel seulement. Enfin des lettres patentes du mois de mars 1664 réglèrent le mode d'élection des échevins de Toul.

C'est au conseil du roi, seul contre-poids des Parlements, qu'allaient aboutir toutes les discussions relatives à l'exercice des droits politiques. Quand on jette les yeux sur ces masses de procès-verbaux que les parties adverses rédigeaient, sur ces longs factums que l'on s'adressait de part et d'autre, et sur ces évolutions innombrables que subissaient les procédures, on voit qu'il existait à cette époque autant d'énergie et d'activité politiques qu'il y en a de nos jours. Seulement en beaucoup de cas, la violence des paroles a remplacé la violence des actes.

Le Parlement ne trouvait pas toujours dans les juridictions inférieures la soumission due à son autorité. En 1659, il avait dû admonester Mᵉ Claude Prüm, lieutenant-assesseur au bailliage de Toul, qui, sans forme de procès, avait fait emprisonner et fustiger ensuite dans tous les carrefours de la ville une fille de mauvaise vie, malgré l'appel qu'elle avait interjeté au Parlement. Il fallut plusieurs arrêts d'injonctions et de menaces pour obtenir des officiers du présidial établi récemment à Sedan, qu'ils vinssent prêter serment devant le Parlement, ce qu'ils firent enfin le 15 juillet 1663.

En 1662 le Parlement avait été en lutte avec le chapitre de la cathédrale de Verdun pour la nomination de l'économe des revenus de l'évêché, pendant la vacance du siège.

Quand, en 1659, la Lorraine était occupée par la France, la Cour avait eu à lutter contre M. Colbert de Saint-Povanges, intendant de cette province, relativement à plusieurs objets et notamment en ce qui concernait la connaissance et la révision des comptes de la ville de Toul. En 1663 la Cour eut aussi à combattre un acte d'usurpation de M. de Choisy, intendant des Trois-Évêchés. Ce fonctionnaire avait fait publier et afficher une déclaration du roi, qu'on ne lui avait remise que pour avoir son avis. Par son arrêt du 20 octobre de cette année, le Parlement annula cette publication, fit arrêter les tambours qui avaient exécuté les ordres de l'intendant, et fit lire, publier et afficher son arrêt dans tous les carrefours de la ville de Metz.

Une des grandes plaies de cette époque pour les Trois-Évêchés, c'était la diversité du titre dans les monnaies et la grande quantité de pièces étrangères qui étaient en circulation. Le Parlement avait cherché à proscrire ces dernières, mais il fallait encore ramener la monnaie du pays au titre uniforme des valeurs du royaume.

Depuis des siècles, la ville de Metz était en possession du droit de battre monnaie à ses armes et de fixer le cours des monnaies étrangères. Henri IV avait tenté de lui enlever ce privilége; il adressa en conséquence au président Viard les lettres patentes du 20 juillet 1601, qui lui ordonnaient d'établir une monnaie royale à Metz. Le maître-échevin fut assez adroit pour faire traîner les choses en longueur, et les lettres patentes ne furent pas exécutées.

C'est au Parlement qu'il était réservé d'enlever à la cité de Metz ce droit régalien et de faire disparaître l'aigle germanique des monnaies du pays.

En enregistrant, le 7 mai 1658, un arrêt du conseil qui réglait des difficultés survenues entre les officiers du bailliage royal et les Gens des trois ordres de la ville de Metz, le Parlement avait déclaré que la ville ne jouirait du droit de battre monnaie que par provision et qu'il serait fait des remontrances au roi. Ces remontrances furent faites le 30 du même mois; et pour les rendre plus efficaces la Cour ordonna, par son arrêt du 22 juin 1660, qu'il serait procédé à l'essai des monnaies de Metz, en présence du conseiller Isaac Chasot. Enfin le 16 février 1662 intervint l'arrêt qui fit « très-ex-» presses inhibitions et défenses aux officiers de la monnoie » de Metz de battre aucunes espèces d'or, d'argent ou autres » matières, qu'aux coin et armes du roi, etc.; sur peine de » dix mille livres d'amende. » La Cour ordonna en outre que les coins de la ville de Metz seraient apportés au greffe.

Cet arrêt excita bien des plaintes; selon M. Emmery, il fit un tort considérable aux finances de la ville et surtout à son commerce. Les transitions en toutes choses blessent souvent des intérêts particuliers. Quoiqu'il en soit, il était de l'honneur de la France d'effacer ces prérogatives d'une souveraineté étrangère.

Personne ne s'étant présenté pour fabriquer à Metz de la monnaie au titre du royaume, la rareté des espèces devint grande dans le pays. Les contrées voisines et étrangères qui en fabriquaient à un titre très-bas, absorbaient et attiraient les monnaies de France. Pour porter remède à ce mal, le Parlement dut, en 1665, ordonner qu'en présence des conseillers Isaac Chasot et Frédéric de Lallouette de Vernicourt, on ferait l'essai de toutes les monnaies fabriquées tant à Metz que dans les pays étrangers circonvoisins et ayant cours dans la province, et qu'elles seraient évaluées au titre et à la valeur de celles du royaume.

Le Parlement avait encore d'autres sujets de querelle avec les échevins de la ville de Metz. La proclamation de la paix en 1660 avait donné un nouveau sujet d'irritation. La Cour avait ordonné que cette publication se fît avec un grand appareil dans les carrefours et places publiques. Les officiers du bailliage montèrent à cheval et parcoururent la ville : ils étaient précédés par les huissiers de la Cour aussi à cheval et par les huissiers du bailliage à pied, tenant chacun à la main un bâton bleu semé de fleurs de lys d'or. Le prévôt des maréchaux, son lieutenant et ses archers ainsi que le trompette de la Cour ouvraient la marche. Le Parlement avait invité le maître-échevin et les échevins à se joindre au cortége, mais ils ne se rendirent pas à cette invitation ; ils affectèrent même de suivre le prévôt des bandes, qui faisait les publications au nom de l'autorité militaire. Cette irrévérence des échevins à l'égard du Parlement ne resta point impunie ; par son arrêt du 24 février 1660, il interdit pendant un mois de l'exercice de leurs charges les deux échevins Le Goullon de Champel et Guichard. D'un autre côté la ville réclamait la propriété du palais dont s'était emparé le Parlement ; elle ne voulait pas soumettre tous ses comptes à la vérification de la Cour et elle lui contestait le droit de rechercher et de constater la qualité des gentilshommes ayant la prétention d'être admis aux trois ordres, dans le corps de la noblesse. De plus le maréchal des logis de la ville prenait plaisir à charger de logements militaires les membres du Parlement, malgré leurs immunités et leurs prérogatives.

Fatigués de lutter, les Gens des trois ordres de la ville de Metz firent, en 1666, proposer à la Cour de terminer à l'amiable leurs différends. On nomma respectivement des commissaires et on parvint à s'entendre. Le Parlement approuva le 7 juillet 1666 les articles convenus et en fit envoyer une copie au procureur général Christophe Cadeau ; qui se trouvait alors à Fontainebleau, afin d'obtenir, avec le concours des échevins, un arrêt du conseil confirmatif de la convention conclue. L'arrêt du conseil qui mit fin à ces difficultés fut rendu le 7 août suivant.

Pendant que l'on négociait pour rétablir la paix entre le Parlement et les trois ordres de la ville de Metz, le pays fut menacé d'une grande calamité; à la fin de l'année 1665 une maladie contagieuse avait éclaté sur les bords du Rhin et s'avançait jusqu'aux environs de Trèves. Le Parlement rendit aussitôt un arrêt qui défendit sous des peines sévères de recevoir des étrangers venant des lieux infectés ou d'en tirer des marchandises. La contagion continua, et le 6 juillet 1666 le roi écrivit au premier président Claude de Bretagne, pour qu'il concertât avec sa compagnie les mesures nécessitées par les circonstances. Le même jour M. de Lionne, secrétaire d'état, adressait à la Cour de semblables recommandations. Un arrêt du 3 septembre 1666 renouvela les défenses portées au mois de décembre et répétées dans un arrêt du 2 avril. Le Parlement fit exécuter ses ordres avec une grande surveillance et surtout avec une grande sévérité; les Trois-Évêchés furent assez heureux pour échapper à l'horrible fléau qui avait décimé les pays voisins.

Le Parlement veillait aussi avec soin à ce que la justice ne fût pas exercée par des étrangers dans les officialités, tribunaux ecclésiastiques qui connaissaient des oppositions aux publications de mariages, de leur célébration et de leur nullité, et des autres matières énoncées dans le traité de Lacombe. Par arrêt du 20 juin 1665, il ordonnait aux archevêques et aux évêques dont le pouvoir spirituel s'étendait sur quelque partie de son ressort, de n'y établir pour officiaux que des sujets du roi de France. Le ressort comprenait alors une telle étendue de territoire qu'il dépendait sous le rapport spirituel, non-seulement des évêchés de Metz, Toul et Verdun, mais encore des archevêchés et évêchés de Rheims, Cambrai, Liège, Trèves, Strasbourg et Bâle.

Le Parlement avait surtout à réprimer les entreprises de son turbulent voisin le duc de Lorraine qui, en 1663, s'était de nouveau brouillé avec Louis XIV, et savait toujours se ménager des partisans dans la province des Trois-Évêchés. Cette même année, le Parlement força les couvents de capucins de Toul, de Vic et de Rembervillers de renvoyer les religieux qui n'étaient pas sujets du roi de France. Il fit même expulser de l'abbaye de Sainte-Barbe les Tiercelins qui avaient eu l'audace de faire des prières publiques pour le duc de Lorraine, alors en guerre avec Louis XIV. Le Parlement avait en outre cassé plusieurs arrêts du Parlement de Lorraine et forcé le père Anselme, prieur de l'abbaye de Saint-Epvre de Toul, à venir dans la chambre du conseil, et derrière le bureau promettre d'obéir à un arrêt qui lui défendait de reconnaître d'autre souverain que le roi de France.

Pendant la période qu'on vient de parcourir, le Parlement rendit beaucoup d'arrêts portant règlement.

Le 1er juin 1662, il permit d'exercer à Metz la profession de barbier-étuviste séparément de l'art chirurgical. Les chirurgiens avaient fait plaider que l'*art du barbier* était compris dans le leur; ils furent déboutés de leurs prétentions, et depuis cet arrêt les barbiers eurent le droit « d'ouvrir bou-
» tique et de pendre enseigne, sans avoir fait apprentissage
» et chef-d'œuvre de l'art de chirurgie. »

Par son arrêt du 16 janvier 1663, la Cour régla le stage des nouveaux chanoines de la cathédrale de Metz, etc. En 1665, elle fixa le prix du port des paquets du coche de Paris, et défendit de vendre le gibier et le poisson ailleurs qu'au marché ; elle fit surtout défenses aux rôtisseurs d'en faire le monopole en dehors de leurs attributions. Elle permit la même année à tous maçons et ouvriers étrangers de venir travailler dans la ville de Metz. Cet arrêt est remarquable, car la jalousie des différents états était bien grande à cette époque, et le Parlement eut à réprimer les préjugés et les prétentions des échevins qui demandaient l'expulsion des ouvriers étrangers.

Cette mesure du Parlement était d'autant plus importante que le grand Colbert donnait alors aux manufactures françaises l'élan qui les a portées à un si haut degré de splendeur.

Quelques mois après, le Parlement, sous la date du 8 janvier 1667, enregistrait des lettres patentes qui contenaient règlement pour les manufactures de draps qu'un riche et habile négociant de Paris, Nicolas Cadeau, venait fonder à Sedan. Cet industriel était probablement le parent de Christophe Cadeau, alors procureur général; c'est à lui que la ville de Sedan est redevable de sa richesse et de sa gloire, sans doute un jour elle lui élèvera une statue.

La chambre tournelle était principalement chargée des affaires criminelles. Des éléments statistiques complets manquent pour bien apprécier ses travaux. Le nombre des procès qu'elle a jugés a varié beaucoup selon l'étendue du ressort et la diversité des temps. Pendant les quatre premiers mois de la création du Parlement, la chambre tournelle rendit 11 arrêts criminels. Depuis cette époque jusqu'en 1668 compris, c'est-à-dire dans un espace de 34 ans, elle rendit 860 arrêts criminels, ce qui donne une moyenne de 25 arrêts environ par année. En 1662, époque de paix générale, il ne fut rendu que 15 arrêts, tandis qu'en 1644, qui était une époque de troubles, il en fut rendu 114.

Le procès d'un juif brûlé vif à Metz, en 1670, par arrêt du Parlement, fit beaucoup de bruit. A cette occasion on n'a pas manqué de dire que le Parlement avait toujours persécuté les enfants d'Israël. Ce reproche est mal fondé, car la Cour au contraire a continué aux juifs la tolérance à eux accordée depuis la domination française. Il suffit de rappeler les faits :

Lors de la prise de possession des Trois-Évêchés par Henri II, ce prince n'y trouva point de juifs. Plus tard, en 1556, les magistrats de la cité permirent à quelques juifs de séjourner à Metz pendant un an. Quand ce délai fut expiré, on leur intima l'ordre de sortir. Ils éludèrent cet ordre, grâce sans doute à la garnison française à laquelle leur trafic était agréable. Le 6 août 1557 ces juifs obtinrent du maréchal de Vielleville, gouverneur militaire, une ordonnance autorisant quatre familles de leur nation à demeurer à Metz sous certaines conditions, qui consistaient à payer un droit d'entrée et un tribut annuel, à assister une fois par mois aux prédications dans les églises, à ne point habiter dans les principaux quartiers de la ville, à ne recevoir aucun juif étranger, enfin à ne prêter de l'argent qu'au taux d'un denier par semaine au plus.

En moins de quarante ans, ces quatre familles avaient multiplié au point de former vingt-cinq ménages. Les magistrats de la cité voulurent alors les expulser ; le duc d'Epernon, gouverneur de Metz, intervint pour leur accorder une sauve-garde, et le 24 mai 1602, Henri IV le bon roi, se trouvant à Metz, les prit *sous sa protection spéciale*, « parce qu'ils s'étaient
» soigneusement employés durant les derniers troubles à

» secourir, aider, assister ceux qui avaient chargé par deçà
» et pour le service du roi. »

En 1614, leur nombre s'élevait à cinquante-huit familles. Les magistrats de l'hôtel-de-ville renouvelèrent leurs plaintes ; elles ne furent point écoutées par le duc d'Epernon, qui permit même aux juifs d'acheter des maisons dans le quartier Saint-Ferroy.

Le duc de la Valette confirma en 1624 la permission donnée par le duc d'Epernon son père. Il ajouta seulement que leur quartier serait limité par de grands crucifix en pierre incrustés dans les murailles.

Enfin sous la date du 24 janvier 1632, Louis XIII leur accorda des lettres de confirmation de leurs priviléges.

Telle était la position des juifs à Metz, quand le Parlement y fut établi.

Ils se hâtèrent de demander à la Cour l'enregistrement des lettres patentes qui leur avaient été accordées. Les marchands orfèvres, grossiers, merciers, drapiers, chaussetiers, pelletiers, bouchers, tanneurs et autres bourgeois de Metz y formèrent opposition. L'évêque de Madaure, suffragant de l'évêché de Metz, forma aussi, tant en son nom qu'en celui de tout le clergé du diocèse, opposition à cet enregistrement. Le Parlement n'était pas dominé par d'étroits préjugés ; il ne recherchait pas une facile popularité et ne cédait pas aveuglément aux exigences du clergé ; il comprit qu'il y avait d'abord à résoudre une question d'humanité et ensuite une question d'utilité publique, car les juifs, par leurs capitaux et par leur industrie, imprimaient au commerce un mouvement avantageux au pays : ils étaient surtout utiles pour la fourniture des chevaux en temps de guerre. Le Parlement, par arrêt du 23 mai 1634, fit justice des oppositions et confirma les priviléges des juifs.

Cet arrêt ordonnait que leur communauté « payeroit et
» continueroit les charges accoutumées ; et de plus la
» somme de 150 livres tournois par chacun an, applicable au
» pain des prisonniers de la conciergerie du palais. » Pour
l'exécution de cette dernière disposition, le Parlement ordonna, au mois de juillet suivant, que cette somme de
150 livres serait remise par quart et par trimestre au
boulanger de la prison; celui-ci, moyennant cette allocation,
devait fournir par jour à chacun des détenus *un pain avec sa
fleur du poids d'une livre et demie*, conformément à l'état qui
serait dressé par le procureur général.

Des arrêts de 1645 et 1646 leur permirent de prêter à
douze pour cent et même sur gages.

La religion judaïque proscrit comme impures non-seulement
certaines viandes, mais encore certaines parties du corps des
animaux. Les juifs tolérés à Metz, vendaient au petit peuple les
parties de viande qu'ils ne consommaient pas. L'accroissement
de leur population augmenta nécessairement la quantité de
viande ainsi débitée. Les bouchers voulurent s'opposer à cette
vente, il y eut procès devant le Parlement. Un arrêt du 6 avril
1647, autorisa les juifs à vendre et à débiter au marché public
et en détail les parties de viande qu'ils ne faisaient pas servir
à leur usage. Depuis cette époque, ils les ont vendues en
public aussi librement qu'ils le font encore aujourd'hui.

En 1657, Louis XIV leur accorda de nouvelles lettres
patentes confirmatives de leurs anciens priviléges. Le Parlement, malgré l'opposition des députés des paroisses et des
marchands de la ville de Metz, les vérifia par arrêt du 24
janvier 1658. La population juive se composait alors de 96
familles, toutes issues des quatre premières qui avaient été
admises à résider à Metz cent ans auparavant.

Le Parlement ne laissait point impunis les crimes commis contre les juifs. En 1660, un juif avait été tué par un soldat; c'est sur les instances de la Cour que le coupable fût poursuivi. Il avait été arrêté, mais le commandant de la place et le colonel du régiment avaient placé des corps-de-garde devant la prison pour qu'on ne pût disposer du soldat. Le roi, par une lettre de cachet donnée à Vincennes le 29 juillet 1660, manda au Parlement qu'il venait de donner des ordres pour que les corps-de-garde fussent levés et que le cours de la justice ne fût pas interrompu.

Enfin ce qui prouve que le Parlement, tout en ayant pour les juifs le mépris qu'ils inspiraient généralement, n'était point animé contre eux d'un esprit de persécution, c'est qu'ils se sont établis de tous côtés, sans jamais avoir été inquiétés par le Parlement, bien que rien ne les autorisât à se fixer dans les campagnes ou dans les autres villes du ressort.

La relation du fameux procès de 1670 fut imprimée la même année à Paris avec permission, sous ce titre : *Abrégé du procès fait aux juifs de Metz.* Le titre seul indique que l'auteur n'était point prévenu en leur faveur.

Le célèbre Richard Simon, ancien oratorien connu par ses opinions hardies et singulières, prit la défense des juifs dans un FACTUM servant de réponse à cet abrégé.

Les historiens modernes du pays ne sont pas non plus d'accord sur ce procès. L'un d'eux a dit, en 1817, du juif condamné : « Ce malheureux était faussement accusé d'avoir
» enlevé, sur la route de Boulay, un enfant de Glatigny et
» de l'avoir conduit à Metz. » Dans un ouvrage imprimé en 1829, on trouve le passage suivant : « Ces malheureux
» juifs ne croyaient rien devoir à la société qui les avait en
» horreur ; ils enlevaient chaque jour des enfants chrétiens

» pour les instruire dans leur religion et maintenir leur
» nombre que de cruelles persécutions menaçaient d'éteindre.
» En 1670....., il s'était passé un évènement atroce dont
» les causes célèbres nous ont transmis le souvenir. Un
» enfant de trois ans, natif de Glatigny, ayant été enlevé
» par les juifs le jour de leur fête des trompettes, on fit des
» recherches exactes dans tout le pays messin. Le ravisseur
» fut découvert et condamné au supplice du feu. »

Il y a, dans chacune de ces opinions contradictoires, quelque chose d'absolu qu'un esprit froid et calme ne peut admettre sans examen.

Une accusation terrible a poursuivi les juifs partout et dans tous les siècles. On leur a imputé d'enlever les enfants chrétiens pour les élever dans leur religion ou les crucifier en haine du Christ. Les premiers chrétiens ont aussi été accusés d'égorger des enfants dans leurs assemblées; ils étaient, à cause de cela, appelés *infantarii*.

L'histoire d'Angleterre rapporte que des enfants chrétiens ont été sacrifiés par les juifs à Norvich et à Lincoln.

Laurent Surius met au nombre des saints un enfant chrétien nommé Simon, natif de la ville de Trente et âgé de vingt-neuf mois, qui aurait été mutilé et crucifié par eux. C'est de cet enfant qu'il est parlé dans la *Chronique de Nuremberg*, et la scène de son martyre était peinte dans l'hôtel-de-ville de Francfort-sur-le-Mein.

Sous Philippe-le-Bel, on persécuta les israélites accusés d'avoir sacrifié un enfant chrétien. Paul Emile, dans son *Histoire de France*, dit même que cet enfant s'appelait Richard; et Rigord, historiographe de ce roi, ajoute que sur le tombeau de cet enfant qui fut enterré à Paris, il se faisait des miracles.

Philippe-Auguste rappela plus tard les juifs. Ils se rassemblèrent près de Paris ; on les accusa encore d'avoir, dans une de leurs réunions, crucifié un jeune chrétien après l'avoir fustigé et couronné d'épines. Pour venger ce crime, Philippe-Auguste fit brûler quatre-vingts juifs.

Ils trouvèrent quelquefois des défenseurs dont la voix fut impuissante.

Frédéric II, fameux empereur d'Allemagne, fit examiner par des théologiens s'il était réellement prescrit aux juifs d'immoler un enfant chrétien pour célébrer leurs pâques : il fut reconnu que non.

Dans une lettre datée de Lyon du 5 juillet 1247, le pape Innocent IV voulut qu'on punît comme assassin celui qui accusait un juif du meurtre d'un enfant chrétien, sans s'appuyer sur le témoignage de six témoins dont trois israélites.

Ces manifestations de l'empereur et du pape constatent combien l'accusation portée contre les juifs était profonde et générale ; elles ne changèrent pas l'opinion commune, car en 1260, dans le marquisat de Bade et en Alsace, on chassa les juifs comme coupables de ce crime.

Vingt-cinq ans plus tard, à Munich, le peuple poussé par un semblable soupçon, massacra les juifs dans les rues, mit le feu à la synagogue et brûla cent-quatre-vingts malheureux qui s'y étaient réfugiés.

En 1287, les juifs de Wesel ayant été accusés du meurtre d'un enfant, le peuple les poursuivit et en tua quarante. Cette accusation fut reconnue fausse ; l'empereur Rodolphe exigea de l'archevêque de Mayence de le proclamer du haut de la chaire.

Les juifs de Paris furent accusés d'avoir crucifié un enfant chrétien, la nuit du vendredi-saint de l'année 1394 ; les uns furent pendus, les autres fustigés, d'autres condamnés à des amendes considérables, car on ne leur tirait jamais du sang sans leur tirer de l'argent.

Baronius, Bonfinius et une foule d'historiens allemands citent en outre un grand nombre de juifs qui, dans les XVe et XVIe siècles, furent condamnés au supplice du feu, sur le soupçon d'avoir enlevé et martyrisé des enfants chrétiens.

Vers 1670, l'opinion que les juifs se livraient à ces actes horribles, était générale dans le pays messin. Ce qui le prouve surtout, ce sont les déclarations mêmes du malheureux qui, à cette époque, commit un crime affreux ou devint victime d'une aveugle prévention. Raphaël Levy, dans son interrogatoire du 18 décembre 1669 et dans une confrontation du 23 du même mois, a reconnu spontanément que les juifs priaient Dieu tous les jours de les préserver de l'accusation d'avoir enlevé des enfants chrétiens.

C'est sous l'influence de cette opinion commune que commença contre Raphaël Levy le procès qui le conduisit à l'échafaud.

Le 25 décembre 1669, un enfant de trois ans du village de Glatigny, situé à deux cent cinquante pas de la route de Boulay à Metz, disparut. Le père et la mère désolés de la perte de leur fils unique, firent de vaines recherches; ils ne devaient plus en revoir que les débris.

Bientôt la clameur publique accusa les juifs d'avoir enlevé cet enfant et les soupçons se fixèrent sur un nommé Raphaël Levy, juif de Boulay, qui, le 25 septembre, était venu à cheval jusqu'à Metz, et avait parcouru la route où l'enfant avait été vu par un charretier pour la dernière fois. Le soir même de ce jour, commençait pour les juifs leur grande fête des trompettes; cette circonstance contribua beaucoup sans doute à enflammer les esprits et à fortifier les soupçons.

La communauté tout entière des juifs de Metz se sentant atteinte, crut devoir, pour sa justification, engager Raphaël Levy à se livrer à la justice. Le malheureux, qui résidait sur les terres de Lorraine, pouvait échapper à toutes poursuites; néanmoins il déféra au conseil de ses frères et le 13 octobre 1669 il vint se constituer prisonnier.

Le lieutenant criminel informa d'abord, mais le Parlement fut bientôt saisi de l'affaire, et les conseillers Charles Rolland et Claude David de Daillon furent chargés de l'instruction du procès.

Déjà de nouveaux témoins avaient été entendus, quand, le 26 novembre, une découverte importante fut faite : on trouva dans un bois près de Glatigny la tête, le col et une partie des côtes de l'enfant. Auprès de ces débris gisaient ses vêtements intacts et non ensanglantés. Raphaël Levy salua cette découverte comme un miracle qui proclamait son innocence : ce fut au contraire ce qui le perdit.

Les chirurgiens appelés comme experts, constatèrent que cette partie de cadavre devait avoir été déposée dans le bois depuis quarante jours, à dater de leur procès-verbal rédigé le 29 novembre. Elle devait donc avoir été portée là depuis le 20 octobre, c'est-à-dire sept jours environ après que Raphaël Levy s'était constitué prisonnier.

On pensa alors que l'enfant avait été mis à mort, puis porté au bois et que Raphaël Levy avait des complices; un juif nommé Gédéon Levy, habitant un village voisin de Glatigny, fut arrêté.

A l'accusation principale vinrent se joindre d'autres imputations. Plusieurs témoins déposèrent d'usures exercées envers eux par des juifs; cela n'avait rien d'invraisemblable. D'autres témoins parlèrent de pratiques superstitieuses auxquelles des juifs se seraient livrés ; cela était encore bien possible. Raphaël Levy n'a-t-il point reçu en prison un brin de paille pour mettre sous sa langue, quand il serait interrogé ? N'a-t-on pas saisi un billet par lequel on lui recommandait, s'il était mis à la question, de répéter trois fois : *moi juif, juif moi, vive juif, juif vive, mort juif, juif mort* ? Des témoins parlèrent aussi de profanations commises contre des crucifix. La religion juive n'a-t-elle pas aussi ses fanatiques ?

Cinq témoins avaient déclaré avoir vu un juif monté sur un cheval blanc, emporter l'enfant caché sous son manteau. A la confrontation, une bouchère de la rue des Allemands reconnut seule Raphaël Levy pour ce juif : les autres ne le reconnurent point. Un cavalier des troupes lorraines déclara même que le juif qu'il avait rencontré sur la route était d'une plus forte corpulence. Plus tard des témoins attestèrent que ce cavalier avait avoué que s'il avait tout dit, le juif serait déjà brûlé.

D'autres circonstances vinrent encore charger Raphaël Levy. On lui avait demandé de représenter le cheval blanc qu'il montait le 25 septembre. Celui qu'il produisit ne fut pas reconnu par le maréchal-ferrant du village des Etangs, qui l'avait ferré de deux pieds, ce jour même lors de son passage. Le maréchal prétendit ne pouvoir se tromper, il ne reconnaissait pas sa ferrure.

Raphaël Levy avait soutenu que le 25 septembre il ne portait point de manteau. Plusieurs témoins vinrent dire qu'ils lui en avaient vu un ce jour là.

Il avait déclaré qu'à quatre heures après midi il était déjà de retour à Boulay. Plusieurs personnes paraissant dignes de foi déposèrent que, vers cinq heures, elles l'avaient vu tout effaré, courant avec son cheval dans les prés le long de la route.

Plusieurs billets de sa main, écrits en allemand avec des caractères hébraïques, comme les juifs ont encore l'habitude d'écrire aujourd'hui, avaient été saisis. Ils trahissaient son inquiétude plutôt que sa culpabilité. Quelques mots cependant pouvaient le compromettre ; il était réduit à soutenir qu'on les avait mal interprétés.

Les démarches indiscrètes et maladroites de la communauté des juifs pour sauver un coreligionnaire, lui furent désavantageuses.

Enfin l'accusation que Raphaël Levy a portée directement contre le père et la mère de l'enfant a dû également lui faire tort. Dans une pièce qu'il leur a fait signifier, il leur reproche d'avoir, par leur négligence, perdu leur enfant que les bêtes féroces auront dévoré. Il les accuse même d'avoir déposé près des débris du cadavre des vêtements nouveaux pour faire croire à l'existence d'un crime et cacher ainsi *leur négligence parricide.*

Par arrêt du 16 janvier 1670, Raphaël Levy fut condamné à être brûlé vif sur le Champ-à-Seille. Le 26 mars suivant, Gédéon Levy, accusé d'avoir porté la tête de l'enfant dans les bois, fut condamné au bannissement perpétuel ; et par arrêt du 29 du même mois, un juif de Metz accusé d'impiétés commises le vendredi-saint, fut condamné à 3,000 livres d'amende.

Le procureur général avait demandé que les pièces du procès fussent envoyées au roi et que très-humbles remontrances fussent faites à sa majesté pour obtenir de sa justice que l'on chassât du royaume, non-seulement les juifs qui s'étaient établis sans autorisation dans le pays, mais encore les juifs établis régulièrement à Metz.

Le Parlement ne s'associa pas entièrement aux intentions

du procureur général ; il ne fit point de remontrances, il ordonna seulement que les pièces seraient envoyées au roi « pour être pourvu par sa majesté sur le surplus des fins et » conclusions du procureur général. »

Les amateurs d'émotions dramatiques adopteront sans discussion toutes les atrocités imputées aux juifs. D'autres croiront plus facilement au fanatisme d'une Cour qu'au fanatisme d'un malheureux, et plus facilement encore au parjure de vingt témoins qu'à la scélératesse d'un seul coupable. Les hommes impartiaux formeront leur opinion avec plus de circonspection. Ils resteront convaincus d'abord que dans cette triste affaire le Parlement n'était point poussé par un esprit de persécution et de fanatisme. Ils lui rendront la justice que le condamné lui a rendue lui-même : il a dit positivement qu'il n'avait pas à se plaindre de ses juges, mais que de faux témoins étaient cause de sa mort.

Les hommes impartiaux reconnaîtront aussi que de faux témoins ont pu égarer la conscience des membres du Parlement ; que *l'antipathie des catholiques, aidée de l'émulation des négociants,* selon les expressions de l'intendant Turgot, a peut-être poussé des malheureux à des témoignages téméraires ; ils reconnaîtront enfin qu'un enchaînement de circonstances fatales, en enveloppant l'accusé, a pu ôter aux juges les moyens de distinguer entre le crime et l'innocence.

Quand des juges compétents ont suivi les formes légales et prononcé dans leur âme et conscience, il faut respecter leur sentence : pour la protéger, il faut élever un mur d'airain où seront gravés ces mots : *res judicata pro veritate habetur.* Cette maxime est la sauvegarde de la société ; car la vérité pour les juges de la terre n'est souvent qu'une erreur qu'ils adoptent et proclament de bonne foi.

CHAPITRE VI.

Réception de l'évêque de Metz, Georges d'Aubusson de la Feuillade.
Mariage de la princesse Palatine avec le duc d'Orléans, frère unique du roi.
Le marquis de Louvois, à son passage à Metz, est complimenté
par une députation du Parlement.
Le Parlement prend part aux travaux faits pour la défense de la ville.
Jean-Léonard Bourcier, célèbre avocat. La Cour craint
un démembrement de son ressort.
Querelle des curés et des bénédictins de la ville de Metz.
Un lieutenant général
convaincu de concussions et de diffamations est sévèrement puni.
Louis XIV passe à Metz. Sauvegardes. Bohémiens. Requêtes diverses.

Georges d'Aubusson de la Feuillade, archevêque d'Embrun, pair de France, etc., vint en 1671 prendre possession du siége épiscopal de Metz. Depuis l'installation du Parlement, c'était le premier évêque qui faisait son entrée dans cette ville. Lors de la création, le diocèse avait pour chef Henri de Verneuil, représenté par son suffragant Martin Meurisse, évêque de Madaure. Depuis Henri de Verneuil, le siège épiscopal n'avait point été rempli ; pendant trente ans environ, il n'y avait eu pour ainsi dire que des ombres d'évêques. Le cardinal Mazarin n'avait pas été agréé par la Cour de Rome. Charles Egon de Furstemberg n'était point venu à Metz et son frère Guillaume, qui devait le remplacer, vit sa postulation rejetée par le pape. Ce fut donc un grand événement que l'arrivée à Metz d'un nouveau prélat qui rehaussait encore par ses qualités personnelles la dignité du caractère dont il était revêtu.

Le roi voulant donner à cette prise de possession de l'évêché tout l'éclat possible, avait adressé particulièrement ses ordres au Parlement par une lettre de cachet en date du 28 janvier 1671. Cette lettre réglait, non-seulement pour l'occasion présente, mais encore pour l'avenir, le cérémonial à observer lors de l'arrivée de l'évêque de Metz dans son diocèse.

La Cour se conforma aux ordres du roi. M. d'Aubusson de la Feuillade était arrivé le 20 mars ; le lendemain une députation composée du moins ancien des présidents à mortier, de quatre conseillers de la grande chambre, de deux conseillers de la chambre des enquêtes et d'un avocat général alla saluer Monsieur l'évêque dans sa maison épiscopale. Les dénominations de monseigneur et de palais épiscopal sont d'un usage beaucoup plus récent.

Le 22 mars, vers dix heures du matin, Monsieur l'évêque de Metz se présenta au palais de justice pour se faire recevoir conseiller né du Parlement. Il était en camail et en rochet ; on portait devant lui la croix épiscopale, qu'il fit déposer dans la chapelle avant de monter l'escalier. Sur le parquet des huissiers, une députation de quatre anciens conseillers vint le recevoir et l'accompagna jusqu'à la grande chambre. Après avoir pris place au côté droit, au-dessus du doyen, le prélat fit à la compagnie un compliment auquel Monsieur le premier président répondit.

Le premier commis du greffe le conduisit alors au bureau, et là Monsieur l'évêque de Metz, la main sur la poitrine, prêta serment de fidélité au roi. Sa réception n'avait pas été précédée d'une information, elle ne fut pas non plus suivie d'une profession de foi.

Après que le nouveau conseiller eut repris sa place, la séance fut levée. La députation des quatre conseillers reconduisit jusqu'au parquet des huissiers Monsieur l'évêque qui retourna à la maison épiscopale avec le même cérémonial qu'à son arrivée.

Des ordres particuliers du roi règlèrent aussi ce que le Parlement eut à faire à l'occasion du mariage de la princesse Charlotte Elisabeth de Bavière, fille du comte Palatin du Rhin, avec le duc d'Orléans, frère unique du roi. Cette union fut célébrée dans la cathédrale de Metz, le lundi 16 novembre 1671. L'auguste époux était représenté par M. le maréchal Duplessis, l'un des vénérables doyens de l'armée française. Monsieur le maréchal de Créquy, commandant les armées du roi dans les Trois-Evêchés, s'était aussi rendu à Metz pour être témoin de cette auguste cérémonie. Le Parlement n'y assista pas en corps : l'après-midi seulement, une députation composée du président Bonneau et de douze conseillers, précédée de six huissiers, partit du palais de justice dans des carrosses pour se rendre au palais de la Haute-Pierre où était descendue madame la duchesse d'Orléans.

La députation ayant été introduite, trouva son altesse royale debout et entourée de madame la princesse Palatine, sa tante, de madame la maréchale Duplessis, des maréchaux Duplessis et de Créquy, de plusieurs officiers de la maison du duc d'Orléans et d'autres personnes de qualité. Le président Bonneau dans sa harangue témoigna à madame la duchesse d'Orléans la joie qu'éprouvait le Parlement de voir la double alliance que son altesse royale avait contractée, la première avec l'église catholique, apostolique et romaine par l'abjuration qu'elle avait faite la veille, et la seconde par son mariage avec M. le duc d'Orléans. La duchesse répondit très-gracieusement aux députés de la Cour.

En 1672, le marquis de Louvois, ministre secrétaire d'état de la guerre, vint à Metz. Le Parlement s'empressa de le faire complimenter par une députation. Louvois accueillit avec une distinction particulière des députés parmi lesquels il retrouvait d'anciens collègues. Il répondit au discours de M. Foës de Xellaincourt, doyen des conseillers, « qu'il était beaucoup » obligé à la compagnie de sa civilité et de son souvenir, » qu'il tenait à honneur d'avoir fait partie d'elle. »

Cette année 1672 fut marquée par des pluies abondantes, on craignit pour les récoltes. A cette époque de croyance et de ferveur, quand le peuple était menacé de quelque grande calamité, il adressait au ciel sa prière, et les grands corps de l'Etat venaient se prosterner et prier avec lui au pied des autels.

Le 29 septembre, maître Jean Leroux, grand vicaire de l'église cathédrale, ayant été introduit dans la chambre du conseil, se plaça au bureau. Debout et couvert, il invita la Cour de la part de M. l'évêque d'assister à la procession générale, ensuite aux cérémonies et aux prières qui devaient avoir lieu le lendemain à huit heures du matin, pour obtenir du ciel la cessation des pluies.

La Cour arrêta qu'elle y assisterait ; elle ordonna en outre à toutes personnes de quelque qualité ou condition qu'elles soient *de chômer le lendemain jusqu'à midi*. En même temps le Parlement manda aux syndics de la ville de donner aux bannerots (commissaires de police) les instructions nécessaires et de tenir la main à l'exécution de son arrêt.

La guerre qui se faisait avec tant de bonheur contre la Hollande devait, les années suivantes, se rapprocher de la province des Trois-Évêchés.

Louis XIV, après avoir pris Maëstricht par un coup hardi, arriva à Metz le 30 juillet 1673 ; il se rendait en Alsace. Le roi était trop occupé des mouvements de ses nombreuses armées pour donner beaucoup de temps aux cérémonies d'apparat ; il ne voulut pas que le Parlement s'assemblât en corps de Cour et en robes rouges pour lui faire des harangues. Le premier président et dix conseillers en robes noires furent seulement admis à aller saluer sa majesté, qui les accueillit avec bienveillance.

Le 30 août 1673, l'empereur et l'Espagne ayant renouvelé un traité avec les Hollandais, le roi déclara la guerre aux Espagnols. Cette déclaration de guerre, datée du 15 octobre, fut enregistrée au Parlement de Metz le 2 novembre suivant. Quelques jours après, M. de Rochefort s'emparait de Trèves, et les armées françaises ravageaient les environs de cette ville.

En 1674, le roi abandonné de ses alliés et attaqué par toutes les puissances de l'Europe, à l'exception de la Suède, fut obligé de faire la guerre sur toutes les frontières de son royaume. On sentit la nécessité d'augmenter les fortifications de la ville de Metz et de sa citadelle ; l'année suivante, on en fortifia les dehors.

Le 19 août de cette année, deux échevins de la ville de Metz obtinrent, par l'intermédiaire du procureur général Eustache Le Noble, la permission d'être introduits dans la chambre du conseil du Parlement. Ils exposèrent que, sur l'invitation de M. l'intendant Barillon de Morangis, les trois ordres s'étaient assemblés la veille pour délibérer sur la nécessité de faire travailler par les bourgeois ou leurs domestiques et par ceux des personnes privilégiées, aux fortifications de la ville et de la citadelle; que les trois ordres n'avaient voulu comprendre dans les rôles aucun des membres du Parlement ni aucun de ses officiers subalternes sans connaître auparavant les intentions de la Cour.

Les échevins et le procureur général s'étant retirés, quelques membres de la compagnie dirent qu'ils avaient été compris dans les rôles et que les bannerots avaient été les avertir d'envoyer leurs domestiques aux travaux.

Le Parlement ordonna que les bannerots représenteraient les rôles, que les noms des membres de la compagnie en seraient rayés; que cependant pour donner l'exemple, les officiers du Parlement enverraient aux travaux leurs domestiques, mais à leur volonté et sans que cela puisse tirer à conséquence.

Les échevins furent rappelés et la décision de la Cour leur ayant été communiquée, ils déclarèrent qu'aucun des membres du Parlement n'était porté sur les rôles, et que si des bannerots s'étaient permis de se présenter chez quelques-uns d'entre eux, ils en seraient sévèrement blâmés.

C'est ainsi que le Parlement, tout en faisant respecter ses privilèges, donnait l'exemple du dévouement à la chose publique, et la dignité du magistrat ne nuisait pas aux obligations du citoyen.

Cependant on bravait quelquefois l'autorité du Parlement d'une manière assez singulière. Il avait fait rétablir un pilori dans la place Royale, à trois pieds de la muraille du cimetière de Saint-Gorgon. Le 30 juillet 1676, vers six heures du matin, on enleva ce pilori et on le planta ailleurs.

A cette époque brillait au barreau du Parlement de Metz un avocat qui, dès le début, s'était placé au premier rang : c'était Jean Léonard Bourcier.

« Le barreau de Metz a longtemps conservé le souvenir
» de la rude apostrophe qu'il adressa un jour à un de ses
» confrères les plus célèbres. Cet avocat, dont la probité
» et la véracité n'égalaient pas le savoir et l'éloquence, se
» permit, en plaidant une affaire de faux, de citer en faveur
» de son client un texte qu'il disait emprunté au Digeste,
» mais qu'il avait fabriqué. Déjà les magistrats frappés de
» l'analogie de la question qu'ils étaient appelés à juger et
» de celle qu'avait résolue le texte indiqué, allaient décider
» en faveur de l'adversaire de Bourcier, lorsque cet avocat,
» en achevant de lire la prétendue loi, eut l'imprudence de
» dire qu'elle était extraite du titre du Digeste *ad legem Cor-*
» *neliam de falsis*. Ajoutez *legibus*, s'écria Bourcier qui avait
» reconnu la fraude ; son adversaire atterré se rassit en
» silence et perdit dès ce jour son crédit et sa réputation »
(Auguste Digot). Il ne fut pas aussi heureux que le cardinal de Retz s'appliquant avec succès, dans une occasion décisive, un passage de Cicéron qu'il avait improvisé.

Bourcier, rédacteur du Code Léopold, devint le plus grand jurisconsulte auquel la Lorraine ait donné le jour.

En 1677, le duc Charles V, l'un des généraux les plus distingués de son époque, voulut reprendre la Lorraine dont son oncle Charles IV avait été dépossédé. Il avait passé le

Rhin avec une nombreuse armée et il s'avançait vers Metz dans l'espérance de chasser les Français de la Lorraine et de recouvrer ses états. Mais l'habileté du maréchal de Créquy fit avorter ses projets : les armes de Louis XIV étaient alors heureuses partout.

Les nouvelles conquêtes du roi firent craindre au Parlement qu'on ne pensât à établir une nouvelle Cour souveraine et qu'on ne lui enlevât pour cet effet plusieurs parties de son ressort, notamment une partie du présidial de Sedan. Le Parlement s'était même réuni pour décider s'il ne conviendrait pas de faire des démarches afin d'éviter un semblable résultat. Cependant le premier président de Bragelongne ayant fait observer qu'il était souvent dangereux de vouloir prévenir un mal qui n'était pas encore formé et que le Parlement ne devait pas agir sur de simples conjectures, la Cour resta tranquille et attendit les événements.

Louis XIV, en créant en 1669 le Parlement de Tournai qui plus tard devint celui de Douai, et en 1674 celui de Dôle qui par la suite fut transféré à Besançon, avait porté à douze le nombre des Parlements du royaume. Ce nombre de douze Parlements donna lieu à une devise ingénieuse en l'honneur de ce prince. Le soleil, qui était l'emblème adopté par le roi, était représenté parcourant le zodiaque divisé en douze signes représentant eux-mêmes les douze Parlements, et pour âme de la devise se trouvait cet hémystiche de Virgile, Géorgiques, livre premier, vers 232 : *Per duodena regit.*

Les craintes du Parlement de Metz ne se réalisèrent pas complètement, il ne fut créé un troisième Parlement qu'en 1775, ce fut celui de Nancy. Seulement en 1678, le Haynaut, c'est-à-dire Avesnes, Philippeville, Rocroy, le Quesnoy, Landrecies et Marienbourg, fut distrait du Parlement de Metz et attribué au Parlement de Tournai. Mais en août 1684, le Parlement de Metz obtint en compensation le duché de Luxembourg et le comté de Chiny.

Jacques de Fieux, quatre-vingt-sixième évêque de Toul, venait d'être appelé à l'épiscopat en remplacement de Monsieur du Saussay, décédé. Il ne prit pas, comme son prédécesseur, possession de son siége, sans avoir justifié au Parlement de sa prestation de serment de fidélité au roi. Le 9 mars 1677, il présenta requête pour faire enregistrer l'acte de sa prestation de serment, ce qui fut ordonné. Jacques de Fieux ne prit point non plus comme son prédécesseur le titre de prince du saint-empire; il se contenta de celui de comte de Toul. Ce titre lui fut, il est vrai, contesté par le fameux procureur général Eustache Le Noble; mais un arrêt du conseil du roi maintint à l'évêque la qualification de comte de Toul, qui de tout temps avait appartenu à ses prédécesseurs et n'était point incompatible avec la souveraineté de la France.

Le lundi 29 avril 1680, jour auquel avait été remise la fête de saint Marc qui tombait cette année le 27, la cathédrale de Metz fut témoin d'un acte qui fit sensation. Les corps religieux, militaires et autres se réunissaient chaque année à la cathédrale pour entendre une messe et assister ensuite à la procession générale de saint Marc, afin d'appeler les bénédictions du ciel sur les biens de la terre.

Quand le Parlement entra dans l'église, la messe était commencée. Le premier président de Bragelongne, après avoir immédiatement consulté la Cour, manda le coutre de l'église et lui remontra que le doyen et les chanoines du chapitre ne devaient pas commencer la messe avant l'arrivée du Parlement. Monsieur l'évêque d'Aubusson de la Feuillade s'étant aperçu de l'incident, envoya aussitôt un de ses aumôniers faire en son nom des excuses à toute la compagnie.

La Cour prit alors ses places dans les stalles du chœur, mais elle n'était pas apaisée. Quand la messe fut finie, un des conseillers secrétaires du roi en la chancellerie du Parlement, accompagné d'un commis greffier et de deux huissiers, se transporta en face du doyen du chapitre qui était encore dans une des hautes chaires du chœur, et lui déclara à haute voix que la Cour était mal satisfaite; que si l'on retombait dans un pareil manquement de respect à son égard, elle saurait y pourvoir. Le doyen s'excusa en disant que cela ne concernait pas le chapitre. Le secrétaire du roi se présenta ensuite devant les prieurs des quatre abbayes de bénédictins de la ville de Metz, pour leur répéter à haute voix la même déclaration. Les prieurs n'acceptèrent pas la sentence qui leur était ainsi signifiée avec autant de condescendance que le doyen du chapitre en avait montrée ; ils répondirent qu'ils se pourvoiraient contre l'arrêt de la Cour.

Après cet incident, la procession générale se mit en marche en suivant l'ordre prescrit par le Parlement.

Ce n'était pas sans motif et sans intention que le clergé avait commencé la messe avant l'arrivée du Parlement ; le chapitre était mécontent d'une sentence que la Cour avait rendue le matin même. L'archiprêtre et les curés de la ville voulaient avoir dans les processions la préséance sur les religieux des quatre grandes abbayes bénédictines; ceux-ci résistaient à cette prétention des curés, et le Parlement ayant été appelé à vider ce différend, avait ordonné provisoirement que les curés marcheraient après tous les chanoines sous la croix du chapitre de la cathédrale, et que les religieux bénédictins ne viendraient qu'après.

Cette discussion entre les curés et les bénédictins fut terminée par une transaction du 30 mai 1682, qui fut exécutée pendant cinquante ans. Mais à l'avènement de M. de Saint-Simon à l'évêché de Metz, cette querelle se renouvela ; il fallut un arrêt du conseil du roi, en date du 14 août 1754, pour évoquer l'affaire, et un autre arrêt du 9 novembre de l'année suivante pour la régler définitivement.

Le Parlement savait surtout réprimer avec sévérité les écarts que pouvaient commettre les officiers de justice. Par arrêt du 21 juillet 1680, le lieutenant général du bailliage de Toul, convaincu de concussions commises dans l'exercice de sa charge et d'imputations calomnieuses contre le comte de Pas Feuquières, gouverneur de cette ville, avait été déclaré indigne de remplir aucun office de judicature et avait été condamné à une amende de trois mille livres, à être blâmé et à faire réparation à M. le comte de Pas.

Le 6 août suivant, le lieutenant général prévaricateur fut amené en la chambre du conseil, et là, étant à genoux et découvert, il fut blâmé par le premier président. On introduisit alors M. de Bérault, lieutenant de roi de la citadelle de Metz, et M. de la Grillonnière, maître-échevin, tous deux amis de M. le comte de Pas, et en leur présence, le condamné étant toujours à genoux et la tête nue, fit au comte de Pas les réparations ordonnées par l'arrêt. L'huissier de service lacéra ensuite une requête et un imprimé ayant pour titre : *Apologie pour le lieutenant général de Toul contre les auteurs secrets de la procédure.* Ce fait, le coupable fut reconduit en prison où il devait être détenu jusqu'au paiement de l'amende.

Un prétendu huissier de la connétablie de France avait, au nom de l'accusé, signifié au procureur général la requête diffamatoire. On fit arrêter ce prétendu huissier qui fut condamné à être sévèrement blâmé, tête nue et à genoux, et à payer une amende de trois cents livres avec contrainte par corps. Enfin, l'imprimeur qui avait prêté ses presses au calomniateur, fut aussi condamné à être blâmé et à trente livres d'amende, mais sans note d'infamie.

Un grand acte politique venait de s'accomplir dans l'intérêt et pour la gloire de la France. La ville de Strasbourg avait reconnu Louis XIV pour son souverain seigneur et protecteur. Le roi s'empressa d'aller visiter cette grande et riche ville; à son retour, il se rendit à Metz qu'il aimait; il y arriva le 2 novembre 1684. Le surlendemain, il partit pour Paris en passant par Thionville et Longwy.

La Cour ne manqua pas d'aller rendre ses hommages au roi; elle pouvait s'applaudir plus que toute autre Cour souveraine d'un succès qui, en affermissant le pouvoir de la France sur tous les pays enlevés à l'Allemagne, consolidait la puissance et la sécurité du Parlement lui-même dans la province des Trois-Evêchés.

Les Trois-Evêchés se trouvaient en temps de guerre, par suite de leur position, enveloppés pour ainsi dire de tous côtés par les puissances ennemies: cet état de chose nuisait beaucoup à la sécurité des officiers du Parlement. Des escortes prises à grands frais ne les avaient pas toujours garantis des périls qui les menaçaient dans leurs personnes et dans leurs biens. Ils furent réduits à solliciter des souverains qui étaient en guerre avec la France, des sauvegardes que l'on appelait aussi passeports ou billets d'assurance.

En 1648, le roi d'Espagne avait accordé à tous les officiers du Parlement une sauvegarde de six mois. Elle fut renouvelée l'année suivante. Le 6 février, un conseiller avait fait connaître à la Cour que le receveur général des contributions du Luxembourg, pour le roi d'Espagne, l'avait prévenu de la délivrance des sauvegardes accordées par l'archiduc Léopold, gouverneur des Pays-Bas, et que pour ces sauvegardes, il fallait payer mille livres, plus deux cents livres au receveur général *pour ses peines*. La Cour, par sa délibération de ce jour, ordonna que douze cents livres en pistoles d'Espagne seraient payées au receveur général de Luxembourg par le receveur du grenier à sel de la ville de Metz, dont le fonds était affecté au paiement des gages du Parlement.

La même année, on avait traité également avec le duc de Lorraine qui avait autorisé M. de Glatigny à accorder des sauvegardes aux officiers du Parlement de Metz, moyennant douze cents livres pour six mois. Par délibération du 15 octobre, il fut décidé que les sommes nécessaires au paiement des sauvegardes seraient prises, à l'avenir, d'abord sur le fonds des amendes prononcées en certains cas au profit de la Cour; en cas d'insuffisance, sur la bourse commune qui se composait des droits d'entrée payés par les membres de la compagnie lors de leur réception, et subsidiairement sur les fonds destinés au paiement des gages. Les sommes payées se répartissaient proportionnellement sur tous les membres de la compagnie, selon la quotité des gages qui leur étaient attribués.

En 1650, l'archiduc Léopold avait encore accordé des sauvegardes; mais le duc de Lorraine n'était pas de si facile composition, car au mois de mai de cette année, la Cour décida qu'elle accorderait cinquante pistoles à toute personne jouissant d'assez de crédit pour obtenir des sauvegardes du duc de Lorraine; ce prince consentit enfin à en délivrer.

Les sauvegardes donnaient lieu quelquefois à des difficultés. En 1652, le conseiller Nicolas de Paris, venant à Toul pour faire son service, avait traversé la ville de Ligny; M. de Luxembourg, comte de Ligny, lui avait prêté ses chevaux. Ces chevaux furent à leur retour enlevés par un parti espagnol qui, malgré les sauvegardes accordées aux officiers du Parlement, ne voulut les rendre que moyennant une caution fournie par le conseiller de Paris.

Sur l'exposé de ces faits, le Parlement, dans sa séance du 20 avril 1652, autorisa le conseiller de Paris à se servir du nom de la Cour pour faire des poursuites à Bruxelles auprès de l'archiduc Léopold et de son conseil, afin d'obtenir de ce prince la mainlevée de la caution donnée à l'occasion de la prise des chevaux.

En 1653, M. de Chamilly, commandant à Stenay pour le prince de Condé qui faisait alors cause commune avec les Espagnols contre la France, fit offrir au Parlement de Metz de lui accorder des sauvegardes aux mêmes conditions que celles qu'exigeait le duc de Lorraine : le Parlement fut obligé d'y souscrire. On renouvelait ces sauvegardes tous les six mois ou tous les ans ; voici comment était conçue celle qui fut accordée en 1658 par le prince de Condé :

« LE PRINCE DE CONDÉ,

« Premier prince du sang, premier pair et grand maistre
» de France, duc d'Enguien, Chasteauroux, Montmorency,
» Albret et Fronsac, gouverneur et lieutenant général pour
» le roy en ses provinces de Guyenne et Berry, généra-
» lissime des armées de sa majesté.

« Ayant pris et mis en la protection et sauvegarde du
» roy et la nostre, le sieur Claude de Bretagne, premier
» président du Parlement de Metz, les présidents,... suivent
» les noms de tous les officiers du Parlement,... tous exer-

» çant présentement en la dite ville de Metz les respectifs
» offices dudit Parlement comme dessus et demeurans ès
» villes de l'obéissance de France, ensemble leurs résigna-
» taires, femmes, enfants, serviteurs et domestiques. Nous
» défendons très expressement à tous gouverneurs, chefs,
» colonelz, mestres de camp, capitaines de gens de guerre
« tant de cheval que de pied sur qui nostre pouvoir s'estend,
» de faire ny souffrir qu'il soit faict ausdits présidents,
» conseillers et autres officiers cy-dessus nommés et leurs
» résignataires, femmes, enfants, serviteurs et domestiques,
» aucun tort, dommage ny desplaisir, à peine d'être les
» contrevenants punis comme infracteurs de nos sauvegardes.
» Voulons qu'il leur soit loisible d'aller, venir, retourner et
» séjourner autant que bon leur semblera, soit à pied ou à
» cheval, en carrosse ou autrement, par eau et par terre,
» par tous pays, lieux de l'obéissance de sa majesté, pays
» neutres ou d'empire, et autres pays alliez de la France où
» ils voudront aller et séjourner, soit pour l'exercice de la
» fonction de leurs charges ou pour leurs affaires particu-
» lières. Voulons qu'ils puissent aller à la chasse, porter
» armes en tous lieux et se faire escorter et accompagner pour
» la seureté de leurs personnes et train contre les voleurs et
» gens sans adveu, de soldatz jusques au nombre de vingt ca-
» valiers ou de quarante fantassins que nous prenons pareille-
» ment en notre protection avec leurs armes et chevaux, soit
» en allant ou en retournant de la conduite desdits officiers.
» En foi de quoi nous avons signé les présentes, etc.
« Fait à Bruxelles, le cinquième décembre 1658.

« Signé Louis de Bourbon.
« *Par monseigneur,*
« Signé Caillet. »

Une copie collationnée était délivrée par le greffier en chef du Parlement à chacun des officiers de la Cour. Cette même année 1658, don *Juan d'Austriche, grand prieur de Castille, gouverneur et capitaine général des Pays-Bas et Bourgogne*, etc., renouvela les sauvegardes accordées par ses prédécesseurs.

Le traité de paix des Pyrénées avait été conclu avec l'Espagne, mais il n'était pas encore publié. Le Parlement dont les sauvegardes venaient d'expirer, ayant encore des craintes pour la sûreté de ses membres, décida le 2 janvier 1660 que le conseiller François Jobal de Pagny, syndic de la compagnie, écrirait de suite au receveur général des contributions de Luxembourg pour obtenir une nouvelle sauvegarde de six mois. Cette démarche devint bientôt inutile, car le 19 février suivant la paix fut publiée à Metz.

En 1667, quand la guerre s'était rallumée entre la France et l'Espagne, le Parlement députa le greffier en chef Nicolas Bollioud, auprès du prince de Chimay, gouverneur de la ville et du pays de Luxembourg, pour traiter avec lui de la contribution que la Cour fournirait, afin d'obtenir du roi d'Espagne des sauvegardes pour ses officiers.

Lorsque le maréchal de Créquy vint à Metz quelques mois après, le Parlement, en le faisant complimenter par une députation, le fit remercier en même temps de ce qu'il avait donné un passeport au trompette de la Cour, afin qu'il pût se rendre à Luxembourg et y porter des dépêches relatives à la demande des sauvegardes.

Une sauvegarde espagnole fut en 1676 accordée aux officiers du Parlement pour le terme de six mois et moyennant 250 pistoles payées comptant, plus 12 florins à payer par chaque officier du Parlement compris dans la sauvegarde. Le sieur Limbourg, curé de Richemont, avait été chargé de négocier cette affaire, et pendant les années suivantes il fut chargé de semblables négociations.

Cette sauvegarde de 1676 était ainsi conçue :

« Don Carlos de Gurrea, Arragon et Boria, ducq de villa
» Hermosa, comte de Luna, gentilhomme de la chambre du
» roi nostre sire, lieutenant gouverneur et capitaine général
» des Pays-Bas et de Bourgogne, etc.;

« A tous généraux, gouverneurs de province, lieutenans
» généraux de bataille, gouverneurs particuliers, comman-
» dans, lieutenans gouverneurs, chefs, maistres de camp,
» colonels, capitaines et autres officiers, et gens de guerre
» tant de cheval que de pied de quelle qualité, nation ou condi-
» tion ils soient, ensemble à tous justiciers, officiers et sujets
» de sa majesté qu'il appartiendra et ces présentes verront
» ou seront monstrées, SALUT : Comme nous avons pris et
» mis, prenons et mettons en la protection et sauve-garde
» de sa dite majesté et la nostre messieurs du Parlement de
» Metz, sçavoir : messires Thomas de Bragelongue, chevalier
» premier président......... suivent les noms de tous les
» membres du Parlement......... comme aussi leurs femmes,
» enfans et domestiques, avec pouvoir de vacquer aux fonc-
» tions de leurs charges et affaires particulières et de se
» servir de six soldats fantassins ou cavaliers armez contre
» les voleurs et gens sans adveu, etc.

« Fait à Bruxelles, le 1 d'août 1676.

« Signé : Le ducq de Villa Hermosa, comte de Luna.

« *Par ordonnance de son excellence,*

« Signé : VERRECKEN. »

Les trèves conclues à Ratisbonne, en 1684, en suspendant les hostilités, déchargèrent le Parlement de Metz de l'obligation et de la contribution des sauvegardes ; elles eurent aussi pour résultat d'augmenter la juridiction de la Cour. Par un édit du 14 août de cette année, enregistré au Parlement de Metz, le 4 septembre suivant, le conseil de Luxembourg fut autorisé à continuer de rendre la justice aux habitants du duché de Luxembourg et du comté de Chiny, à la charge que les appellations qui étaient portées auparavant au conseil supérieur de Malines ressortiraient dorénavant au Parlement de Metz.

Le gouvernement de Louis XIV est remarquable par l'ordre qu'il chercha à établir partout : les bandes de vagabonds et de voleurs qui parcouraient les provinces avaient attiré son attention. Une déclaration donnée à Versailles, le 11 juillet 1682, renouvela les anciennes ordonnances contre les Bohémiens, race dont les mœurs nomades ont donné lieu à tant de récits dramatiques et fourni au célèbre Callot le sujet de quatre eaux fortes pleines de vérité. Cette déclaration, qui fut enregistrée au Parlement de Metz le 24 août suivant, ordonna d'arrêter les Bohémiens ou Egyptiens, ainsi que leurs femmes, leurs enfants et leur suite, et de faire attacher les hommes à la chaîne des forçats pour être conduits sur les galères du roi et y servir à perpétuité. Quant aux femmes menant la vie de bohémiennes, elles devaient être rasées pour la première fois ; en cas de récidive, fustigées et bannies du royaume ; les enfants devaient être conduits dans les hôpitaux voisins du lieu de leur arrestation, pour y être élevés. Une peine était en outre portée contre les gentilshommes qui donneraient dans leurs châteaux un asile aux Bohémiens ; leurs fiefs étaient frappés de confiscation.

Ni la rigueur des lois, ni la sévérité de la justice, n'ont pu entièrement détruire la race des Bohémiens ; on en trouve encore dans le département de la Moselle. M. Viville, dans son Dictionnaire, aux mots Berenthal et Schœneck, a donné des renseignements étendus sur leur nombre, leurs habitudes et leur langage, tels qu'ils étaient en 1817. Les Bohémiens de la Moselle appelaient un homme *roum*, une femme *roumni*, une ville *foro* et un couteau *schoury*, d'où dérive sans doute le mot chourineur qu'un roman a mis à la mode.

Berenthal, village situé dans la contrée la plus sauvage du canton de Bitche, est encore le lieu de réunion des Bohémiens. Ce sont des musiciens ambulants ou des saltimbanques pour la plupart qui, après avoir fait leur tour de France, reviennent de temps en temps camper dans les environs de ce village et y vivre de maraudages. Quelques-uns s'y fixent quelquefois, mais ils vivent entre eux, sont pleins de défiance et communiquent rarement avec ceux qui sont étrangers à leur race. Il est très-difficile de pénétrer dans leurs habitations et d'étudier leurs mœurs.

La puissance du Parlement se révélait non-seulement par les arrêts qu'il rendait en beaucoup de matières, mais encore par la diversité des demandes qui lui étaient adressées et qui prouvaient qu'on lui reconnaissait un pouvoir souverain.

Le Parlement avait arrêté à quarante le nombre des rôtisseurs de la ville de Metz; un aide de cuisine de monsieur le premier président s'adressa à la Cour pour être reçu dans le corps des rôtisseurs, malgré le nombre fixé, s'engageant toutefois à n'épouser que la veuve de l'un d'entre eux et *à faire le chef-d'œuvre en la manière accoutumée*.

Le sergent Labrye de la compagnie du sieur de la Forrière au régiment de Piémont, et cinq de ses camarades présentaient requête à un président du Parlement pour lui exposer

qu'ils avaient amené un prisonnier en ville, et qu'ils avaient été obligés de vivre à leurs frais. La requête se terminait ainsi : « Ils ont, monseigneur, recours à vos bontés, vous
» suppliant très-humblement leur vouloir faire donner quel-
» que douceur pour retirer leurs armes qu'ils ont laissez
» pour gages dans le cabaret, et vous ferez bien. »

Une requête de madame Louise de Foix de Candale était encore plus singulière. On voit dans cette pièce de procédure que trois religieuses de l'abbaye de Ste-Glossinde, Mmes de Lénoncourt, de Rennel et des Armoises, étaient sorties seules à onze heures du matin dans un carrosse, sans en avoir demandé permission à l'abbesse, et que ces trois dames ayant, vers quatre heures du soir, trouvé les portes de l'abbaye fermées, avaient été coucher en ville, et avaient interjeté devant le Parlement appel comme d'abus des défenses verbales que l'abbesse leur avait faites de sortir du monastère sans son autorisation. L'abbesse de Sainte-Glossinde demandait, par sa requête, que la Cour ordonnât aux trois religieuses de rentrer promptement dans l'abbaye et les condamnât à lui demander, à genoux, pardon de leur désobéissance.

CHAPITRE VII.

Les protestants à Metz. Révocation de l'édit de Nantes.
La chambre de réunion. Montroyal.

Depuis que l'ambition de Charles-Quint est venue, en 1552, se briser contre les murs de Metz, la puissance espagnole n'a plus fait que décroître et a fini par s'effacer complètement. A dater de cette époque, les idées françaises et les idées germaniques se disputent dans toutes les carrières la suprématie sur le continent européen.

Malherbe, dans la poésie, et Montaigne, dans la prose, ont posé les fondements de cette littérature française qui, sous Louis XIV a jeté tant d'éclat, qui au XVIIIe siècle s'est répandue partout et qui maintenant encore pénètre profondément chez les nations étrangères. Opitz, le fondateur de l'école silésienne, avait aussi, au XVIe siècle, été le restaurateur de la poésie allemande. Ce siècle n'était pas encore écoulé que déjà ses successeurs Hoffmanswaldau, Lohenstein et leurs disciples étaient tombés dans le mauvais goût et avaient fait perdre à la littérature allemande l'influence qu'elle aurait pu exercer sur l'Europe. Parmi les prosateurs allemands, Luther n'a point obtenu, comme écrivain, l'influence qu'il a conservée comme réformateur, et Oléarius ou plutôt Oelschager a vainement enrichi la langue allemande d'idées et d'images nouvelles; le mouvement qu'il avait donné s'est bientôt ralenti. D'illustres écrivains se sont montrés, il est vrai : les Allemands peuvent citer Hagedorn qu'ils mettent sur la même ligne qu'Horace, Weyland qu'ils comparent à Voltaire, Lessing qui remplace pour eux le bon Lafontaine; ils peuvent surtout citer avec orgueil Goëthe et Schiller. Mais si le génie de ces grands hommes a puissamment agi sur l'Allemagne, il a peu servi à populariser au dehors les inspirations germaniques, et chose digne de remarque, les écrivains allemands les plus connus et les plus influents à l'étranger n'ont pas eu confiance dans leur langue maternelle. Puffendorf a écrit en latin et Leibnitz ne s'est servi que de la langue latine ou de la langue française. Toutefois la littérature allemande rassemblant toutes ses forces et rappelant dans son sein les idiomes flamand et hollandais ainsi que les patois suisses, alsaciens et lorrains, lutte encore aujourd'hui contre la littérature française.

Dans les arts, un antagonisme bien prononcé existe aussi depuis trois siècles entre la France et l'Allemagne. Celle-ci, en y comprenant la Flandre et la Hollande, est fière de la découverte de l'imprimerie, de la gravure, de la peinture à l'huile et de la lithographie. Mais si la France n'a point inventé les instruments, elle a su admirablement s'en servir. Les personnages guindés d'Albert Durer et les magots de Téniers ont joui et jouissent encore d'une grande vogue ; mais ils n'ont pas eu sur la société européenne cette influence immense que les poupées de Watteau et de Boucher ont exercée, en répandant partout le goût et le besoin des modes françaises.

Les luttes politiques ou armées qui depuis trois cents ans se sont élevées entre la France et l'Allemagne, sont présentes à tous les esprits, et chacun connaît les efforts que la réforme religieuse sortie brûlante du cerveau de Luther, a tentés vainement pour envahir et dominer les populations françaises.

On a vu que le Parlement de Metz avait dans plus d'une occasion combattu avec succès les idées germaniques. Mais c'est principalement en attaquant le protestantisme, c'est en provoquant et en exécutant un acte audacieux de la politique de Louis XIV, que ce Parlement a montré avec quelle ardeur il travaillait au triomphe des idées nationales.

Dans les premiers temps de l'établissement du Parlement de Metz, la moitié des habitants de cette ville professait la religion réformée, qui était alors dans toute sa splendeur. Elle comptait dix ministres, parmi lesquels il faut citer le fameux Paul Ferry que le grand Bossuet a combattu dans son premier ouvrage, et le célèbre David Ancillon, d'une famille qui a fourni au Parlement de Metz des magistrats honorables et qui a donné à la Prusse un de ses hommes d'état les plus distingués, Jean-Pierre-Frédéric Ancillon, ancien précepteur du roi actuel et décédé ministre de la justice, à Berlin.

Louis XIII avait senti la nécessité de céder quelque chose à la population protestante, et quoique l'édit de création du Parlement ne portât pas que des protestants seraient admis à faire partie de la nouvelle Cour, cependant il avait été

toléré qu'il pourrait s'en trouver jusqu'au nombre de six. Mais en recevant des officiers de la religion réformée, et en enregistrant leurs provisions, le Parlement ne manquait jamais d'ajouter que c'était « sans approbation de la clause
» contenue en icelles portant affectation de six charges de
» conseiller en la Cour aux subjects de sa majesté de la reli-
» gion prétendue réformée. »

Le Parlement ne laissa jamais échapper une occasion de priver les conseillers protestants de certains droits et priviléges pour les attribuer aux conseillers catholiques. Par arrêts des 3 avril et 16 septembre 1643, il décida qu'il ne pourrait se trouver qu'un seul conseiller protestant dans les procès jugés par commissaires. Le procureur général Billet de Fasnières fit des représentations à ce sujet en faveur des conseillers protestants : elles ne servirent qu'à indisposer la Cour contre lui. Quand le garde des sceaux de la chancellerie du Parlement était absent ou empêché, les sceaux étaient confiés au plus ancien des conseillers catholiques, à l'exclusion des conseillers protestants. Un arrêt du 6 mai 1648 leur enleva aussi la faculté de procéder aux informations de vie et mœurs des officiers poursuivant leur réception.

En 1653 le doyen des conseillers, Charles de Lallouette du Bac, était protestant. Un arrêté du 1er avril de cette année le priva des prérogatives de l'ancienneté, en décidant que Monsieur Doumengin, doyen des conseillers catholiques, prendrait place tant aux audiences publiques qu'en la chambre du conseil, avant Monsieur de Lallouette du Bac.

Les membres du Parlement avaient le privilége d'avoir sur les bancs qu'ils occupaient dans leurs églises paroissiales des tapis fleurdelisés. Les conseillers protestants en avaient fait placer de semblables sur les siéges qu'ils avaient dans le temple. Un ordre du roi en date du 27 mai 1664 ayant ordonné de faire enlever les tapis fleurdelisés des conseillers protestants, ceux-ci demandèrent au Parlement qu'il fût sursis pendant un mois à l'exécution de cet ordre, pour qu'ils pussent se pourvoir auprès de sa majesté. Par arrêt du 6 juin suivant, la Cour ordonna l'exécution immédiate de l'ordre du roi.

Un arrêt du conseil d'état avait décidé que dans tous les procès criminels portés au Parlement et concernant des ecclésiastiques, les conseillers appartenant à la religion prétendue réformée pourraient être récusés, sans qu'on fût obligé de donner des motifs. Le Parlement non-seulement enregistra et fit exécuter cet arrêt du conseil, mais il en étendit encore les dispositions à tous les juges des juridictions inférieures.

Pierre Mainhulle, substitut du procureur général, avait montré un peu de condescendance pour les protestants. Par arrêt du conseil d'état du 29 décembre 1682, il fut pendant deux mois interdit des fonctions de sa charge, « pour avoir
» négligé l'enregistrement en la Cour de divers édits et
» déclarations concernant ceux de la religion prétendue ré-
» formée, qui avaient dû être gardés et observés dans
» l'étendue du ressort du présidial de Sedan. » Le Parlement s'empressa d'enregistrer cet arrêt du conseil et de le faire notifier au substitut du procureur général.

Enfin le Parlement enregistra et fit exécuter, 1° un avis du conseil d'état en date du 11 décembre 1684, qui défendait aux conseillers protestants d'être rapporteurs dans les procès civils et criminels relatifs à des protestants convertis; 2° l'édit du mois d'avril 1685, qui refusait aux conseillers protestants le droit de juger dans les procès criminels instruits contre des individus appartenant à la religion réformée.

Les mesures générales prises contre les protestants trouvèrent toujours de l'appui dans le Parlement de Metz, qui y ajouta même tout ce que lui suggérait son zèle ardent pour l'extirpation des idées protestantes.

Quand le Parlement fut, en 1637, transféré à Toul, il n'y avait pas de protestants dans cette ville, ni dans l'étendue de son gouvernement. Plusieurs membres de la compagnie, des avocats et des procureurs, appartenant à la religion réformée, se rassemblaient pour l'exercice de leur culte. Les échevins et le clergé de Toul, craignant que de semblables assemblées donnassent un mauvais exemple et entraînassent des catholiques dans les voies de l'erreur, portèrent leurs doléances au roi. Le 12 juin 1638, un arrêt du conseil d'état fit défenses aux protestants de fixer leur demeure et de s'assembler pour l'exercice de leur culte dans la ville de Toul; les conseillers, les avocats et les procureurs du Parlement qui professaient la religion protestante furent seulement autorisés à y avoir leur résidence.

Le Parlement allait encore plus loin que l'arrêt du conseil d'état dont il vient d'être parlé. Un substitut du procureur général qui faisait profession de la religion catholique, s'était absenté et avait, pour tout le temps de son absence, confié son fils âgé de douze ans à un procureur de *la religion prétendue réformée*; (expression dont le Parlement se servait toujours et qui est employée dans l'édit de pacification du mois de mai 1576.) Sur la plainte d'un avocat général, un arrêt du 9 juillet 1639 ordonna que l'enfant serait retiré des mains du procureur protestant et remis à la garde d'un procureur catholique. Quelques années plus tard, le Parlement ordonna même que les trois filles d'un avocat de Saint-Mihiel, qui avait abandonné la religion catholique, seraient confiées à une demoiselle catholique de Toul, jusqu'à ce qu'elles pussent être renvoyées à leur grand'mère, et qu'en attendant le père paierait leur pension.

Louis XIV, à son avènement au trône, avait cherché à rassurer les protestants par sa déclaration du 10 juillet 1643, vérifiée au Parlement de Metz le 14 septembre suivant : cette promesse d'un roi mineur ne fut pas tenue ; des moyens détournés d'abord et rigoureux ensuite furent employés pour arriver à l'anéantissement du protestantisme.

Le Parlement de Metz n'attendait pas toujours les ordres du roi pour travailler à la compression des protestants. Par arrêt du 19 novembre 1659, il ordonna aux bannerots chargés de la police de faire décorer pour le passage de la procession du saint-sacrement la façade des maisons occupées par les protestants ; les frais que cela pouvait occasionner devaient être pris sur le fonds des amendes de police, sans que les propriétaires fussent obligés d'y contribuer. Le conseil d'état, par arrêt du 24 septembre 1660, avait décidé qu'un échevin catholique, quoique postérieur en réception à ceux de la religion prétendue réformée, aurait la préséance sur eux dans les assemblées de l'hôtel-de-ville de Metz. Malgré ces dispositions bien formelles, le plus ancien échevin, qui était protestant, voulut présider les réunions de l'hôtel-de-ville, en l'absence du maître échevin. La difficulté fut portée devant le Parlement, qui décida le 6 octobre suivant que le plus ancien échevin catholique présiderait, à l'exclusion des échevins protestants ; la Cour ordonna en outre que la même règle serait suivie dans les bourgs et les villages du pays messin.

Ce qui froissa beaucoup les protestants, ce sont les injonctions faites par le Parlement à toutes personnes de quelque état et qualité qu'elles fussent, d'ôter le chapeau et de fléchir le genou, ou de se retirer sans scandale lorsqu'on portait dans les rues le saint-sacrement soit aux malades, soit dans les processions, sous peine de cent livres d'amende et de punition exemplaire s'il y échéait.

En 1662, un mémoire énumérant de prétendus crimes qui auraient été commis par les protestants de la ville de Metz et des villages circonvoisins, crimes qui seraient restés impunis, fut par les ordres du roi déposé sur le bureau du Parlement. Sa majesté demandait à la Cour des éclaircissements sur chacun des articles de ce mémoire. Le procureur général fut chargé, avec le lieutenant criminel et le procureur du roi du bailliage de Metz, d'examiner cette dénonciation ; bientôt plusieurs arrêts du Parlement annoncèrent un redoublement de sévérité contre les protestants.

Le 3 décembre de cette année 1662, la Cour rappelant l'exécution des anciennes ordonnances, décida que les enterrements des morts de la religion prétendue réformée seraient faits dès le matin à la pointe du jour, ou le soir à l'entrée de la nuit, et un arrêt en date du 6 janvier de l'année suivante défendit aux catholiques d'assister aux convois funèbres des protestants ; un autre arrêt du 24 janvier 1664 rendit ces dispositions communes à tous les protestants du ressort.

Sous le règne de Henri II, les protestants de Metz avaient obtenu la permission d'exercer leur culte librement et d'avoir un temple rue de la Chèvre. En 1642, Louis XIII avait fait don aux jésuites des bâtiments dans lesquels le temple avait été établi, et les protestants avaient été chercher un refuge dans l'île de Chambière, où ils avaient élevé un temple tant bien que mal.

En 1663, ils réclamèrent la propriété de leur ancien

temple de la rue de la Chèvre, le libre exercice de leur religion et leur admissibilité à tous les emplois. Les catholiques avaient espéré à cette époque qu'on refuserait aux réformés l'exercice de leur culte ; mais le maréchal de Turenne, qui n'était pas encore rentré dans le sein de l'église catholique, appuya de son crédit les réclamations des protestants messins. Un arrêt du conseil d'état en date du 19 mai 1663, confirma la donation faite aux jésuites, ordonna la démolition du temple de Chambière et déclara que dans un retranchement des fortifications, il serait assigné une place pour l'érection d'un temple protestant. Ce temple ne fut construit qu'après beaucoup de difficultés ; le Parlement, pour sa part, en suscita plusieurs.

Le roi était quelquefois obligé de modérer l'ardeur de son Parlement de Metz. La Cour avait voulu donner à la déclaration du roi du mois d'avril 1663, contre les relaps et les apostats, une extension beaucoup plus grande qu'il n'avait été dans les intentions de sa majesté. Elle avait conclu d'une disposition de cette déclaration qu'il n'était libre à aucun catholique d'embrasser la religion réformée ; mais le 3 juillet suivant, le roi écrivit au Parlement que la défense d'embrasser la religion protestante n'atteignait que les ecclésiastiques.

Un bourgeois de Metz professant la religion catholique avait, en épousant une protestante, laissé insérer dans le contrat de mariage, que les filles à naître de cette union suivraient la religion de leur mère. Une fille étant venue au monde, les époux voulurent la faire baptiser au prêche. Le Parlement s'y opposa ; et, par arrêt du 30 décembre 1664, non-seulement il ordonna, conformément à une décision du conseil d'état du 26 février de l'année précédente, que l'enfant serait baptisé à l'église catholique, mais il défendit en outre à tous les notaires et tabellions du ressort de la Cour, d'insérer dans les contrats de mariage des clauses dérogatoires à l'arrêt du conseil de 1664.

Un arrêt du Parlement de Metz du 1er octobre 1668, enjoignit aux seigneurs hauts justiciers d'établir dans leurs justices des officiers professant la religion catholique. Cet arrêt n'avait pas été exécuté par quelques seigneurs protestants, qui avaient réclamé auprès des commissaires députés dans la province pour l'exécution de l'édit de Nantes. Ces commissaires avaient permis aux réclamants d'assigner devant eux le substitut du procureur général qui avait provoqué l'arrêt de la Cour. Par arrêt du 2 janvier 1669, le Parlement cassa et annula l'ordonnance des commissaires *comme donnée par entreprise et attentat.*

Louis XIV paraissait déjà décidé à révoquer l'édit de Nantes; il s'y préparait en ordonnant des mesures restrictives des priviléges accordés aux protestants par Henri IV. Un édit du 5 avril 1680 vint surtout frapper les familles protestantes dans leurs sentiments les plus intimes. Il défendit aux chirurgiens et aux sages-femmes de la religion prétendue réformée, d'exercer leur ministère soit auprès des protestantes, soit auprès des catholiques. Le Parlement avait même ajouté à ce que cette déclaration avait de douloureux; il avait fait afficher son arrêt aux deux piliers du temple, au moment où le peuple protestant y entrait en foule.

La position des prétendus réformés devint tellement intolérable que beaucoup d'entre eux quittèrent la France; une déclaration du roi leur fit un crime d'abandonner la terre natale, comme on leur en avait fait un d'avoir abandonné la religion de leurs pères.

L'année 1685 devait être témoin d'un grand coup porté au protestantisme. Les intentions de Louis XIV se révélèrent par une mesure dirigée contre un établissement important, situé dans le ressort du Parlement de Metz. Un édit, en date du 15 mars, supprima l'académie protestante de Sedan. Le célèbre Abbadie y avait étudié, et Bayle y remplissait la chaire de philosophie obtenue au concours en 1675, quand cette suppression vint l'enlever à ses coreligionnaires et à la France. Le Parlement de Metz enregistra cet édit le 27 mars 1685 ; il avait vu avec plaisir la fermeture d'une école qui était le foyer du protestantisme dans l'étendue de sa juridiction.

Enfin le 1er octobre 1685 parut la déclaration du roi qui révoquait l'édit de Nantes. Cette déclaration fut enregistrée au Parlement de Metz le 22 du même mois. Une lettre de cachet du roi, en date du 17, avait chargé le premier président de faire connaître aux conseillers professant la religion prétendue réformée, qu'ils eussent à se convertir ou à se défaire incessamment de leurs charges. Jusqu'à ce qu'ils eussent pris un parti, il leur fut défendu d'entrer dans les chambres du Parlement et de faire aucun acte de leurs fonctions.

La promulgation de la révocation de l'édit de Nantes fut suivie de plusieurs déclarations du roi nécessaires pour en assurer l'exécution. Le Parlement de Metz appuya de son autorité toutes ces mesures malgré leur rigueur.

Il se présenta même une circonstance particulière dans laquelle le Parlement montra que sa justice impitoyable ne s'arrêtait devant aucune considération.

Monsieur Paul de Chenevix était le doyen des conseillers de la Cour. Il datait de l'époque de l'établissement du Parlement en 1633, et il avait, en 1673, après quarante années de bons et loyaux services, obtenu des lettres de conseiller honoraire. M. de Chenevix professant la religion prétendue réformée, était octogénaire quand la révocation de l'édit de Nantes vint le frapper dans ses convictions religieuses. Il eut la faiblesse, bien pardonnable à un vieillard, de les dissimuler ; il abjura et rentra du moins publiquement dans le giron de l'église catholique. En 1686, il fut atteint de la maladie à laquelle il devait succomber. Le protestantisme n'était pas effacé de son cœur ; pendant sa dernière maladie, il refusa les sacrements de l'Église catholique et mourut relaps.

Les ordonnances portaient des peines sévères contre ceux qui, après être rentrés dans l'Église catholique, retombaient dans le protestantisme, et la conduite des protestants convertis était soumise à une grande surveillance. Le lieutenant criminel du bailliage de Metz, instruit des circonstances de la mort de M. de Chenevix, décréta, le jour même de son décès, la saisie et l'emprisonnement de son cadavre, qui fut conduit dans les prisons de la ville.

Judith Morel, veuve de l'ancien magistrat, adressa aussitôt au Parlement une requête par laquelle elle demandait à être reçue appelante du décret de saisie et d'emprisonnement rendu par le lieutenant criminel, comme juge incompétent, en raison de la qualité de son mari. Elle demanda en outre que le corps du défunt lui fût remis, afin de le faire inhumer avec les cérémonies de l'Église catholique, apostolique et romaine.

Sur le rapport des conseillers Pierre Mérault et Claude Foës, le Parlement, chambres et semestres assemblés, rendit le vendredi 22 novembre 1686, sous la présidence de M. le premier président Guillaume de Sève, un arrêt qui déclara madame Judith Morel, veuve Chenevix, recevable dans son appel, tout en ordonnant, avant de faire droit, que les pièces de la procédure seraient apportées au greffe de la Cour et que le corps du conseiller Chenevix serait transféré des prisons de la ville dans celle de la conciergerie du palais.

Le 25 novembre, la Cour, chambres et semestres assemblés, « après avoir vu les charges et informations faites par » le lieutenant criminel au bailliage, le vingt uniesme de ce » mois, allencontre de M. Paul Chenevix, vivant conseiller » vétéran en ladite Cour, accusé d'avoir refusé les sacrements » de l'Église pendant la maladie dont il est décédé, » déclara le lieutenant criminel juge incompétent, cassa la procédure à laquelle il avait procédé et ordonna que pardevant MM. les conseillers Mérault et Villemur, il serait procédé à de nouvelles informations.

Par arrêt du lendemain, maître Antoine Daulphin, procureur, fut nommé curateur au cadavre, et il fut ordonné que ledit Daulphin serait, en sa qualité de curateur, interrogé par les conseillers commis à l'instruction du procès. Un autre arrêt du surlendemain ordonna que les témoins entendus seraient confrontés avec le curateur de Paul Chenevix.

Enfin le 28 novembre 1686, la Cour, chambres et semestres assemblés, rendit contre Paul de Chenevix un arrêt suivant la rigueur des ordonnances. Le cadavre du doyen des conseillers du Parlement fut livré au bourreau et traîné sur la claie dans les rues de la ville de Metz.

« On ne peut guère se ressouvenir de ces temps sans » douleur, » a dit avec raison l'intendant Turgot; car il est pénible de penser qu'un grand nombre d'habitants de Metz et du pays messin furent forcés de quitter la terre natale et d'abandonner leurs propriétés frappées de confiscation. Il est pénible de penser que des malheureux qui n'avaient eu ni assez de courage pour se soumettre à l'exil, ni assez d'hypocrisie pour dissimuler leurs opinions protestantes, furent comme relaps envoyés aux galères; il est triste surtout de penser qu'un magistrat qui, pendant cinquante ans, avait été l'objet d'un respect mérité, fut livré aux mépris et aux insultes de la populace.

Cependant il faut sonder les motifs politiques qui ont dicté la révocation de l'édit de Nantes. Louis XIV pensait qu'il importait à l'unité et par conséquent à la puissance de la France, qu'une seule religion fût suivie dans son royaume; et il avait trouvé dans le Parlement de Metz des magistrats partageant ces sentiments et disposés à faire exécuter avec rigueur toute mesure propre à favoriser ses vues politiques. Le roi de France faisait au XVIIe siècle pour le catholicisme, ce que voudrait pouvoir faire au XIXe siècle le gouvernement anglais pour la religion anglicane; le roi de Prusse pour la confession évangélique, et l'empereur de Russie pour le rite grec.

Le Parlement de Metz, en contribuant à l'extinction du protestantisme dans son ressort, ne faisait pas un acte de fanatisme religieux; il coopérait à un acte politique. En déclarant une guerre à mort à la religion prétendue réformée, il combattait une importation germanique, il défendait les croyances nationales.

L'accueil sympathique et fraternel que l'électeur de Brandebourg a fait aux protestants chassés de Metz, a prouvé que le Parlement ne s'était pas trompé en repoussant la religion protestante comme une ennemie de la France. Il est donc permis de dire que la révocation de l'édit de Nantes et la rigueur avec laquelle le Parlement de Metz en a fait exécuter les dispositions, ont contribué à consolider dans la province des Trois-Évêchés le pouvoir de la France, et ont aidé à assurer pour toujours à la mère patrie la possession de ces trois villes impériales, connues autrefois sous les beaux noms de *Metz la riche*, de *Verdun la noble* et de *Toul la sainte*.

Pour affermir la domination des idées françaises, le Parlement n'était pas toujours obligé de déployer autant de sévérité, mais il devait toujours montrer la même énergie et le même dévouement.

En créant le Parlement de Metz, le cardinal de Richelieu avait en vue de réunir au domaine de la couronne toutes les terres et les seigneuries dépendant autrefois des évêchés de Metz, Toul et Verdun, et alors possédées soit par le duc de Lorraine, soit par d'autres membres souverains de l'empire. C'est ce qu'annonçaient formellement les termes mêmes de l'édit de création de 1633. Suivant cet édit, la juridiction de la nouvelle Cour devait s'étendre non-seulement sur les villes et les communautés, sur les terres et les seigneuries dont le roi était dès-lors en possession dans les Trois-Évêchés, mais encore « sur toutes les autres terres et seigneuries comprises » dans l'étendue desdites provinces et anciens ressorts, sou- » verainetés et enclaves d'icelles. » En un mot le Parlement était chargé de mettre à exécution les ordonnances de réunion rendues en 1624 par Cardin Lebret et Pierre Dupuy, lors de leur mission dans les Trois-Évêchés, en qualité de commissaires chargés de rechercher la preuve des droits du roi sur cette province.

Le Parlement ne manqua point aux devoirs qui lui étaient imposés; en toutes occasions il rappela que les Trois-Évêchés et toutes leurs dépendances quelles qu'elles fussent, avaient été des parties intégrantes du royaume de France ou des usurpations faites par des princes étrangers sur les droits de la couronne. Aussi on le vit toujours s'exprimer et agir dans un esprit d'empiétement et d'envahissement sur les puissances voisines.

En 1637, le conseiller de La Rivière fit connaître à la compagnie qu'il lui était tombé dans les mains certaine copie des chartres de la seigneurie et du ban de Lay (gros village à trois lieues de Nancy et appartenant à l'abbaye de Sainte-Glossinde de Metz), et que ces titres établissaient que Lay et ses dépendances faisaient partie de l'ancienne province des Trois-Évêchés. Le Parlement, par arrêt du 27 avril, ordonna aussitôt que cette copie de chartres serait déposée au greffe de la Cour.

Le cardinal Mazarin, continuant l'œuvre de Richelieu, n'avait pu obtenir dans le traité de Westphalie la consécration de toutes les prétentions de la France. Mais les termes équivoques du traité permettaient de suivre la même politique, et le Parlement de Metz entrait complètement dans les vues envahissantes du gouvernement de Louis XIV.

Ainsi les ducs de Lorraine prétendaient que les faubourgs de Saint-Epvre et de Saint-Mansuy de Toul formaient des territoires particuliers dépendants de leur souveraineté ; le Parlement de Metz, au contraire, se fondait sur l'assertion de Pierre Dupuy qui, dans son *Traité des droits du roi*, avait dit que « ces faubourgs étaient tenus et réputés membres dépen-
» dans de la ville et du comté de Toul. »

En 1639, la comtesse de Créhange s'était rendue adjudicataire de la forêt de Varnet, de la vouerie de Saint-Avold, d'autres terres et de droits en dépendants, qui par arrêt du Parlement, avaient été décrétés sur le comte de Sarrebruck

et vendus à la barre de la Cour. Le comte de Sarrebruck s'était toujours opposé, et même par voies de fait, à ce que la comtesse de Créhange prit possession ou pût jouir tranquillement des biens à elle adjugés. Le Parlement ayant porté ses plaintes au roi, en reçut une lettre datée du 4 mai 1654, par laquelle sa majesté donnait pouvoir à la Cour de connaître non-seulement des droits en litige, mais encore des droits de souveraineté à lui appartenant sur les fiefs et les mouvances des Trois-Évêchés, « d'autant, dit le roi, que par le
» traité de Munster les Trois-Évêchés et leurs droits sont
» incorporés à notre couronne, et que nous voulons conserver
» en son entier tout ce qui nous appartient. »

Ce pouvoir est certainement le plus étendu qui ait jamais été accordé à un corps de judicature, et cependant cette mesure n'est qu'un acheminement à l'érection d'un tribunal plus puissant encore.

Par arrêt du 3 novembre 1660, le Parlement avait commis un conseiller pour rechercher dans le trésor et dans la chancellerie de l'évêché de Metz, qui se trouvaient dans la ville de Vic, chef-lieu du temporel du diocèse, « les titres pou-
» vant servir à l'éclaircissement des droits du roi sur toutes
» les terres mouvantes et dépendantes dudit évêché. »

C'était une véritable violation de domicile à laquelle l'évêque ne pouvait souscrire. Le prélat s'opposa autant qu'il put à l'exécution de cet arrêt, mais l'autorité royale vint à l'aide du Parlement, et le 10 septembre 1663 des lettres patentes du roi donnèrent à M. de Choisy, intendant des Trois-Évêchés, et à M. Roland Ravaulx, conseiller au Parlement de Metz, une commission conçue dans les termes les plus larges et autorisant M. de Choisy et M. Ravaulx, *l'un en l'absence de l'autre*, à se transporter dans toutes les justices royales et subalternes, même dans toutes les églises cathédrales, abbayes, communautés, villes et terres des gentilshommes particuliers, et de se faire ouvrir toutes les chancelleries, les greffes et autres dépôts se trouvant dans l'étendue des trois diocèses.

Ces lettres patentes ne furent pas non plus exécutées sans difficultés; le 20 janvier 1664, un arrêt du conseil d'état dut ordonner que nonobstant les prises à partie, les oppositions et les appellations du doyen, des chanoines et du chapitre de l'église cathédrale de Metz, le trésor et les archives de l'évêché seraient ouverts pour l'exécution des commissions données par le roi à MM. de Choisy et Ravaulx.

« Le conseiller du Parlement Ravaulx, esprit remuant,
» actif, cherchant à se faire valoir, assez confus et qui avait
» pris quelques idées par la lecture des titres des Trois-Évê-
» chés, sans songer aux traités intervenus entre les puis-
» sances, proposa de rendre à la province des Trois-Évêchés
» tout leur ancien domaine pour absorber tout ce qui avoi-
» sinait. Il administra quelques titres, fit des mémoires,
» suivant uniquement ces titres, sans se mettre en peine des
» traités qui avaient couvert la possession, et regardant ces
» affaires, non comme des matières de droit public à régler
» par des traités, mais comme des affaires particulières
» sujettes aux procédures. »

On pourrait croire que l'auteur de ce passage s'est plu à peindre quelque avocat politique du temps présent, si ce portrait n'avait point été tracé en 1699 par l'intendant Turgot. Tel était ce conseiller Ravaulx, qui devait produire tant d'émoi dans toute l'Europe.

Après avoir fouillé avec acharnement toutes les archives de la province, il adressa des mémoires dans lesquels il comprit les dépendances des Trois-Évêchés avec tant d'arbitraire et d'exagération, que Louvois lui-même se mit à rire au nez du publiciste quand celui-ci lui remit son travail. Cependant le zèle du ministre pour l'agrandissement de la monarchie lui fit comprendre le parti que l'on pouvait tirer de ces mémoires. Ils furent mis sous les yeux du roi, et il fut décidé que l'on prendrait possession de tout ce que l'on pourrait réclamer comme appartenant aux Trois-Évêchés. Des ordres furent sans doute donnés dans ce but au procureur général près le Parlement de Metz, car bientôt on vit M. de Corberon, qui remplissait à cette époque ces fonctions, diriger des poursuites contre les évêques de Metz, Toul et Verdun, pour les forcer à rendre leur foi et hommage et à comprendre dans leurs aveux et dénombrements tous les fiefs qui pouvaient relever d'eux.

Ces prélats, menacés de voir saisir leurs revenus et celui de leur clergé, étaient dans l'impuissance de faire rendre des fois et hommages auxquels leurs vassaux ou prétendus vassaux se refusaient. L'évêque de Toul surtout ne pouvait rien obtenir des quatre grandes abbayes des Vosges et des chanoines de Saint-Dié. Ce chapitre et ces abbayes se prétendaient entièrement indépendants de la juridiction de l'évêché de Toul.

Dans ces circonstances embarrassantes, MM. de la Feuillade, évêque de Metz, de Fieux, évêque de Toul, et d'Hocquincourt, évêque de Verdun, eurent recours au roi. Ils présentèrent à sa majesté une requête dans laquelle ils remontrèrent qu'il leur était impossible de fournir les aveux et les dénombrements exigés par le procureur général de Metz, et qu'ils avaient été mis dans cette impossibilité par les abus que leurs prédécesseurs ou le clergé avaient fait des biens et des droits appartenant aux églises. Ils supplièrent en conséquence Louis XIV de déléguer des juges pardevant lesquels ils pussent faire assigner tous les détenteurs ou usurpateurs de ces biens et de ces droits, pour les obliger à représenter les titres en vertu desquels ils prétendaient en jouir, et à défaut de justification d'une légitime possession de la part des détenteurs, de réunir tous ces biens et tous ces droits au domaine des églises de Metz, Toul et Verdun.

Faisant droit à cette requête, le roi, par un arrêt de son conseil d'état du 23 octobre 1679, sursit à toutes poursuites contre les trois évêques et leur clergé, à raison des aveux et des dénombrements qu'ils avaient été requis de faire devant le Parlement, chambre des comptes. Cet arrêt ordonna en outre qu'il serait établi une chambre spéciale, composée d'officiers du Parlement de Metz, pour prendre connaissance des usurpations et des aliénations faites au préjudice des églises des Trois-Évêchés.

Un autre arrêt du conseil d'état, en date du 9 novembre suivant, établit cette chambre, qui est connue sous le nom de chambre royale ou de réunion. Elle fut composée de M. Thomas de Bragelongne, premier président du Parlement, qui devait remplir les fonctions de président, et de dix conseillers de la Cour qui devaient y remplir les fonctions de juges; voici leurs noms : François Jobal, Bernard Jeoffroy, Jean Morel, Louis Fremyn, Mathieu Andry, Jean-Baptiste-Élie-Pierre de Villemur, Pierre Langlois, François Chaffaut, Nicolas d'Auburtin et Pierre Cogney. Les fonctions de procureur général furent dévolues au conseiller Roland Ravaulx et il fut autorisé à choisir ses substituts. Me Jacques Oudart, avocat au Parlement, fut chargé de remplir la charge de greffier.

La chambre de réunion s'assemblait au palais de justice dans la salle destinée à la chambre des enquêtes, et elle tint sa première séance le 11 décembre 1679.

Il serait fort long d'énumérer tous les titres qui servirent de base ou de prétexte aux décisions de la chambre royale et qui pour la plupart avaient été enlevés des dépôts et des archives de la Lorraine, pendant les différentes invasions des armées françaises dans cette province : on citera seulement « certain manuscrit, couvert d'un parchemin rouge, » composé par Thyerry Alix, vivant président de la chambre » des comptes de Lorraine, dédié à Charles III, duc de » Lorraine et de Bar, comte de Vaudemont. » Il serait trop long aussi d'indiquer tous les domaines et tous les fiefs que la chambre royale réunit à la couronne. D'un trait de plume, elle dépouilla le prince et la princesse de Lillebonne de la seigneurie de Commercy, qu'ils avaient acquise du cardinal de Retz. Beaucoup de souverains de l'empire, l'électeur Palatin, le duc de Nassau-Sarrebruck, le prince de Birkenfeld, le duc de Lorraine, le roi d'Espagne et même le roi de Suède pour le duché de Deux-Ponts, etc., furent cités à la chambre royale de Metz, pour rendre hommage au roi de France ou pour subir la confiscation de leurs terres.

Le sursis accordé aux ecclésiastiques pour la reprise et les aveux de leurs biens ne dura pas longtemps. Le roi, dans une déclaration donnée à Versailles, le 17 octobre 1680, ordonna « que toutes les villes et communautés, » tous les vassaux médiats ou immédiats, ecclésiastiques ou » séculiers des évêchés et clergés séculiers et réguliers » des églises de Metz, Toul ou Verdun, engagistes ou » biens tenants des domaines et droits féodaux de ces

» églises, seraient tenus sous peine de commise, de faire
» leurs reprises, foi et hommage ou de sa majesté pour
» tous les biens qu'ils tenaient d'elle, ou des églises de
» de Metz, Toul et Verdun pour les biens de leurs dé-
» pendances en fiefs ou autrement ; et ce deux mois après
» la publication de la présente déclaration, puis quarante
» jours après, fournir leurs aveux et dénombrements en
» bonne forme à la chambre royale de Metz. »

La ville de Metz fut l'une des premières à faire ses foi et hommage et à fournir à la chambre royale ses aveux et dénombrements ; mais le maître-échevin et les échevins se contentèrent de remettre leur dénombrement entre les mains du procureur général, sans le faire déposer au greffe et l'accompagner des titres et pièces justificatives des droits et privilèges de la ville. La chambre royale prit cette négligence pour un attentat à son autorité et pour un voile dont les magistrats municipaux voulaient couvrir leurs monopoles et leurs vols. En conséquence, elle rendit contre eux, le 14 février 1684, un foudroyant arrêt ; elle ordonna aux échevins d'apporter au greffe, dans un délai de deux mois, leurs aveux et dénombrements, ainsi que les pièces justificatives, et elle leur fit défenses « de recevoir aucun droit
» de mailles, de gages et d'autres émoluments accoutumés, à
» peine de mille livres d'amende en leur propre et privé nom. »

La chambre royale donna lieu à une infinité de libelles, de réclamations et de notes diplomatiques. « Elle révolta les
» esprits des princes les moins intéressés, » dit M. Turgot. Louis XIV dut céder enfin aux réclamations qui lui étaient adressées, et, par une déclaration en date du 28 octobre 1686, enregistrée au Parlement de Metz le 20 décembre suivant, la chambre royale fut supprimée.

Plusieurs des écrits auxquels cette chambre a donné lieu méritent d'être cités, entre autres 1° le *Recueil des Arrêts de la Chambre royale de Metz*, etc., imprimé à Paris chez Léonard, en 1684, un volume in-4°; 2° la *Dissolution de la réunion*, où il est prouvé que les seigneurs ne sont plus tenus aux hommages et aux serments qu'ils ont rendus au roi de France, à la chambre royale de Metz, etc., Cologne, 1692, in-8°; 3° *Lettre d'un gentilhomme italien à un de ses amis*, où l'on répond à ce que disaient les étrangers contre les arrêts de la chambre royale de Metz, avec un discours sur les affaires d'Alsace (car on avait établi aussi une chambre royale dans la ville de Brisac.) Lelong, dans sa Bibliothèque historique, dit avoir vu cette dernière pièce manuscrite et ne pas savoir si elle a été imprimée.

L'établissement de cette chambre royale était quelque chose de bien extraordinaire; les principes qui la dirigeaient l'étaient encore plus. Il suffisait à l'insatiable procureur général Roland Ravaulx de quelques indices, même les plus frivoles, pour ranger sous la domination française une quantité de territoires possédés par des princes étrangers, et donner ainsi aux traités de Munster et de Nimèque une extension illimitée. Il considérait les domaines qu'il voulait envahir tantôt comme des dépendances directes de la monarchie, tantôt comme des annexes ou des dépendances d'anciennes dépendances du royaume; tantôt comme des équivalents de territoires jadis cédés par la couronne, tantôt comme des compensations à des sacrifices faits par les rois de France. Avec ce système et sans le secours des armes, le roi aurait fini par se constituer le maître de toute l'Allemagne. « C'est ce
» que sentit un paysan de Condroz, auquel un officier fran-
» çais, chargé de l'exécution des sentences rendues par la

» chambre de réunion, demandait des renseignements sur
» la circonscription du comté de Chiny : Vous dites à Metz,
» répliqua ingénument le laboureur, que le comté est la
» moitié du monde et que l'autre moitié en est la dépen-
dance. » (Bourdelois).

L'intendant Turgot a dit de la chambre royale : « Un
» ouvrage d'iniquité, quelque avantageux qu'il soit, n'a
» jamais de durée. » Il est à désirer sans doute que les
œuvres iniques périssent prématurément, mais l'établissement de la chambre royale n'était pas une œuvre d'iniquité.
C'était une de ces conceptions hardies, téméraires peut-être,
qu'un grand roi comme Louis XIV pouvait se permettre; et
si le traité de Riswick, article 4, a annulé toutes les décisions de ce tribunal extraordinaire, il ne faut l'attribuer
qu'à des circonstances particulières. Le président Hénault
a dit en parlant du traité de Riswick : « A voir tout ce que
» le roi sacrifiait par ce traité, il est aisé de se douter
» que la mort prochaine du roi d'Espagne en était le motif. »
Louis XIV pensait alors faire monter son petit-fils sur le
trône espagnol.

Quoi qu'il en soit, Louis XIV, juste appréciateur de tout
ce qui tendait à la gloire et à la prospérité de la France,
était content de son Parlement de Metz. Le samedi 10 juillet
1683, il arriva en cette ville avec la reine, vers trois
heures de l'après-midi. Le Parlement s'était rendu en corps
à l'évêché pour attendre l'arrivée de leurs majestés. En
passant devant le Parlement, le roi dit au premier président Thomas de Bragelongne ces propres paroles : « J'ay
» bien du plaisir de vous voir icy et vostre compagnie ;
» je suis satisfait des services qu'elle me rend, et m'en
» souviendray dans les occasions. »

Lorsqu'on descend la Moselle sur les bateaux à vapeur qui la sillonnent maintenant, et qu'on est arrivé à égale distance à peu près de Trèves et de Coblentz, on aperçoit, sur les rochers qui s'élèvent à gauche, des pans de murailles écroulées. Ce ne sont point les débris de quelque vieux donjon ou de quelque forteresse crénelée du moyen âge ; malgré l'état de destruction des bâtiments, on reconnaît facilement l'architecture française de la fin du XVIIe siècle. Après une demi-heure de navigation, la Moselle tourne sur elle-même et semble vouloir revenir sur ses pas : on aperçoit de nouveau, et toujours à gauche, les mêmes ruines et on vient repasser sous des murs délabrés. Ce sont les restes de la forteresse que Louis XIV avait fait bâtir dans la presqu'île de Traben, pour se rendre maître des passages de la Moselle et dominer les contrées du Hünsrück et de l'Eifel. Par une déclaration du mois de juin 1687, Louis XIV avait ordonné que cette forteresse serait désormais appelée Mont-Royal, et il avait adressé au Parlement de Metz une lettre de cachet, qui prescrivait l'enregistrement de cette déclaration, ce qui eut lieu le 17 juillet suivant. Le territoire sur lequel la forteresse avait été construite dépendait du comté ultérieur de Sponheim, que la chambre royale de Metz avait, en 1681, réuni à la France et que l'armistice de 20 ans, conclu en 1684 avec l'empire, avait autorisé Louis XIV à conserver. Cette forteresse construite par Vauban était assise sur un rocher qui dominait de chaque côté le cours de la Moselle ; elle fermait une presqu'île formée par le détour de la rivière et défendue elle-même par des rochers escarpés. Elle fut détruite en 1697, en conséquence de l'article 25 du traité de Riswick. Ces ruines attestent encore la grandeur du siècle de Louis XIV et le pouvoir de la chambre royale de Metz.

CHAPITRE VIII.

Clergé et maisons religieuses. Diversité des coutumes.
Diversité des juridictions. Table de marbre.
Chambre des requêtes. Augmentation de la chambre des comptes.
Le premier président Guillaume de Sève.

Le Parlement de Metz, si ardent contre le protestantisme et si énergique contre l'étranger, avait en outre à maintenir sous le joug des lois une puissance formidable; c'était le clergé, qui était nombreux et riche dans la province des Trois-Évêchés, et qui, en outre, était composé de beaucoup d'étrangers ou d'hommes mal disposés pour la France.

On a déjà vu avec quelle vigueur le Parlement, dans plusieurs circonstances, s'était opposé à l'insoumission et aux empiètements des évêques et des corporations religieuses. En jetant un coup d'œil sur un ensemble de ses actes, on reste surtout convaincu que la Cour, soumise avec respect au pouvoir spirituel de l'Église catholique, ne s'abaissait jamais cependant devant ses tentatives d'usurpations temporelles, et que, tout en la protégeant efficacement dans l'exercice de ses droits, elle combattait aussi les abus de son pouvoir.

Les actes du Parlement, il est vrai, n'obtenaient pas toujours la sanction de l'autorité royale; ils ont pu quelquefois être téméraires ou erronés, mais on est obligé de reconnaître que, dans toutes les circonstances, le Parlement de Metz, animé de l'esprit du grand Bossuet, et c'était un esprit de famille, était à la fois un défenseur intrépide des croyances catholiques et des libertés de l'Église gallicane.

En 1643, un religieux d'une abbaye bénédictine de Châlons-sur-Marne, s'étant échappé de son couvent et se prétendant victime de la calomnie de ses supérieurs, avait porté plainte au Parlement qui avait ordonné une information. Il fallut une lettre de cachet du roi pour suspendre la procédure et faire rendre le religieux à ses supérieurs, afin qu'il fût jugé et châtié selon les règles et les constitutions de l'ordre auquel il appartenait.

Le Parlement savait protéger aussi le pouvoir épiscopal dans l'exercice de ses droits. L'évêque de Toul avait, le 24 novembre 1628, rendu une sentence par laquelle la profession d'une religieuse avait été déclarée nulle. Une jeune fille de 24 ans avait traité avec un couvent pour être sœur de chœur, et avait payé une somme notable pour sa dot. Elle entra en religion et fit son noviciat; mais à la fin de l'année, n'ayant pas été reconnue propre à faire des vœux, elle fut avertie par la supérieure du couvent qu'on ne pouvait la recevoir comme sœur de chœur. La jeune personne craignait la colère de ses parents si elle quittait honteusement le cloître; les religieuses, qui désiraient la retenir à cause de sa dot, lui proposèrent de faire profession de sœur converse; ce qu'elle n'accepta qu'avec peine. Pour tromper l'évêque et les parents, la jeune sœur converse prenait, en cas de besoin, l'habit de sœur de chœur. Six ans s'étaient écoulés, quand la mère, restée veuve, apprit cette fourbe et se pourvut devant l'évêque de Toul qui rendit la religieuse à la liberté. Cette ancienne religieuse avait été admise par ses frères et ses sœurs à la succession du père commun; elle avait ensuite hérité de sa mère et même de tous ses frères et sœurs auxquels elle avait survécu. Un parent éloigné et cupide voulut la faire rentrer dans un couvent, afin de pouvoir s'emparer des biens dont elle avait hérité et dont elle avait la libre disposition; il appela comme d'abus de la sentence d'annulation de vœux, rendue en 1628. Le Parlement, par son arrêt du 22 avril 1649, déclara l'appelant non recevable dans son appel.

D'anciennes ordonnances défendaient à tous les ecclésiastiques, religieux ou séculiers, d'acquérir des immeubles sans obtenir des lettres d'amortissement du roi et sans les faire vérifier par qui de droit. Les célestins de la ville de Metz et d'autres ecclésiastiques du ressort n'avaient pas observé ces formalités tutélaires. Le Parlement, sur la plainte du procureur général, après avoir constaté que la plus grande partie des biens du ressort appartenait aux ecclésiastiques, et qu'il y avait lieu de craindre que tout le temporel ne passât avec le temps à leurs domaines, ordonna, par arrêt du 10 mai 1650, que les célestins de Metz et tous les autres ecclésiastiques du ressort, qui, depuis dix ans, avaient fait des acquisitions d'immeubles *sans amortissement ni permission de la Cour*, seraient cités à la requête du procureur général, tenus d'apporter leurs contrats d'acquisition, et mis dans l'obligation d'obtenir des lettres d'amortissement.

Au mois de décembre suivant, le Parlement rendit un arrêt remarquable à l'occasion d'un procès porté devant lui. Il enjoignit aux supérieurs des couvents et des monastères du ressort de la Cour, d'envoyer chaque année aux greffes des bailliages les noms et les surnoms des religieux et des religieuses ayant fait profession.

Un arrêt du Parlement de Metz, rendu le 16 juin 1649, avait condamné le clergé de la ville de Verdun à contribuer, en temps de guerre, pour un douzième à toutes les charges extraordinaires, même aux réparations des murailles, ponts et autres édifices publics. Le clergé, ayant voulu se soustraire à cette obligation, fut forcé à s'y soumettre par un nouvel arrêt du 25 octobre 1652.

Le Parlement ne souffrait pas surtout que des étrangers vinssent s'emparer des dignités ecclésiastiques, et par arrêt du 1er octobre 1654, il refusa à un Lorrain la prise de possession d'une prébende de l'église cathédrale de Toul. Le 12 mai 1661, le Parlement annula l'élection d'un abbé de Saint-Mansuy et l'acte de sa prise de possession, en vertu d'une permission du duc de Lorraine. C'était l'époque où le Parlement de Metz et la Cour souveraine de Lorraine établie à Saint-Nicolas, cassaient réciproquement leurs arrêts et combattaient énergiquement pour les intérêts respectifs de leurs souverains, tandis que ceux-ci faisaient valoir plus haut les droits de leur couronne. Le duc de Lorraine faisait solliciter à Rome des bulles pour l'abbaye de Saint-Mansuy, en faveur du prince Charles son neveu, qui fut depuis son successeur nominal au duché de Lorraine. Mais Louis XIV nomma le chevalier de Vendôme, grand prieur de France, et cette nomination prévalut.

On ne s'étonnera pas de la vigueur des arrêts du Parlement de Metz, si l'on jette un coup d'œil sur les listes des membres qui le composaient à cette époque : on remarquera surtout parmi eux l'énergique premier président Claude de Bretagne, le président Charles Colbert, frère du grand Colbert, Bénigne Bossuet, père de l'évêque de Meaux, Rolland Ravaulx, qui fut procureur général à la chambre de réunion, François-Michel Le Tellier, qui devint le marquis de Louvois, Hyacinthe Foullé, qui fut chargé de missions importantes dans les cours du Nord, Ollier de Nointel, qui fut ambassadeur à Constantinople, etc.

Les religieuses de la noble abbaye de Bouxières-aux-Dames, cherchant à éviter la juridiction du Parlement, avaient présenté requête au maréchal de La Ferté, gouverneur de Nancy, pour lui attribuer la connaissance d'un différend qui s'était élevé entre elles et mademoiselle Marguerite de Joyeuse. La Cour arrêta, le 9 novembre 1654, qu'il serait fait des représentations à Monsieur le maréchal de La Ferté.

Le pouvoir royal effrayé de l'accroissement des maisons religieuses, avait, par une déclaration du 7 juin 1659, ordonné des mesures pour s'y opposer. Le roi, dans une lettre datée de Boulogne du 2 novembre de cette année, enjoint au Parlement de Metz de tenir la main à l'exécution de cette déclaration, « attendu la nécessité qu'il y a d'arrêter le
» cours de l'abus qui s'est glissé dans ce royaume, depuis
» quelque temps, par l'établissement des maisons régulières
» et autres communautés, sans la permission royale, l'appro-
» bation des évêques diocésains et le consentement des villes
» et seigneurs des lieux. » Le Parlement n'oublia pas les

recommandations royales, car en enregistrant, le 3 août 1661, les lettres du roi portant confirmation de l'établissement des prêtres de la mission de Metz, par Henri de Bourbon, évêque de cette ville, il eut soin d'ajouter « à la
» charge par eux de ne rien entreprendre contre les privi-
» léges et les libertés de l'Église gallicane, les droits épis-
» copaux ni curiaux et d'observer le concordat. »

Par un appel comme d'abus, le Parlement avait été saisi de la connaissance de certains actes capitulaires qui avaient donné lieu à de grandes contestations entre le chapitre et le doyen de l'église collégiale de Saint-Gengoult de Toul. Il statua sur ces difficultés par un arrêt du 28 juillet 1661, rapporté en entier par M. Emmery. Rien ne prouve mieux l'étendue des pouvoirs des Parlements que ces arrêts par lesquels il réglait des points de discipline ecclésiastique.

Des personnes pieuses déplorent aujourd'hui la pauvreté de l'Église catholique; les personnes pieuses devaient autrefois déplorer ses richesses. Les abbés et les prieurs commandataires ne pensaient pour la plupart qu'à percevoir et à consommer les fruits et les revenus de leurs bénéfices; ils laissaient tomber en ruine les églises et dépérir le service divin. Le Parlement de Metz, par un arrêt du 12 juin 1663, enjoignit à tous les ecclésiastiques séculiers et réguliers, dans l'étendue de son ressort, de réparer les églises, les maisons et les bâtiments dépendants de leurs bénéfices, et d'y rétablir le service divin dans le délai de trois mois. Le même arrêt ordonnait aux propriétaires des dîmes et aux habitants des paroisses de faire à leurs églises les réparations auxquelles ils étaient obligés. Cet arrêt ne s'exécutait pas, mais le 22 septembre 1670, le Parlement donnait ses pleins pouvoirs au conseiller Bertrand Foës et l'autorisait à se transporter partout où besoin serait, pour procéder à la visite des églises et des abbayes et de faire exécuter les travaux nécessaires.

Les villes de Metz, Toul et Verdun étaient remplies d'un grand nombre de monastères; les religieux mendiants étaient surtout à charge aux populations par leurs quêtes fréquentes et importunes. Sous le prétexte de leurs vœux de pauvreté et de leurs besoins de subsistance, ils avaient amassé un fonds considérable qui avait été employé en acquisition d'héritages, sous le nom de personnes interposées. Les Gens du roi, frappés de cet état de choses et obligés par leurs devoirs de veiller également à l'observation de la discipline ecclésiastique et au soulagement des peuples, dénoncèrent les faits au Parlement qui, le 22 juin 1667, rendit un arrêt mémorable. Cet arrêt portait que le roi serait supplié d'interposer son autorité pour la réformation des maisons religieuses, et il ordonnait, sous le bon plaisir de sa majesté, que les abbayes, les monastères et les couvents déclareraient le nombre de leurs religieux et la somme de leurs revenus, en leur faisant en outre défenses d'acheter des immeubles dans l'étendue du ressort, soit sous leur nom, soit sous des noms interposés.

Cet arrêt, modifié à l'égard des quatre maisons de bénédictins de la ville de Metz, par une sentence du 6 octobre suivant, fut confirmé dans son surplus par des arrêts des 7 avril et 4 juin de la même année.

Ce fut par son arrêt du 17 janvier 1668 que le Parlement fixa le nombre des religieux et des religieuses de chaque monastère de la ville de Metz. Un autre arrêt du 12 juin fut rendu pour le même objet relativement aux maisons religieuses de Verdun.

La même année, par un arrêt du 20 juillet, il fut défendu aux bénéficiers et aux ecclésiastiques de prendre des pots de vin en passant les baux de leurs bénéfices. Ces pots de vin excessifs avilissaient les prix des baux et absorbaient par anticipation les fruits des bénéficiers eux-mêmes.

Jean de Bretagne, l'un des fils du premier président Claude de Bretagne, abbé de l'abbaye de Saint-Georges à Metz, était décédé au mois d'octobre 1669. L'abbé de Clairlieu, près Nancy, de l'ordre de Citeaux, se disant commissionné par l'abbé de Morimont, du même ordre, se rendit à Metz avec deux religieux pour procéder à l'élection d'un abbé en l'abbaye de Saint-Georges, en remplacement de M⁰ Jean de Bretagne, dernier possesseur. Par ses arrêts des 26 et 29 octobre de cette année, le Parlement, se fondant sur ce que le roi avait droit de nommer à toutes les abbayes dans son royaume, à la réserve des chefs d'ordre, s'opposa à ce qu'il fût procédé à l'élection d'un abbé de Saint-Georges. Depuis cette époque toutes les nominations d'abbés de ce monastère furent faites par le roi, jusqu'à ce que la maison fut supprimée en 1789 et que les biens des religieux furent réunis au grand hôpital Saint-Nicolas de Metz.

Dans une circonstance assez importante, le Parlement accorda à M. Aubusson de la Feuillade, évêque de Metz, l'appui de son autorité pour faire reconnaître celle du prélat.

Les abbayes de femmes de Saint-Pierre et de Sainte-Marie à Metz, jouissaient depuis leur fondation d'une indépendance complète et ne s'étaient jamais soumises à la surveillance ni aux pouvoirs spirituels de l'évêque de Metz.

En 1481, Georges de Baden, 78ᵐᵉ évêque de ce diocèse, entreprit de visiter et de réformer l'abbaye de Sainte-Marie. Les dames protestèrent et l'évêque dut renoncer à son projet.

M. Aubusson de la Feuillade voulut, en 1669, procéder à la visite des abbayes de Saint-Pierre et de Sainte-Marie; pour vaincre la résistance des religieuses, il eut recours au Parlement qui, par des arrêts en date des 27 novembre et 16 décembre de cette année, enjoignit aux abbesses des deux monastères de reconnaître l'évêque de Metz pour leur supérieur, autorisa le prélat à faire la visite des deux abbayes et lui permit même *de prendre main-forte s'il en étoit besoin*. Il fallut effectivement en venir à cette extrémité; le roi même donna des ordres au commandant de la place pour faire exécuter les arrêts du Parlement de Metz, *par fracture et bris de portes, s'il était nécessaire*.

M. de la Feuillade fit donc sa visite à Sainte-Marie, le 29 décembre 1669, et à Saint-Pierre, le 6 janvier 1670; il demanda la représentation des statuts et des constitutions, et les dames la lui ayant refusée, il se contenta de défendre, conformément au concile de Trente et à l'ordonnance de Blois, de recevoir à l'avenir dans les deux abbayes aucune fille sans son autorisation, et d'admettre à la profession, autrement qu'aux conditions ordonnées par l'Église, pour les vœux solennels. Monsieur de la Feuillade s'adressa au Parlement de Metz pour faire exécuter ses ordonnances de visite, et le procureur général Christophe Cadeau prit de son côté des conclusions qui furent adoptées par deux arrêts des 8 et 17 janvier 1670. Ces arrêts confirmaient les ordonnances épiscopales, faisaient défenses aux abbesses et religieuses de ces deux monastères de recevoir à l'avenir, pour être religieuses, des filles qui ne seraient pas d'origine française, et leur imposaient l'obligation de tenir un registre des professions qui seraient faites dans leurs couvents.

Les dames de Sainte-Marie et de Saint-Pierre appelèrent

à Rome des ordonnances épiscopales, et se pourvurent au conseil d'état contre les arrêts du Parlement de Metz, fort maltraité dans leur requête. « Le sieur évêque, disaient- » elles, s'était adressé au Parlement de Metz, qui était » une juridiction entièrement suspecte aux dites dames. » Elles réussirent dans leur opposition, et un arrêt du conseil du roi du 19 août 1670, fit défense au Parlement de Metz de connaître à l'avenir des différends entre M. l'évêque de Metz et les dames de Sainte-Marie et de Saint-Pierre, au sujet de la juridiction.

Des hermites s'étaient établis sans autorisation dans une chapelle à Longwy et faisaient dans cette ville des quêtes qui étaient onéreuses à la population. Le Parlement voulut examiner s'ils avaient le droit qu'ils s'étaient arrogé, et par un arrêt du 14 octobre 1673, il leur ordonna de représenter les titres de leur établissement dans cette chapelle et leur défendit de quêter dans la ville de Longwy.

En repoussant de toute son énergie le protestantisme, le Parlement de Metz cherchait cependant à soumettre les maisons religieuses et le clergé catholique à la discipline dont il se constituait le gardien. Dépositaire d'une partie de l'autorité souveraine, la Cour était appelée souvent à s'occuper de ces questions délicates et presque toujours insolubles qui surgissent des rapports forcés de la puissance civile et de la puissance ecclésiastique, et elle pouvait sans doute se tromper quelquefois sur les véritables limites de ses pouvoirs comme le clergé lui-même pouvait s'abuser sur l'étendue de ses droits.

Les luttes politiques imposaient aux magistrats des Parlements la nécessité d'études historiques et diplomatiques; les luttes religieuses les mettaient dans l'obligation d'approfondir le droit ecclésiastique, et l'exercice de leurs pouvoirs administratifs les entraînait à l'examen de beaucoup de matières d'intérêt général. Les Parlements formaient ainsi une pépinière d'excellents administrateurs et de savants hommes d'état. Toutes ces études diverses rendaient déjà leur vie laborieuse; mais ce qui leur imposait surtout un travail bien aride et bien pénible, c'était cette diversité de coutumes qu'ils étaient obligés de rechercher, d'expliquer et d'apprécier dans les débats ordinaires du palais.

Selon l'extension plus ou moins grande qu'a eue le ressort du Parlement de Metz, le nombre des coutumes que cette Cour a été appelée à appliquer a nécessairement varié et s'est quelquefois singulièrement accru. Mais il est douze coutumes qu'à presque toutes les époques de son existence, le Parlement de Metz a été obligé de consulter : ce sont celles de Metz, de l'évêché de Metz, de Verdun, de Toul, de Lorraine, de Saint-Mihiel, de Sedan, de Thionville, de Paris, de Vermandois, de Vitry et de la Petite-Pierre.

La coutume de l'évêché de Metz régissait le temporel de cet évêché et les hautes justices qui y étaient enclavées ; on en trouve le détail dans les états insérés à la suite de cette coutume qui a été imprimée en 1685.

Il ne faut donc pas confondre la coutume de l'évêché avec la coutume de Metz, qui ne régissait que la ville et le pays messin proprement dit.

La coutume de la Petite-Pierre régissait la prévôté de Phalsbourg. Cette coutume, qui n'a peut-être jamais été imprimée, avait été donnée par un prince Palatin. Elle tenait beaucoup du droit écrit et du droit allemand, et avait par conséquent peu d'analogie avec les coutumes de France.

Outre ces douze coutumes, le Parlement de Metz avait

encore quelquefois à rechercher les usages des juifs, dont les contestations étaient ordinairement réglées par leur rabbin.

Quand toute la Lorraine faisait partie de la juridiction du Parlement, cette juridiction s'étendait sur un village situé sur la Moselle, dans le fond des Vosges et appelé la Bresse. Ce village avait des coutumes particulières qui, pendant longtemps, n'ont été confiées qu'à la mémoire des habitants. Le duc de Lorraine Charles III, en 1595, ordonna qu'on les mît par écrit, et les homologua le 26 février 1603; l'article 32 se sentait singulièrement de la simplicité villageoise : « Il n'est loisible à personne plaidant pardevant ladite justice » de former ou chercher incident simple et superflu, ains, » faut plaider au principal ou proposer autres faits perti- » nens, afin que la justice ne soit prolongée. »

Voici ce qu'était cette justice : il se tenait dans ce village un plaid annuel sous la présidence du maire, assisté de huit jurés choisis par les habitants. Ce tribunal s'assemblait sous un gros arbre, dans une grange ou dans une chambre désignée par le maire. On plaidait devant ce tribunal succinctement, chacun y défendait sa cause par lui-même ou par un avocat.

Le lieu où le tribunal s'assemblait s'appelait Champtil, et tous les habitants devaient assister aux séances, sous peine de cinq sous d'amende, au profit de la communauté.

Ces usages, dont l'origine est très-ancienne, étaient encore suivis il y a cent ans, et n'ont probablement disparu qu'à l'époque de la révolution française.

En 1685, le ressort du Parlement de Metz était très-étendu, et on peut en juger par l'établissement d'un présidial à Toul, pendant le cours de cette année; il comprenait une partie de la Lorraine, et sa juridiction s'étendait sur

292 villes, bourgs et villages. Il était loin cependant de comprendre tout ce qui dépendait du diocèse de Toul, car ce diocèse comprenait 23 prévôtés où ressortissaient 780 villages; cinq comtés, Vaudémont, Remiremont, Salm, Blamont, Fontenoy-sur-Moselle; et cinq marquisats, Ville-sur-Illon, Haroué, Gerbéville, Removille et Blainville.

À l'extension du ressort et à la diversité des coutumes, se joignait encore pour le Parlement de Metz la diversité des attributions.

Il avait, comme Cour des aides, une importance qui tenait à des circonstances particulières.

Depuis la destruction de la puissance romaine, les peuples de la Germanie et de la Gaule se sont disputé la Lorraine, non-seulement pour ses montagnes qui étaient convoitées par chaque peuple, comme des boulevards inexpugnables, mais encore pour ses plaines qui étaient recherchées surtout à cause de la richesse de leurs salines.

Depuis des temps reculés, lorsque Metz était ville impériale, ses évêques étaient propriétaires des salines établies dans les villes de Marsal et de Moyenvic. Henri de Lorraine était monté sur le siège épiscopal de Metz en 1484, les princes Lorrains se maintinrent dans la possession de cet évêché pendant plus de 120 ans et profitèrent de leur longue succession pour aliéner en faveur de leur maison quantité de domaines de leur église, entre autres les salines de Marsal et de Moyenvic, de manière que le duc de Lorraine devint unique possesseur de toutes les salines du pays.

Par le traité du 28 février 1664, le duc de Lorraine avait cédé à la France la ville de Moyenvic, et le roi de France s'était réservé positivement, par l'article 12 de ce traité, la propriété de la saline de cette ville, en promettant de n'en pas faire actuellement usage et en s'engageant, dans le cas où il y ferait façonner du sel, de décharger le duc de la moitié de la redevance annuelle de 45,000 francs de Lorraine et de 400 muids de sel, consentie par ses prédécesseurs pour le prix de la cession qui leur avait été faite des salines de Marsal et de Moyenvic, à la charge bien entendu que dans le cas où le roi de France ne se servirait pas de cette dernière saline, le duc de Lorraine serait obligé de payer la redevance tout entière.

Par le traité de Montmartre du 6 février 1662, le duc de Lorraine permit au roi de France de mettre garnison dans Marsal, et par le traité du 31 août 1663, cette ville fut laissée à la disposition du roi, mais le duc s'en réserva le domaine et les dépendances ainsi que la propriété de la saline.

La gabelle ou l'impôt sur le sel était d'autant plus difficile à percevoir, et la contrebande en cette matière était d'autant plus active, que le sel est l'un des premiers besoins des peuples, et que les Trois-Évêchés n'avaient pas perdu le souvenir qu'avant l'établissement du Parlement de Metz, le commerce du sel était libre dans cette province. Louis XIV, par son édit du mois de novembre 1661, sentit donc la nécessité de donner au Parlement de Metz le titre et les pouvoirs de Cour des aides, devant connaître par appel de toutes les causes, instances et procès auxquels la gabelle pouvait donner lieu. Mais il n'existait pas encore dans son ressort de première juridiction pour les matières de sa compétence, en tant que Cour des aides. Dans le reste du royaume, cette première juridiction était exercée par des élus qui étaient spécialement juges des aides, par des grènetiers juges de la gabelle, par des maîtres des ports juges des droits de la traite foraine. Ces juges se suppléaient, c'est-à-dire qu'à défaut d'élus et de grenetiers, les maîtres des ports en réunissaient la compétence à la leur propre; et réciproquement. Ce ne fut qu'au mois de mai 1691, que le roi établit dans le ressort du Parlement de Metz des maîtres des ports juges des traites et fermes. Jusqu'à cette époque de 1691, les prévôts des maréchaux, les trésoriers de France et les juges royaux partageaient entre eux, sous l'autorité du Parlement, l'exercice de la première juridiction en matière de gabelle.

Des bois immenses mal aménagés ou mal protégés couvraient les territoires sur lesquels s'étendait la juridiction du Parlement de Metz; aussi ce fut un grand bienfait pour le pays que l'ordonnance de 1669 sur les eaux et forêts. Cette ordonnance avait été enregistrée au Parlement de Metz, le 23 décembre de cette année, avec une solennité inaccoutumée. M. le comte de Vaubécourt, lieutenant général du gouvernement de Metz et du pays messin, et M. de Choisy, commissaire départi dans la généralité, avaient été chargés de présenter l'ordonnance à la Cour et de requérir son enregistrement. L'établissement d'une table de marbre près le Parlement de Metz, devait compléter les mesures nécessaires pour la bonne administration des forêts. Elle fut créée par un édit de novembre 1679, enregistré au Parlement le 14 décembre suivant. Cette juridiction constituée à l'instar de la table de marbre de Paris, connaissait seule tant au civil qu'au criminel des appels des sentences des maîtrises particulières des eaux et forêts et des grueries seigneuriales. Elle se composait pour les affaires *à l'ordinaire* du grand-maître des forêts pour le département de Metz, d'un lieutenant général, de trois conseillers, d'un procureur général et d'un avocat général. Pour les affaires au souverain, la table de marbre s'adjoignait des présidents et des conseillers du Parlement en nombre double des officiers des eaux et forêts, de manière que les membres du Parlement formaient toujours les deux tiers des juges. Cette juridiction fut abolie par un édit de février 1704, qui créait dans chaque Parlement une chambre souveraine des eaux et forêts; et un arrêt du conseil d'état, en date du 21 octobre de cette année, ordonna provisoirement que les appellations des maîtrises particulières des eaux et forêts du ressort de la table de marbre, auparavant établie près le Parlement de Metz, seraient portées devant les officiers de cette Cour et par eux jugées en dernier ressort.

Le Parlement, dont les intérêts pécuniaires se seraient trouvés froissés par la création des nouveaux officiers devant constituer la chambre des eaux et forêts, fit faire des démarches auprès de M. Desmaretz, contrôleur général des finances, afin de faire révoquer l'édit de février 1704.

Cette création d'une chambre des eaux et forêts avait principalement pour but d'obtenir de l'argent, en instituant des officiers qui devraient verser la finance de leurs charges dans les caisses de l'État; car *le roi avait besoin de secours extraordinaires*, comme disait le ministre Chamillart dans une lettre adressée au Parlement. La Cour traita en conséquence avec les ministres et elle obtint la révocation de l'édit de 1704, en s'engageant à prendre 60 mille livres d'*augmentation de gages*, plus 2 sols pour livre. Cette augmentation de gages était une mesure inventée pour tirer de l'argent des pourvus d'offices. Ils étaient obligés de verser une certaine somme dans le trésor de l'État, et on leur en payait la rente à un taux plus ou moins élevé selon les circonstances ; l'intérêt qu'on leur payait s'appelait une *augmentation de gages*. On poussait même quelquefois l'usage de cette mesure financière, jusqu'à autoriser des individus qui n'étaient pourvus d'aucun office, à obtenir des augmentations de gages. En réalité, ce mot n'était employé que pour dissimuler un emprunt forcé fait aux fonctionnaires de l'État, ou un emprunt volontaire fait à des capitalistes, que de gros intérêts alléchaient.

Moyennant ce sacrifice considérable de 60 mille livres, plus 2 sols pour livre, le Parlement obtint un édit de février 1705, qui rétablit la table de marbre et fut enregistré le 31 mars suivant ; il obtint en outre une augmentation de gages de 3333 livres 6 sols 8 deniers, qui était à distribuer parmi les officiers du Parlement.

La table de marbre, pour les affaires à l'ordinaire, était présidée par le grand-maître enquêteur et général réformateur des eaux et forêts de France, au département de Metz et frontières de Champagne, et capitaine général des chasses de ce département. Cet officier devait être reçu par le Parlement, qui faisait procéder ensuite à son installation à la table de marbre avec beaucoup de solennité. Quand, en 1733, messire Edmond de Coulon, seigneur de la Grange-aux-Bois, fut reçu comme grand-maître des eaux et forêts, il fut, après avoir prêté serment devant la Cour, conduit par le conseiller d'Engelgen dans la chambre de la table de marbre. Le président à mortier Piere d'Augny et sept des plus anciens conseillers de la grande chambre s'y trouvaient déjà ; ils procédèrent à l'installation de messire Edmond de Coulon, qui alla prendre place au haut du banc à main gauche, en face du doyen des conseillers de la chambre.

La table de marbre n'a été supprimée qu'avec le Parlement lui-même.

Dans tous les Parlements, il y avait une chambre des requêtes du palais, dont les attributions étaient de juger en premier ressort certaines causes privilégiées.

Cette chambre se composait, au Parlement de Metz, d'un président à mortier et de six conseillers, que la compagnie désignait au commencement de chaque semestre, afin de tenir ce que l'on appelait les requêtes du palais. Cet état de choses fut changé en 1694 ; un édit du mois de mars de cette année créa, au Parlement de Metz, une chambre des requêtes, composée d'un président, de six conseillers et d'un greffier, et investie de toutes les attributions accordées à la chambre des requêtes du Parlement de Paris. Un édit de novembre 1695 porta même à dix le nombre des conseillers de cette chambre.

Cette création d'une chambre particulière des requêtes fut malheureuse. Elle avait été faite moins dans l'intérêt public que dans le but de faire verser de l'argent au trésor par les nouveaux pourvus d'offices. Elle introduisit dans le sein du Parlement de grands sujets de jalousie et de discorde. Les anciens conseillers avaient vu avec peine une création d'officiers qui venaient leur enlever une partie de leurs émoluments, et ils refusèrent toujours de considérer Messieurs des requêtes comme jouissant des mêmes honneurs, droits et prérogatives que Messieurs des autres chambres.

Lorsque les chambres se rassemblaient dans la grande salle, la porte s'ouvrait à deux battants ; mais le Parlement ne faisait ouvrir qu'un battant pour la chambre des requêtes. Messieurs des requêtes firent vainement des réclamations. Le chancelier Daguesseau écrivait au Parlement le 31 octobre.

1740, « qu'il fallait laisser les choses dans l'état où elles se
» trouvaient et qu'il était bon qu'il y eût toujours des diffé-
» rences marquées entre les honneurs que l'on déférait aux
» officiers qui rendaient des arrêts et ceux qui ne pro-
» nonçaient que des sentences sujettes à l'appel. »

En 1742, une difficulté s'éleva entre deux conseillers pour la préséance. L'un, M. d'Engelgen, était plus ancien comme conseiller; l'autre, M. François-Nicolas d'Auburtin de Cheny, était plus ancien comme membre de la compagnie, ayant été, avant la réception de M. d'Engelgen, déjà conseiller-commissaire aux requêtes. Par sa délibération du 6 septembre 1742, le Parlement décida que son règlement du 9 février 1699 continuerait à être exécuté et que M. d'Engelgen, en l'absence du doyen, aurait la préséance en toutes cérémonies sur M. d'Auburtin.

La chambre des requêtes donna lieu encore, en 1762, à des discussions dans le sein du Parlement. Elle voulait que ses membres fussent considérés comme les égaux des membres des autres chambres, qu'ils pussent concourir à toutes les délibérations pour les affaires publiques concernant le corps du Parlement; on leur avait refusé l'entrée de la chambre du conseil dans une réunion où le procureur général devait donner ses conclusions sur les constitutions de la société de Jésus. Ces difficultés ne cessèrent qu'avec la suppression du Parlement lui-même en 1771.

En 1691, le ressort du Parlement de Metz était considérable, il comprenait Metz, Toul, Verdun, Longwy, Epinal et leurs dépendances, ainsi que les prévôtés de la Lorraine et du Barrois et le Luxembourg. D'un autre côté, la compétence de la Cour s'était singulièrement accrue comme chambre des comptes; les receveurs généraux et les receveurs particuliers des finances de la généralité de Metz, créés par un édit du mois de mai 1686, le receveur général des domaines créé par l'édit d'avril 1685 et les fermiers des gabelles de la Lorraine étaient obligés de compter devant le Parlement, ce qui avait beaucoup augmenté le pouvoir et les émoluments de ses officiers. Les chambres des comptes de Bar et de Nancy ne subsistaient plus et le roi avait été porté à établir une chambre des comptes particulière dans la ville de Metz pour la généralité. Mais sa majesté prenant en considération les services rendus par le Parlement, se contenta d'augmenter le nombre de ses officiers. Par un édit du mois de mai 1694, le roi créa deux présidents à mortier, quatre conseillers, deux conseillers correcteurs des comptes, deux conseillers auditeurs, un contrôleur des restes, un garde des livres et quatre huissiers.

Cette création d'officiers procura au trésor royal une somme de 304,000 livres. La création de la chambre des requêtes avait rapporté 357,000 livres. La création de nouveaux offices était, comme il a déjà été dit, un moyen de battre monnaie. C'est ainsi que cette même année 1694, on créa pour le Parlement une charge de *commis à la peau* ; tous les extraits des arrêts du Parlement étaient rédigés sur parchemin.

Le Parlement de Metz a toujours eu pour premiers présidents des magistrats distingués. Anthoine de Bretagne, qui procéda à l'établissement du Parlement, avait pendant sept ans environ dirigé avec vigueur la compagnie. Son fils Claude l'avait remplacé dans des temps difficiles, et pendant trente ans il fut, par son dévouement et son énergie, le guide et le modèle de sa compagnie. M. Ravot, homme d'un grand mérite, n'occupa que peu de temps le fauteuil de la première présidence et fut remplacé par M. Thomas de Bragelongne qui, par ses talents et ses vertus, était digne de porter un nom depuis longtemps illustre dans la robe. En 1681, M. de Guillaume de Sève vint remplacer Thomas de Bragelongne, décédé dans l'exercice de ses fonctions; il fut appelé en même temps à présider la chambre royale ou de réunion. Roland Ravaulx, procureur général de cette chambre, a, dans une lettre datée du 9 juillet 1681, rendu compte en ces termes de l'arrivée de M. de Sève à Metz :

« Samedy, M. de Sève ayant esté rencontré à une lieue
» de Malatour par MM. Le Roy, Bazin et de Givry, ha-
» rangué à Moulins par les députez du bailliage, est entré
» en cette ville au bruit de douze pièces de canon et des
» tambours, les soldats estant sous les armes, suivy d'une
» vingtaine de carrosses remplis des plus honnestes gens
» de la ville. Le mesme jour et les suivans, il a esté ha-
» rangué par tous les chapitres et corps de la ville; lundy il
» a esté receu au Parlement et a tenu la grande audience;
» le mesme jour sa commission a esté registrée à la chambre
» royalle et ensuite il y a receu les hommages de huit
» vassaux. »

Pendant douze ans, Guillaume de Sève a présidé le Parlement de Metz, et de tous les premiers présidents de la Cour, il est celui qui a été investi de la plus grande autorité. Il ne fut pas seulement le chef d'un corps puissant de judicature, mais il fut encore le président de cette chambre royale qui s'attribuait un pouvoir politique sans bornes, et après la suppression de cette chambre, il cumula avec ses fonctions de premier président celles d'intendant du département de Metz. Ce département se composait alors des évêchés de Metz et de Verdun, de quelques prévôtés de Lorraine et du pays de Luxembourg; il s'augmenta sous l'administration même de M. de Sève de quelques portions du pays du côté de la Meuse.

Guillaume de Sève était à la fois le chef de l'autorité judiciaire et de l'autorité administrative, quand la mort vint le frapper.

Anne Leclerc de Lesseville, femme de M. de Sève, mourut inopinément à Metz, le mardi 10 avril 1693, vers dix heures du soir. Le lendemain, la Cour rassemblée apprit en même temps que Madame la première présidente était morte et que M. le premier président était gravement malade; un président à mortier et six conseillers furent députés pour aller témoigner à M. de Sève la peine que la compagnie éprouvait de la perte qu'il avait faite et de l'indisposition dont il était atteint. Le premier président était si souffrant, qu'il ne put recevoir la députation ; le 13 avril, il avait cessé de vivre.

Le Parlement se réunit aussitôt et ordonna que le scellé serait incessamment apposé dans l'hôtel du défunt, sur les papiers concernant les affaires du roi, et en outre, à cause de l'absence des enfants, sur les effets de la succession : les conseillers Millotet et Savary furent chargés de ce double soin.

Le président de Bretagne fut prié d'annoncer la mort du premier président au chancelier et à MM. de Pontchartrain et de Barbezieux ; les huissiers de la cour eurent ordre d'aller dans toutes les paroisses, dans tous les couvents et dans tous les monastères, avertir de faire sonner et prier pour le repos de l'âme du premier président.

Dans la matinée du 14 avril, le Parlement en robes noires alla jeter de l'eau bénite sur le corps du premier président, qui reposait sur un lit de parade dans une salle basse de son hôtel. Le corps était revêtu de la robe d'écarlate ; le mortier du premier président et l'épée de l'intendant étaient de chaque côté.

L'enterrement eut lieu le même jour à cinq heures du soir. Le Parlement en corps se rendit à pied à l'hôtel du premier président, jeta de nouveau de l'eau bénite sur le corps et fit les prières accoutumées. La pompe funèbre se mit alors en marche ; le cortége était nombreux et digne du magistrat qu'on venait de perdre. M. Claude de Saint-Simon de Montbleru et les conseillers Legras et Richer conduisaient le deuil.

Après que le corps eut été présenté à l'église de Saint-Simplice, paroisse du défunt, le cortége se rendit à la cathédrale. Le doyen et les chanoines du chapitre vinrent recevoir le corps qui fut déposé au milieu de la nef, sur un reposoir environné de flambeaux aux armes du défunt.

Après les prières, le corps fut inhumé dans la chapelle Saint-Nicolas dans la tombe où la femme du premier président avait été déposée quelques jours auparavant.

Le 4 mai suivant, un service funèbre fut célébré pour Guillaume de Sève, dans cette même chapelle. M. l'évêque d'Arras, frère du défunt, l'abbé de Sève, l'un de ses fils, tout l'état-major de la place de Metz et le Parlement en corps y assistèrent, et l'oraison funèbre du magistrat y fut prononcée.

A cette époque, l'inhumation dans la cathédrale n'était accordée qu'à des hommes éminents par leurs vertus et par leurs services; personne n'était plus digne de cet honneur que Guillaume de Sève.

M. Turgot, qui lui a succédé comme intendant de la généralité de Metz, a, dans le rapport qu'il adressait au roi en 1699, parlé ainsi de son prédécesseur :

« C'était un digne magistrat, plein de douceur et de
» modération, et d'une patience propre à conduire les esprits.

» Il avait été longtemps intendant à Bordeaux dans les temps
» difficiles de cette ville et y avait servi très-utilement; il
» revint au conseil et n'y resta pas longtemps. Il fut envoyé
» à Metz premier président, en 1681 et joignit cet employ
» à celui d'intendant dans le temps que l'un et l'autre étaient
» les plus brillants, pendant que le Parlement avait toute
» la Lorraine et le Luxembourg et pendant que la guerre
» fournissait le plus de mouvement sur la frontière. Et ce
» concours de gens de différents états dont il était comme
» le modérateur, et ce partage d'affaires de justice et de
» son employ donnaient un relief à toutes ses rares qua-
» lités et à une noble modestie et douceur qui ne le quittait
» jamais dans les momens les plus pressans et par laquelle
» il venait à bout de tout. Il mourut regretté de tous les
» honnêtes gens, sa mort retentit partout et sa mémoire
» sera longtemps en vénération dans ce pays. »

CHAPITRE IX.

Paix de Riswick. Augmentation des gages du Parlement.
Édit de 1686 sur les armoiries. Le curé d'Avioth.
Assemblées générales de police. Disette de 1709. Édits contre les duels.
Chasse réservée du gouverneur de la province.
Mort de Louis XIV. Timbre des papiers et des parchemins. Conclusion.

Louis XIV, en signant le traité de Riswick, avait sacrifié les intérêts de la France à la malheureuse ambition de placer son petit-fils sur le trône d'Espagne. Les fruits d'une politique suivie depuis soixante ans, pour s'avancer davantage vers le Rhin, furent perdus. Tout ce que le Parlement de Metz avait fait, soit par lui-même comme Cour souveraine, soit par ses membres quand ils composèrent le conseil souverain de Nancy et la fameuse chambre de réunion, afin d'assurer la domination française sur le Luxembourg; les pays de la Sarre et la Lorraine, tout fut rendu inutile. Le Parlement eut la douleur de voir non-seulement que ses efforts restaient sans résultat, mais encore qu'on lui enlevait sans compensation aucune, des territoires depuis longtemps soumis à sa juridiction. Par le traité de Riswick, le Parlement perdit le duché de Luxembourg, les pays de la Sarre et la Lorraine tout entière. Il ne lui resta que les bailliages et les siéges présidiaux de Metz, Toul, Verdun, Sedan et Sarrelouis; les bailliages royaux de Thionville, Longwy, Mouzon et Mohon; les bailliages seigneuriaux de Vic et de Carignan; les prévôtés royales de Sierck, Sarrebourg et Phalsbourg, et les prévôtés bailliagères de Château-Regnault, Chauvancy, Damvillers, Montmédy et Marville. Enfin les maîtrises particulières des eaux et forêts dépendant de sa juridiction se bornèrent à celles de Metz, Vic, Sedan, Thionville, Château-Regnault et Phalsbourg.

Ce fut sans doute avec un profond sentiment de tristesse dans le cœur que les membres du Parlement assistèrent en corps, le dimanche 22 décembre 1697, au *Te Deum* qui fut chanté dans la cathédrale pour la conclusion de la malencontreuse paix de Riswick.

Une quantité de procès entre des sujets du duc de Lorraine étaient pendants au Parlement de Metz. Une lettre que M. de Barbezieux, secrétaire d'état, écrivit à la Cour sous la date du 14 janvier 1698, lui enjoignit de suspendre le jugement de toutes ces affaires. La Lorraine venait encore une fois d'échapper à la domination française.

Des sentiments lorrains et par conséquent hostiles à la France, se réveillèrent même dans certaines parties des Trois-Évêchés. Un avocat de Sarrelouis, nommé Perrin, donna publiquement au duc de Lorraine le titre d'altesse royale. M. de Choisy, gouverneur de Sarrelouis, fit mettre en prison cet avocat. Le Parlement instruit du fait, chargea M. de La Porte, son premier président, d'écrire au gouverneur pour lui remontrer qu'il avait entrepris sur les droits de la Cour, et le pria d'écrire également à Maître Perrin, *pour lui marquer ce qui était de son devoir.* La délibération du Parlement sur cet objet est en date du 1er octobre 1699. Des habitants du village d'Aulnoy avaient fait acte de rébellion contre un huissier de la Cour. Le Parlement, par arrêt du 8 juin 1698, ajourna les auteurs de la rébellion et, confirmant les arrêts des années 1634 et suivantes, fit de nouveau défense aux habitants des terres de Nomeny et de Saint-Avold de reconnaître d'autre souverain que le roi de France. M. de Barbezieux, secrétaire d'état, écrivit au Parlement que le roi approuvait sa conduite et lui recommandait de tenir la main à l'exécution de son arrêt.

La Cour, malgré la diminution de son ressort et de ses émoluments, fut bientôt obligée de faire encore de grands sacrifices. Louis XIV avait des besoins d'argent incessants. Son contrôleur général des finances, Desmaretz, avait eu recours à l'impôt connu sous le nom d'augmentation de gages, et voulait forcer le Parlement à en prendre pour des sommes considérables. La Cour ne voulut fournir que 150 mille livres qu'elle eut même beaucoup de peine à se procurer par des emprunts coûteux; on voit, par ses délibérations du 9 décembre 1702 et du 14 février 1703, qu'elle n'obtint cette somme de plusieurs personnes qu'en en payant la rente au denier 18, et en autorisant le greffier en chef, chargé de négocier les emprunts, à recevoir les espèces sur le pied qu'elles avaient au mois de décembre 1702, ce qui était pour les prêteurs un avantage de deux sols par écu, et de cinq sols par pistole.

Parmi les moyens inventés pour faire arriver de l'argent dans les caisses du trésor royal, il faut citer l'édit de novembre 1686, portant création d'une grande maîtrise et de maîtrises particulières, composées d'officiers, pour connaître des différends et des contestations relatives aux armoiries et aux blasons. Cet édit, qui obligeait tous ceux qui avaient des armoiries à les faire vérifier et à payer pour cette vérification des droits fixés par un tarif, fut enregistré au Parlement de Metz le 28 décembre de la même année. Cet édit devait produire de l'argent, non-seulement par le versement au trésor du prix des offices créés, mais encore par le paiement des droits imposés sur la vanité personnelle. Si cette mesure n'avait eu pour but que d'empêcher beaucoup d'individus de prendre des qualités à l'aide desquelles ils s'affranchissaient des charges publiques, et si elle n'avait pas été purement fiscale, on n'aurait pu qu'y applaudir, car le mal devait être grand à cette époque, puisque déjà douze ans auparavant le procureur général Christophe Cadeau l'avait signalé dans un réquisitoire ainsi conçu :

« MESSIEURS DE PARLEMENT,

« Remonstre le procureur général du roy qu'il a eu
» diverses plaintes que plusieurs particuliers dans l'étendue
» du ressort de la Cour, abusans de la négligence de ses
» substituts, usurpent des qualités et des marques d'honneur
» qui ne leur sont pas deues. Plusieurs personnes, quoique
» simples gentilshommes prenans tiltre de haults et puis-
» sans seigneurs et de chevalliers, chargent l'écusson de
» leurs armes de couronnes de baron, de comte et de mar-
» quis, qu'ils exposent en peintures ou de relief dans des
» lieux publicqs, soit dans des églises, sur le frontispice de
» leurs maisons, derrière leur carrosse et aux endroits de la

» sorte, ce qui fait une confusion et porte un notable pré-
» judice aux personnes véritablement qualifiées, ne pouvans
» se distinguer des usurpateurs, ce qui les engage à des
» discussions entre eux, à des contestations sur le rang et
» la préséance et faict la source d'une infinité de querelles
» et de desmeslez; que d'autres personnes quoique de
» condition roturière usurpent pareillement la qualité d'é-
» cuyers et de gentilhommes, portent sur leurs armes le
» timbre tarré de front; s'attribuent les privilèges et exemp-
» tions accordés aux véritables gentilhommes: ce qui est
» très-préjudiciable au publicq et retombe à la foulle du
» peuple qui supporte d'autant plus les charges qu'il y a de
» personnes qui s'en exemptent. Et comme cela se faict au
» préjudice des ordonnances royaux, faict tort à la véri-
» table noblesse et faict un désordre général dans toute la
» province; à quoi il est très important de remédier. Ce
» considéré, Messieurs, il vous plaise permettre au remons-
» trant de faire assigner en la Cour ceux qui prennent les
» dites qualités et les dites marques d'honneur, etc., etc. »

L'édit de 1686, qui devait parer à tous ces maux, ne fut pas d'une facile exécution. Comme il avait été conçu et qu'il était exécuté dans un but purement fiscal, plus d'un arrêt du conseil d'état condamna à l'amende des marchands, des bourgeois et même des chanoines pour ne pas avoir fait enregistrer des armoiries qu'ils prétendaient ne pas avoir le droit de prendre. On leur disait qu'ils étaient de qualité à prendre des armoiries, ou qu'ils étaient domiciliés dans une ville franche et que par conséquent ils avaient le droit d'en avoir, ou enfin même que leurs proches parents avaient fait vérifier leurs blasons.

Un arrêt du conseil d'état du 26 mars 1697, ordonna

même la saisie et la confiscation des carrosses, vaisselle, sceaux, cachets et autres meubles sur lesquels se trouveraient des armes non enregistrées.

L'intendant Turgot, qui était chargé de l'exécution de cet édit dans la province des Trois-Évêchés, dut aussi éprouver des difficultés, si l'on en juge par le peu d'empressement que les femmes des membres du Parlement mirent à s'y conformer. Cet intendant fit connaître à la Cour qu'il avait des ordres du ministre de presser le payement des 23 livres 10 sols au traitant des armoiries pour celles des *dames épouses de Messieurs*, qui ne les avaient pas encore payés; le Parlement ordonna, par son arrêté du 5 septembre 1698, que le payeur des gages solderait pour elles et retiendrait les 23 livres 10 sols sur les gages de leurs maris.

Vers cette époque les habitants du village d'Avioth, gouvernement et prévôté de Montmédy, étaient en guerre ouverte avec Louis Gérard, leur curé depuis douze ans. Ils l'avaient dénoncé à l'archevêque de Trèves dont le diocèse comprenait la commune d'Avioth et ils avaient cherché à faire tomber sur sa tête les foudres diocésaines.

Louis Gérard, fatigué sans doute de ces tracasseries, avait résigné son bénéfice à un autre prêtre et avait été se fixer comme curé à Issurtille en Bourgogne. Ses ennemis ne le laissèrent pas tranquille, et le coadjuteur de l'archevêché de Trèves cédant à leurs clameurs, somma Louis Gérard de revenir à son bénéfice d'Avioth pour y résider en personne. Louis Gérard n'ayant pas obéi, son évêque fit jeter un devolu sur son casuel et déclarer par sentence de son official que cette cure était vacante; un nommé Pierre Gobert fut investi du bénéfice. Louis Gérard s'étant pourvu alors au Parlement de Metz contre la sentence dont il était frappé, la Cour cassa les provisions de ce Pierre Gobert et Louis Gérard fut remis en possession de son bénéfice d'Avioth.

Des accusations tellement graves furent ensuite portées contre le curé de ce village, que, sur les réquisitions du procureur général de Corbéron, le Parlement de Metz ordonna, en 1693, qu'il serait informé de la vie et des mœurs de cet ecclésiastique.

En 1696, le coadjuteur de l'archevêché de Trèves, étant *in cursu visitationis*, rendit une ordonnance, par laquelle il était enjoint à Louis Gérard de se rendre dans sa paroisse d'Avioth et il lui était accordé quinze jours pour tout délai. Louis Gérard n'ayant pas obtempéré à l'ordre de l'évêque, ce prélat informa contre lui, le déclara fugitif et ordonna qu'il serait appréhendé au corps.

Le prêtre condamné interjeta deux appels contre cette sentence, l'un au Parlement de Metz comme d'abus et l'autre à la Cour de Rome. Il obtint alors du pape un bref en date du 30 août 1696, qui commit les évêques de Metz, Toul et Verdun, leurs officiaux, ou l'un d'eux, pour connaître de la sentence rendue par l'official de Trèves.

Cette contestation entre le curé d'un village et ses paroissiens donna lieu à de longues procédures, parmi lesquelles il faut compter un arrêt qui déclarait nuls des actes faits par l'official et le promoteur de l'officialité de Trèves, attendu qu'ils étaient étrangers.

Les habitants d'Avioth firent imprimer et répandre un écrit ayant pour titre : « *Copie d'une requête présentée par les maire,*
» *justice et communauté d'Avioth, contre Louis Gérard leur*
» *curé, et d'un mémoire joint à ladite requête, contenant une*
» *partie de ses vie et mœurs et vie déréglée et scandaleuse,*
» *prouvée par cinq grandes informations faites contre luy.* »

Les accusations les plus horribles étaient portées contre ce pauvre curé et il faut savoir avec quelle facilité et liberté il était possible de faire imprimer ce qui pouvait être considéré comme pièces de procédure, pour comprendre qu'on eût laissé publier un semblable libelle.

Louis Gérard tint tête à ses accusateurs; il se pourvut au grand conseil contre toutes les sentences dont il était accablé et y fit assigner le maire et la communauté d'Avioth. Ceux-ci comparurent, mais ce fut pour déclarer que les habitants du village qui avaient poursuivi le curé, n'étaient que de simples particuliers et que toutes les accusations portées contre lui étaient diffamatoires. Maître Louis Gérard, bachelier en théologie, prêtre curé d'Avioth, premier chapelain, fabricien et administrateur de l'église et de la fabrique dudit Avioth, obtint un triomphe complet : un arrêt du grand conseil du roi rendu en forme de règlement, sous la date du 21 mai 1697, rétablit Louis Gérard dans sa cure et le vengea de tous ses calomniateurs.

Le Parlement exerçait une grande autorité dans la cité et dans la banlieue par le pouvoir qu'il avait de faire les ordonnances de police générale, qui étaient élaborées d'abord par des commissaires de la Cour et par les officiers du bailliage et de l'hôtel-de-ville de Metz, et qui étaient ensuite sanctionnées par le Parlement lui-même.

En 1707, il se tint au mois de décembre une assemblée générale de police ; il en fut rédigé un procès-verbal dont voici le préambule :

« Ce jour en l'assemblée de police tenue en la chambre
» du conseil, où étoient aux siéges de MM. les présidents,
» Monsieur de la Porte, premier président, Monsieur de
» Navarre, président ; aux hauts bouts des bancs des conseil-

» lers, Messieurs Le Duchat de Hay, Jobal de Vilé, Lefebvre,
» de Charly, Le Duchat d'Ouderne, L. Jeoffroy, Regnier et
» Collignon, conseillers ; et aux bouts bas des mêmes bancs,
» en celuy du côté de l'évêché, les officiers du bailliage et
» de la police, maîtres Pantaléon, lieutenant-général, Mi-
» chelet, lieutenant particulier, Evrard, conseiller-avocat du
» roi, Lançon, Hollande, Gillot, conseillers et la Fontenelle,
» conseiller commis au siége de la police ; et celuy du côté
» de la cheminée au bout bas, les officiers de l'hôtel-de-
» ville, sçavoir maîtres d'Auburtin, maître-échevin alternatif,
» Laneuvelote, Fetiq, Picquart, Le Dosseur, conseillers
» échevins et Guichard, receveur charitable de l'hôpital :
» et au banc du bureau, Monsieur le Goullon de Champel,
» procureur général, ayant à sa droite M. Aubry, procureur
» du roi du bailliage et de la police, et à sa gauche, maître
» Georgin, procureur du roi de la ville. »

Cette ordonnance, comprenant trente-neuf articles, confirmait les règlements de police rendus antérieurement. Elle
prescrivait des mesures pour l'approvisionnement et la police
du marché au blé, ainsi que pour la taxe du pain et la fourniture des étaux des boulangers. Elle défendait sévèrement
aux vendeurs de café, de ratafia et d'autres liqueurs, de
donner à jouer aux cartes et aux dés, à quelque heure que
ce soit. Il était interdit à toutes personnes de quelque sexe,
qualité ou condition qu'elles fussent, de jouer ou de donner
à jouer aux jeux de pharaon, de barbacolle, de la bassette
ou de pour et contre. Des mesures rigoureuses étaient prises
contre le vagabondage et la mendicité, et les maires et
gens de justice des villages étaient obligés de faire travailler
à la réparation des chemins royaux et vicinaux. Enfin les
revendeuses ne pouvaient ni acheter, ni vendre, ni étaler

aucunes denrées que sous certaines conditions, et elles ne pouvaient se livrer à leur trafic qu'en portant au-dessus de leurs vêtements un corsage et des manches de couleur verte.

Cette ordonnance, du 12 décembre 1707, fut rendue exécutoire par le Parlement de Metz, chambres et semestres assemblés, le 16 janvier suivant. C'est ainsi que la Cour exerça toujours une grande influence sur l'administration intérieure de la cité.

Le Parlement, à toutes les époques, s'était beaucoup préoccupé de ce qui pouvait assurer la subsistance du peuple. Le 27 mai 1698, le procureur général de Corberon étant entré dans la chambre du conseil, remontra que l'on faisait des levées très-considérables de blés dans la ville de Metz et dans le pays messin, et que la veille plus de soixante chariots chargés de blés, avaient quitté Metz pour le pays de Liège et pour le Luxembourg, ce qui pouvait compromettre la subsistance des habitants de la ville. Un arrêt fut rendu le jour même pour empêcher l'exportation des blés et convoquer une assemblée générale de police.

Le juge des traites foraines et son substitut avaient aussi rendu une ordonnance pour interdire l'exportation des grains. Le Parlement, par son arrêt du 6 juin suivant, cassa et annula cette ordonnance, manda les officiers devant lui et ordonna qu'ils seraient réprimandés. La bonne intention qui les avait dirigés ne couvrit pas, aux yeux de la Cour, l'excès de pouvoir qu'ils avaient commis.

Au mois de décembre, la cherté des blés étant encore devenue plus grande, la sollicitude du Parlement fut éveillée, et il ordonna une nouvelle assemblée générale de police pour aviser aux moyens nécessités par les circonstances. Il ordonna provisoirement, sous le bon plaisir du roi, que les pauvres resteraient dans leurs paroisses, que les hôpitaux seraient ouverts aux incurables, qu'un rôle général des pauvres serait fait et que des cotisations auraient lieu pour le soulagement des indigents. Le Parlement joignant l'exemple au précepte, se cotisa à une somme de 4000 livres.

L'année suivante, le 5 octobre, MM. Lebachellez et Gillot, conseillers au bailliage, chargés de la police, ayant été mandés par le Parlement, furent introduits dans la chambre du conseil. Le premier président de La Porte, au nom de la Cour, leur reprocha les désordres qui avaient lieu sur le marché au blé de la ville, et leur ordonna de prendre des mesures pour arrêter le monopole des grains et empêcher la cherté des blés.

Le Parlement ayant fait aussi venir les mesureurs de grains, leur enjoignit de faire décharger les blés sur le marché, d'y remplir leurs devoirs et de ne pas laisser sortir les chariots du marché pour conduire les grains dans des greniers.

L'année calamiteuse de 1709 fut principalement pour le Parlement une occasion de montrer tout l'intérêt qu'il portait à la population. La Cour rendit plusieurs arrêts et convoqua des assemblées de police générale pour apporter du soulagement aux misères publiques. Elle favorisa surtout cette entreprise charitable organisée pour la fabrication d'un pain mêlé d'avoine, et qui avait reçu de nombreux secours de l'évêque Cambout du Coislin, dont le souvenir est généralement conservé avec respect et reconnaissance dans la ville de Metz.

En exécution d'une ordonnance de l'assemblée générale de police, tenue sous les auspices du Parlement, on fit chez tous les habitants de la ville un relevé des blés qu'ils avaient en leur possession. Pour favoriser l'entreprise de la fabrication du pain que l'on appelait *la faciende*, le Parlement ordonna par divers arrêts que plusieurs mille quartes de blé et d'avoine seraient livrées à cette entreprise, et que la répartition des quartes à livrer serait faite entre ceux qui possédaient au moins cent quartes de blé (la quarte de Metz vaut 150 litres).

Le prix à payer à ceux qui étaient forcés de livrer leurs grains à la faciende, fut ainsi fixé : pour cent livres pesant de blé, 12 livres ; pour cent livres pesant de méteil, 10 livres ; pour une quarte d'avoine, 3 livres.

La faciende devait livrer le pain de blé et d'avoine mélangés à vingt deniers la livre aux bourgeois, et à dix-huit deniers aux pauvres.

Le Parlement versa en son nom 3000 livres pour cette œuvre de charité.

Dans cette année malheureuse, le duc de Lorraine ne voyant que l'intérêt de ses sujets, rendit une ordonnance par laquelle les laboureurs et les artisans ne pourraient être poursuivis par leurs créanciers français au paiement des sommes qui excéderaient 214 livres 5 sols 7 deniers, jusqu'à la fête de saint Martin, 11 septembre 1710. Le Parlement de Metz, conformément à ce qu'il avait déjà décidé dans un cas semblable, le 3 septembre 1661, établit la réciprocité en faveur des sujets du roi de France qui se trouveraient débiteurs des Lorrains.

Les calamités publiques sont toujours exploitées par des fripons. Les distributions de pain faites aux pauvres avaient lieu au moyen de cartes signées par un conseiller au Parlement, un conseiller du bailliage et un échevin de la ville pour chaque paroisse. Un ancien maître d'école nommé Roch G...., fabriqua de fausses cartes où les signatures des trois magistrats étaient si bien contrefaites, qu'eux-mêmes s'y méprirent pendant plusieurs jours et qu'on eut bien de la peine à les distinguer des véritables. Le 17 février 1710, le Parlement indigné de ce vol fait aux pauvres de la paroisse Saint-Vincent, avait résolu que le procureur général demanderait l'évocation de cette affaire dont les officiers du bailliage avaient commencé l'instruction; mais par arrêt du 28 du même mois, il décida que le bailliage resterait saisi, sauf appel à la Cour.

La faciende avait une liquidation à faire ; elle fut réglée par des arrêts des 10, 21 et 25 août de cette année 1710.

Le règne de Louis XIV est remarquable par la sévérité des peines portées contre ceux qui se battaient en duel, et par la rigueur des poursuites que ce prince faisait diriger contre ceux qui contrevenaient à ses défenses. Son édit du mois de juin 1643 et sa déclaration du mois de mai 1644 furent confirmés par une déclaration du 13 mars 1646, par un édit du mois de septembre 1651, par une déclaration du mois de mai 1653, et par d'autres ordonnances parmi lesquelles on peut citer celle du 28 octobre 1711, qui adjugeait aux hôpitaux la totalité des biens des condamnés pour duel, sans que les juges pussent en attribuer aucune partie aux femmes ou aux enfants des coupables.

D'après la déclaration du 14 septembre 1679, le chancelier écrivit même au Parlement de Metz que le lieutenant criminel du bailliage de cette ville devait s'abstenir de connaître des duels commis dans l'enceinte ou dans les environs de la ville même ; l'instruction devait se faire directement par le Parlement.

Cette Cour eut souvent à s'occuper de cette sorte d'affaires. En 1649, elle avait fait informer contre des soldats qui, pendant leurs quartiers d'hiver dans la ville de Toul, s'étaient battus en duel, contrairement aux ordonnances du roi. Le 5 octobre 1679, sur une lettre de M. de Barbezieux, secrétaire d'état, en date du 28 septembre précédent, la Cour prit connaissance du combat arrivé dans la ville de Toul entre les sieurs de la Roche et d'Anglure.

Une lettre de cachet du roi, en date du 17 août 1682, enjoignit au Parlement d'informer sur une rencontre dans laquelle M. de Pontac, lieutenant des gardes françaises en garnison à Phalsbourg, avait été blessé par M. d'Hauterive, sous-lieutenant au même régiment.

La même année, un duel avait eu lieu près de Briey, sur le grand chemin de Metz, entre deux capitaines du régiment de cavalerie de Villeroy; l'un d'eux, le chevalier de Bellegarde, avait été tué par son adversaire le chevalier de Valogne. Le roi, par une lettre de cachet du 24 août, ordonna au Parlement de Metz d'informer sur ce fait.

Deux cadets de la compagnie de gentilshommes commandée par M. de Morton, s'étaient battus à Metz; ces deux jeunes officiers nommés Quesmin et Desblains, avaient eu « différend ensemble au sujet de leur famille. » Louis XIV, par une lettre de cachet du 9 février 1683, ordonna également au Parlement de poursuivre les délinquants.

Un duel terrible avait eu lieu à Verdun. Deux officiers du régiment de Touraine s'étaient battus à l'entrée de la nuit, sur les remparts de cette ville, derrière les Capucins. L'un d'eux percé de cinq ou six coups d'épée, avait été transporté dans un village du Barrois mouvant. Pour opérer son transport, il avait fallu obtenir l'ouverture des portes de la ville.

Le Parlement, instruit de ces faits, ordonna qu'il serait informé non-seulement sur les circonstances du duel, mais encore sur la connivence du substitut du procureur général et des officiers du bailliage de Verdun, qui avaient gardé le silence sur ce crime public. Par arrêt du 4 juin 1715, le conseiller Jean Le Duchat d'Ouderne fut commis par la Cour pour faire l'information sur les lieux.

Les deux officiers furent arrêtés, détenus à la conciergerie du palais et jugés le 24 janvier 1716.

La conduite des officiers qui avaient assisté au duel ou favorisé le transport du blessé, fut trouvée repréhensible. Le major de la place de Verdun et trois officiers de la garnison furent mandés devant le Parlement ; ils comparurent le 11 décembre de cette année, et quand ils furent placés derrière le bureau, le premier président de La Porte leur dit d'être plus circonspects à l'avenir.

Les officiers suisses, par suite de leurs capitulations, n'étaient pas soumis à la juridiction des juges royaux dans le cas même de duel ; car deux officiers de cette nation s'étant battus à Thionville, le Parlement voulut informer, mais le chancelier Daguesseau fit connaître aux magistrats, par sa lettre du 6 septembre 1730, que les officiers suisses jouissaient du privilége d'être jugés par leur corps, même en matière de duel.

Le Parlement ne se saisissait que des affaires graves et laissait aux juridictions inférieures le soin de connaître des faits de duel si fréquents entre les soldats. La procédure était suivie rigoureusement alors contre ceux qui avaient succombé.

Le 4 mai 1701, un duel venait d'avoir lieu dans une vigne entre la ville de Toul et le village de Foug, près d'un endroit appelé Croix-Saint-Esprit. Un archer de la maréchaussée voyant plusieurs femmes courir vers cette vigne, y alla aussi ; il trouva un cadavre et vit un homme se sauver, tenant à la main une épée dont il avait perdu le fourreau. L'archer s'empressa de sauter sur son cheval qu'il avait laissé paître près de la route, emprunta un pistolet à un bourgeois qui passait et se mit à la poursuite du fuyard ; il l'arrêta bientôt, le ramena à Toul et le remit entre les mains du prévôt. C'était un nommé Ruffin, dit Rocroi, soldat au régiment de Piémont, qui avait, afin de pouvoir se battre, remis à un camarade son havresac, son fusil et un congé qu'il avait obtenu pour se rendre avec ce camarade à Joinville ; il fut déposé dans la geôle du bailliage.

Le lendemain, Rocroi fut confronté avec le cadavre, mais il nia être l'auteur de ce meurtre, quoique les médecins eussent constaté que le soldat tué avait reçu dans la poitrine un coup d'épée qui avait divisé l'artère pulmonaire et occasionné la mort.

Il fallut alors interroger le soldat tué, et pour cela on nomma curateur au cadavre maître Mathias Vanesson, procureur au bailliage. Voici textuellement l'interrogatoire qu'il subit, le 6 mai :

« Interrogé sy ledit soldat n'a pas été tué en duel et par
» qui.

« A répondu qu'il n'a pas été tué en duel et ne sçait
» qui l'a tué.

« Interrogé sy ce ne fut pas le soldat tué qui fist l'appel.

« A répondu que non.

« Interrogé sy ce même soldat n'a pas eu querelle avec
» son camarade.

« A répondu que non.

« Interrogé depuis quel temps il estoit dans cette ville et s'il
» n'est pas vray qu'il estoit un querelleur et un grand bretteur.
« A répondu qu'il arriva en cette ville à ce qu'il croit
» avec les compagnies qui y séjournèrent le quatrième du
» courant et qu'il n'estoit ni querelleur ni bretteur. »

Après cet interrogatoire, on procéda à une audition de témoins qui furent recolés et confrontés, et il fut reconnu que les deux soldats s'étaient battus d'abord avec des échalats et ensuite avec leurs épées, et que le soldat tué avait été le provocateur. Le bailliage qui s'était saisi de l'affaire, ordonna qu'il serait plus amplement informé contre Ruffin, dit Rocroi, et cependant lui donna mainlevée de sa personne à sa caution juratoire de se représenter quand il en serait requis, et lui ordonna de rejoindre sa compagnie, à peine d'être procédé contre lui comme déserteur.

Quant au soldat tué, il fut déclaré convaincu d'avoir contrevenu aux édits sur les duels. Son cadavre fut remis entre les mains de l'exécuteur de la haute justice, traîné sur la claie par tous les carrefours de la ville de Toul et ensuite conduit au signe patibulaire où il fut pendu par les pieds; ses biens furent en outre déclarés acquis et confisqués au roi.

M. le marquis de Varennes, lieutenant général des armées du roi, commandant dans la province des Trois-Évêchés, avait, en 1705, rendu sur la chasse et le port-d'armes des ordonnances qui portaient atteinte à l'autorité du Parlement et aux plaisirs des membres de la Cour. Le marquis de Varennes s'était attribué le droit de prononcer des amendes, avait défendu à toutes personnes indistinctement de sortir des portes de Metz avec des chiens et des fusils, et il avait donné une plus grande étendue à la réserve faite de tout temps pour les chasses des officiers de l'état-major.

Au mois de novembre de cette année, les conseillers Maguin et Hordal du Lys voulurent sortir par la porte Mazelle avec leurs chiens et leurs fusils, mais ils en furent empêchés par l'officier de garde. Ils en portèrent plainte au Parlement qui, le 7 décembre suivant, chambres et semestres assemblés, ordonna que des mémoires seraient adressés au marquis de Varennes pour qu'il eût à excepter de ses ordonnances les membres de la Cour, et qu'il réduisît l'étendue des plaisirs de sa chasse aux limites qu'elle avait auparavant. M. de Varennes n'ayant pas fait droit à ces justes réclamations, le Parlement fit écrire, le 19 janvier 1704, au chancelier et à M. de Chamillart.

La réserve dont jouissaient les gouverneurs militaires, formait ce que l'on appelait les plaisirs du roi pour la chasse au pays messin. Elle avait toujours été renfermée entre les rivières de la Moselle et de la Seille, du côté de la porte Saint-Thiébault, et elle s'étendait jusqu'au pont de bois appelé la Latte-de-Marly, au bois Saint-Jean du territoire d'Augny et au bac de Jouy. En chacun de ces endroits était planté un poteau avec un placard portant défense de chasser. Cet état de chose existait depuis 1583, époque à laquelle M. le duc d'Epernon était gouverneur, et il n'y avait été rien changé par ses successeurs, le duc et le cardinal de La Valette.

M. de Lambert s'était contenté de ces limites pendant le temps de son gouvernement, et le maréchal de Schomberg lui-même, qui était fort jaloux de la chasse, s'était trouvé satisfait de sa réserve pendant les douze années qu'il commanda au pays messin. Le maréchal et le duc de La Ferté n'avaient pas été plus exigeants que leurs prédécesseurs.

C'est seulement vers 1699 que M. de Belloy, lieutenant

de roi de la ville de Metz, voulut apporter un changement à l'ancien état des choses, en rendant une ordonnance qui reculait les bornes de la réserve ordinaire. M. de Belloy n'avait pas qualité pour rendre une ordonnance sur les chasses; cette ordonnance du reste était contraire à l'usage suivi depuis longues années ; elle ne reçut pas d'exécution.

En 1701, M. de Belloy renouvela ses tentatives en se servant de l'autorité du comte de Bissy, commandant de la province. Il profita de ce que le vieux gouverneur ne prenait presque plus connaissance des affaires, pour lui faire étendre les plaisirs et les réserves de la chasse de l'état-major quatre ou cinq fois plus qu'ils ne comprenaient de terrain auparavant.

Cette ordonnance arrachée à la faiblesse de M. de Bissy, fut renouvelée par M. de Varennes, qui se réserva ainsi les deux tiers du pays messin, sous le prétexte qu'il ne fallait pas interrompre les plaisirs du duc de Lorraine, et que pour la conservation de ces plaisirs, il était nécessaire de porter les réserves de l'état-major jusqu'aux terres de Lorraine elle-même. Ce n'était vraiment qu'un prétexte, car le duc de Lorraine avait fait publier qu'il ne se réservait la chasse que dans une circonférence de deux lieues autour de Pont-à-Mousson, et qu'il permettait à ses sujets de chasser dans les lieux qui étaient entre ses plaisirs de ce côté là et le pays messin. Il n'y avait donc aucun inconvénient à ce que l'on pût aussi chasser librement entre les limites de la chasse réservée à l'état-major et les terres de Lorraine.

Le marquis de Varennes, pour parer à cette objection, avait envoyé son secrétaire au duc de Lorraine et obtenu une lettre dans laquelle ce prince exprimait le désir de se réserver la chasse jusqu'aux terres du pays messin.

Le Parlement tenait fort peu à ce que la partie comprise entre la réserve de l'état-major et les terres de Lorraine ne fût pas réunie à la chasse du gouverneur. La Cour lui avait fait proposer que si les lieux réservés d'ancienneté, et dont tant de gouverneurs s'étaient contentés, ne lui suffisaient pas, il pouvait les étendre depuis Metz jusqu'en Lorraine dans tout le territoire compris entre la Moselle et la Seille, ce qui formerait une réserve considérable. Mais elle ne pouvait pas tolérer les atteintes portées aux juridictions ordinaires et surtout aux droits des hauts justiciers, et c'est sous ce dernier rapport principalement qu'elle adressa ses plaintes au roi; elle obtint satisfaction entière. M. Barbérie de Saint-Contest, intendant de la généralité, reçut ordre de sa majesté de lui envoyer une carte topographique du pays messin et de la situation des anciennes réserves de chasse, et de faire expliquer M. de Varennes sur les nouveaux règlements qu'il avait faits; celui-ci se désista du droit qu'il s'était attribué de prononcer des condamnations.

Un ordre du roi daté du 15 avril 1704 fut transmis à la Cour par le contrôleur général des finances Chamillart. Cet ordre portait que tout le canton contenu entre les rivières de la Seille et de la Moselle, y compris les îles de ces rivières depuis la sortie de la ville de Metz jusqu'aux terres de Lorraine, lequel canton était appelé vulgairement l'Ile, serait réservé sous le titre de plaisirs de sa majesté, pour la chasse du gouverneur, du lieutenant général ou du commandant pour sa majesté à Metz, et des officiers de l'état-major de cette ville. Le roi avait ajouté qu'il trouvait bon que les officiers du Parlement et les bourgeois de la ville jouissent ainsi que par le passé de la liberté de chasser dans tout le pays messin, sous la réserve des droits des hauts justiciers.

Au mois d'octobre 1711, deux conseillers du Parlement, suivis d'un valet portant un fusil, voulurent sortir de Metz par la porte Saint-Thiébault. On refusa de les laisser passer sans une permission de M. Pompone de Refuge, lieutenant général de la province. Le premier président écrivit aussitôt au chancelier Voisyn pour lui donner avis de cet acte de l'autorité militaire et lui faire remarquer que c'était renouveler les prétentions du marquis de Varennes, dans son ordonnance du 16 juin 1703.

Le chancelier Voisyn répondit le 18 octobre 1711, qu'il avait rendu compte de la difficulté au roi, et que sa majesté avait décidé que les officiers du Parlement pouvaient sortir avec des chiens et des fusils, même par la porte Saint-Thiébault, pourvu que cela ne servit pas d'occasion pour chasser dans les terres réservées à l'état-major; le chancelier fit en même temps connaître à M. de Refuge les volontés du roi.

Les traités de paix signés en 1713 et 1714 à Utrecht, à Radstadt et à Baden, ne changèrent en rien la position du Parlement de Metz. Le traité de Radstadt remettait les choses dans l'état où elles avaient été mises par le traité de Riswich, en ce qui concernait les frontières d'Allemagne, et c'était le seul point qui pouvait intéresser la Cour.

La mort de Louis XIV fut annoncée au Parlement de Metz par une lettre de Louis XV, qui autorisait la Cour à continuer de rendre la justice, et le 29 octobre 1715, le Parlement enregistra sans difficulté aucune les lettres patentes en date du 24 septembre précédent, qui ordonnaient l'exécution de l'arrêt du Parlement de Paris, conférant la régence au duc d'Orléans. Ce prince avait écrit lui-même à la Cour pour l'assurer de sa protection, et elle lui avait fait répondre que c'était avec joie qu'elle avait enregistré l'acte qui l'appelait à la direction du royaume.

L'enregistrement de ces lettres patentes se fit avec une grande solennité. Le premier avocat général François Rouyer prononça à cette occasion un discours remarquable, et le premier président, avant de lever la séance, prononça une allocution qu'il termina en disant qu'il fallait remercier le jeune monarque d'avoir continué les magistrats dans leurs fonctions.

Le 18 décembre de cette année, le Parlement, en corps, assista au service célébré dans la cathédrale en l'honneur du feu roi et entendit son oraison funèbre qui fut prononcée par l'abbé Favier, prieur titulaire de Sainte-Croix-de-Provins.

C'est sous le long règne de Louis XIV que la puissance de la France s'est tout à fait consolidée dans les Trois-Évêchés, que cette province est devenue française de cœur et d'intérêt, et que sont disparues successivement les traces de l'ancienne domination impériale. Les faits qui ont amené les progrès des idées françaises et auxquels le Parlement de Metz a tant coopéré, n'ont pas besoin d'être rappelés. Mais il est quelques faits qui se rattachent aux actes du Parlement lui-même et qu'il ne sera pas inutile d'indiquer comme les conséquences ou le résultat forcé des efforts de cette Cour souveraine pour assurer la souveraineté de la France.

Le Parlement de Metz contribua grandement à empêcher dans les Trois-Évêchés la circulation des monnaies espagnoles ou allemandes, et à enlever à la ville de Metz le droit de battre monnaie à ses armes et à son coin. Mais ces monnaies frappées auparavant aux coins de la ville de Metz, rappelaient les droits régaliens dont elle avait joui et protestaient pour ainsi dire contre les droits de souveraineté de la France. Une déclaration de Louis XIV du 5 mai 1693, démonétisa les anciennes monnaies messines et fit disparaître ainsi de la circulation les preuves monétaires d'une souveraineté étrangère.

Quand le Parlement fut établi, les maîtres-échevins de la ville de Metz avaient sans doute déjà perdu de leur autorité. Ce n'était plus ces puissants magistrats qui n'étaient choisis que dans quelques familles patriciennes. Ces familles étaient bien déchues de leur splendeur ; il n'était plus le temps où lorsqu'un enfant mâle naissait parmi elles, on souhaitait modestement au nouveau né de devenir maître-échevin de la ville de Metz ou du moins roi de France. Cependant les maîtres-échevins avaient encore un grand pouvoir dans les premiers temps de l'établissement du Parlement, et les luttes que cette Cour souveraine eut à soutenir contre leur puissance le prouvent assez. Cette puissance devait déchoir peu à peu, et sur la fin du règne de Louis XIV, les maîtres-échevins avaient perdu jusqu'à leur nom. Les magistrats choisis autrefois par un peuple turbulent qui les investissait d'un grand pouvoir, avaient fait place à des maires choisis par le roi de France, et renfermés dans l'exercice très-borné de fonctions purement administratives. Ils venaient prêter serment devant le Parlement, qui déléguait un de ses membres pour aller à l'hôtel-de-ville installer les nouveaux maires, et dans ces cérémonies les principaux honneurs étaient accordés au délégué de la Cour souveraine.

On voit surtout s'effacer peu à peu les traces de la domination impériale, en parcourant la série des papiers et des parchemins timbrés dont on faisait usage dans les Trois-Évêchés.

En 1655, avait paru un édit portant établissement d'une

marque sur les papiers et les parchemins devant servir aux actes publics. Cet édit ne fut point exécuté, si l'on s'en rapporte à Lemoine dans sa diplomatique pratique ; cependant les papiers employés vers 1660, pour les actes publics dans la généralité de Metz, sont frappés d'une marque. Dans le centre du timbre se trouve l'écu de la ville de Metz, parti d'argent et de sable qui sont aussi les couleurs nationales de la Prusse ; une fleur de lys broche sur l'écu qui est surmonté d'un soleil et supporté par deux aigles couronnées. Sur une légende on voit ces mots : *Généralité de Metz*.

Le timbre fut définitivement établi par deux déclarations de l'année 1673. La marque pour la généralité de Metz est encore comme la première un mélange d'emblêmes français et allemands, mais elle n'a pas de légende. Une fleur de lys occupant le centre du timbre est accostée de deux aigles essorantes que des rayons partant du chef viennent frapper ; une couronne royale surmonte le tout.

On remarque, vers 1679, que le timbre ne porte plus de signes germaniques. Une fleur de lys accompagnée de deux L fleuronnés et adossés, et surmontée d'une couronne royale, est presque entourée d'une légende avec ces mots *Parlement de Metz*. L'année suivante la marque des papiers et des parchemins fut toute nationale. Deux canons croisés et acculés étaient surmontés d'une fleur de lys ; ces mots : *Généralité de Metz* formaient le cercle. Les canons croisés et acculés étaient le signe distinctif du grand-maître de l'artillerie française. Cet emblême s'appliquait parfaitement à la ville de Metz destinée à devenir un jour la capitale militaire de la France.

En 1681, la marque du papier timbré reprit la livrée impériale. La fleur de lys surmontée d'une couronne royale est entourée de rayons à l'extrémité desquels sont tracés circulairement ces mots : *Parlement de Metz*; mais deux aigles semblent vouloir encore s'attacher à la partie principale. Quelques années plus tard, l'aigle à deux têtes occupe toute la marque, seulement on l'a coiffée d'une couronne fleurdelisée et on l'a entourée de ces mots : *Parlement de Metz*.

Vers 1687, époque de splendeur pour la gravure et de gloire pour le célèbre graveur Sébastien Leclerc, qui est de la ville de Metz, la marque du papier timbré est dessinée avec plus de goût et gravée avec plus de correction. Malheureusement on trouve encore dans les marques de cette époque le signe impérial. Une femme assise porte de la main gauche une trompette renversée dont l'étendard est décoré d'une fleur de lys, mais de la droite elle s'appuie sur un bouclier où l'aigle impériale étend ses ailes. Sur le soubassement, ces mots : *Parlement de Metz*, sont inscrits. Quelques années plus tard, la marque devient prétentieuse. Apollon à la tête rayonnante est sur un char traîné par deux salamandres, emblème de François Ier, et près du dieu se lèvent deux étendards; sur l'un est une fleur de lys, sur l'autre, une aigle à deux têtes. La légende : *Parlement de Metz*, se déroule sous le char.

Des têtes d'aigles s'aperçoivent seulement dans les ornements en 1700, et les marques et contremarques de 1710 et 1712 ne portent que des insignes français. En 1717, une contremarque extraordinaire présente encore des aigles essorantes, mais elles portent sur l'épaule une fleur de lys. Depuis lors elles ont disparu pour toujours. Ce n'est qu'après le long règne de Louis XIV que les papiers et les parchemins destinés aux actes publics ne rappellent plus que la province des Trois-Évêchés était d'origine germanique.

Ce qui annonçait surtout un changement complet dans l'esprit public, c'est que quelques hommes hautement considérés dans le pays avaient seulement fait partie du Parlement lors de son établissement, tandis qu'à la fin du règne de Louis XIV, les deux tiers des membres de la Cour appartenaient aux premières familles du pays messin; elle comptait parmi ses magistrats des Auburtin, des Besser, des Belchamps, des Jobal, des Lefebvre de Ladonchamps, etc.

Le Parlement de Metz a joué un grand rôle comme corps politique. Cette Cour souveraine a secondé les vues de Louis XIV à l'égard des puissances de l'Allemagne, non-seulement par ses arrêts, mais encore par les exemples de patriotisme qu'elle a donnés à de jeunes magistrats appelés plus tard dans les conseils du grand roi. Le surintendant Foucquet, Charles Colbert, marquis de Croissy et le marquis de Louvois ont reçu leur instruction première au Parlement de Metz. C'est aussi cette compagnie qui a fourni des diplomates chargés de hautes missions dans les cours étrangères : Guillaume Fremyn, comte de Moras, Foullé de Prunevaux et Ollier de Nointel ont honoré le corps dont ils ont fait partie.

Henri IV a sans doute flatté les Parlements en disant que c'était à ses bonnets carrés qu'il devait sa couronne; mais sans trop flatter le Parlement de Metz, on peut dire que c'est à ses bonnets carrés que la France doit en grande partie la possession incommutable de la belle province des Trois-Évêchés.

CHAPITRE X.

Hérédité et vénalité des charges de judicature.
Réception des officiers du Parlement de Metz. Prix des offices.
Gages des membres de la Cour.
Menues dépenses. Épices. Distribution de jetons.
Logement du premier président.

Les Parlements ont exercé une grande influence ; ils ont été les écoles où de grands ministres, d'habiles diplomates et de profonds financiers se sont formés. Ils ont préparé la France à la vie publique qui l'anime aujourd'hui, en l'initiant depuis longtemps à l'examen et au contrôle des actes du pouvoir. Le Parlement de Metz n'a pas manqué à la mission commune ; il a, comme les autres compagnies du royaume, exercé son action sur la politique intérieure ; de plus, par sa position sur les frontières de l'Allemagne, il a été appelé à s'occuper de la politique extérieure, et dans toutes les circonstances, il a servi et défendu avec chaleur les intérêts de la France.

Dans les chapitres précédents, on a signalé les principaux actes du Parlement de Metz jusqu'à la mort de Louis XIV, et indiqué quelques-uns des magistrats qui se sont honorés par leur caractère ou par leurs talents. Dans la biographie qui est à la suite de cette histoire, on trouvera des détails sur tous les magistrats qui ont composé la Cour. On va maintenant faire connaître l'organisation intérieure des Cours souveraines et principalement les usages qui étaient suivis au Parlement de Metz; plus tard on continuera son histoire.

Pour apprécier sainement une institution qui n'est plus, ce n'est pas avec les préventions, ou si l'on veut, avec les lumières du temps présent qu'on doit la juger. Il faut se reporter aux idées qui dominaient la société lorsque cette institution était en vigueur, et c'est en restant dans la sphère de ces idées, qu'il faut peser les garanties qu'elle présentait : on peut rendre justice au passé sans le regretter.

Les charges de judicature étaient héréditaires et vénales. Cette idée de vénalité et d'hérédité a maintenant quelque chose qui révolte. Il n'en était pas ainsi avant la révolution de 1789. Le chancelier Maupeou avait aboli la vénalité et l'hérédité des charges ; il avait dit que dorénavant le caractère le plus auguste ne serait plus dans les magistrats que le prix des talents et des vertus. On sait que le Parlement Maupeou a été conspué par toute la France.

Autrefois on ne trouvait pas mauvais qu'un magistrat élevât son fils dans l'espérance d'être un jour remplacé par lui, qu'il lui inculquât de bonne heure les habitudes graves et austères de ses fonctions, qu'il eût même la certitude de lui laisser sa charge, si le fils s'en rendait digne.

On ne trouvait pas mauvais non plus que celui qui avait acquis une fortune honorable, disposât d'une partie de son patrimoine pour que son fils devînt magistrat, si celui-ci, par ses études et par sa conduite, méritait l'honneur d'entrer dans un corps éminemment respectable.

Certaines gens s'imaginent qu'il suffisait d'être fils de membre de Cour souveraine pour aller s'asseoir sur le fauteuil de son père et que l'on pouvait acheter une robe de magistrat comme on irait acheter une défroque à la friperie. Cela ne se faisait pas aussi facilement.

Avant d'acquérir une charge ou de solliciter des provisions du roi, il était d'usage de consulter la compagnie dont on désirait faire partie. Au Parlement de Metz, il y avait une commission d'enquête qui se composait du doyen des présidents à mortier, des doyens des conseillers de chaque chambre, de l'ancien des conseillers clercs et du syndic de la compagnie. Cette commission se réunissait chez le premier président.

Quiconque voulait être admis à faire partie de la Cour, devait adresser aux membres de la commission d'enquête les titres et les documents établissant que le postulant réunissait, sous le rapport de la naissance, de la famille, de la bonne conduite et de la fortune, les conditions nécessaires pour devenir membre d'une Cour souveraine.

Tous les membres de la compagnie avaient le droit de faire parvenir à la commission les renseignements qu'ils jugeaient utiles, et à cet effet elle ne devait se prononcer qu'après un certain délai.

Quand on avait obtenu l'agrément du Parlement, il fallait s'adresser au roi pour en obtenir des provisions. C'était le roi seul qui pouvait déléguer au nouveau magistrat une partie de la puissance souveraine ; l'attache royale était donc indispensable, mais les provisions accordées par le chef de l'État n'étaient pas un ordre donné au Parlement de recevoir celui qui les avait obtenues et de l'installer dans la charge qu'il avait acquise. Elles portaient toujours que l'impétrant ne serait reçu qu'autant qu'il serait jugé *suffisant et capable*.

L'impétrant présentait alors requête au Parlement et joignait à sa demande ses lettres de provisions. Il en était fait rapport à la chambre du conseil, dans une réunion des chambres et des semestres, et, s'il y avait lieu, la Cour ordonnait par arrêt, qu'à la requête du procureur général il serait informé sur la naissance, la vie, les mœurs et la religion de l'impétrant, ainsi que sur son affection et sa fidélité au service du roi. Le même arrêt ordonnait que la requête et les pièces jointes seraient remises au procureur général. L'information se faisait ordinairement au lieu de naissance de l'impétrant, par un membre de la Cour ou par un officier délégué ; quelquefois, par grâce particulière, l'information se faisait dans le lieu même où la Cour siégeait.

Lorsque l'information était terminée, on faisait un nouveau rapport à la chambre du conseil ; le procureur général donnait ses conclusions, et, le cas échéant, la Cour ordonnait que l'impétrant serait reçu s'il était reconnu suffisant et capable, et qu'à cet effet la loi lui serait donnée. L'impétrant était alors introduit dans la chambre du conseil, passait derrière le bureau et le Code des lois romaines lui était présenté. Il piquait la loi, c'est-à-dire qu'à l'ouverture fortuite du Code, une loi lui était indiquée comme devant faire l'objet principal de l'examen qu'il aurait à subir. Le premier président lui indiquait alors le jour auquel il devait se représenter pour être examiné : un délai de trois jours au moins lui était laissé.

Au jour fixé, l'impétrant était de nouveau introduit derrière le bureau, dans la chambre du conseil. Il adressait à la compagnie une harangue qui, dans les premiers temps du Parlement, était en latin; il était ensuite interrogé par le premier président non-seulement sur la loi qui lui était échue au sort, mais encore sur le droit et la pratique. Après qu'il s'était retiré, la Cour délibérait, et si l'impétrant était trouvé suffisant et capable, il était rappelé dans la chambre du conseil: le premier président lui prononçait l'arrêt de sa réception. Le premier président lui faisait ensuite prêter serment « de bien et fidèlement exercer sa charge, de garder
» et observer les ordonnances, de tenir les délibérations de
» la Cour secrètes, de rendre la justice également aux pauvres
» comme aux riches, et en tout et partout de se comporter
» comme un bon conseiller en Cour souveraine doit faire,
» et d'être fidèle au roi. »

Après avoir prêté ce serment, le nouveau magistrat s'approchait du premier président, mettait un genou en terre et la main sur l'évangile, il jurait de vivre et mourir en la religion catholique, apostolique et romaine.

Outre les conditions générales que les ordonnances exigeaient de ceux qui voulaient remplir des charges de judicature, le Parlement de Metz leur imposait certaines autres obligations. Ainsi les postulants ne pouvaient être reçus qu'après avoir, pendant trois mois, fréquenté le barreau de la Cour et avoir payé leurs droits de réception. Ils étaient astreints en outre à faire des visites aux membres de la compagnie, et en 1651, la réception d'un conseiller *qui n'avait vu tous Messieurs* fut remise à un autre jour.

Les délibérations relatives à la réception des officiers exigeaient au moins quinze membres présents, et il fallait les deux tiers des voix pour faire arrêt, tant pour les actes préparatoires que pour la réception elle-même.

Le roi accordait des dispenses d'âge, de services, de parenté ou d'alliance. Ces dispenses étaient préalablement examinées avec beaucoup de soin. En 1644, Antoine de Malebranche, pourvu d'une charge de conseiller, avait obtenu des lettres de dispenses d'âge dans lesquelles il était dit qu'il ne pourrait servir en aucun autre Parlement avant l'âge de vingt-cinq ans, qui était l'âge requis par les ordonnances. Le Parlement de Metz, se trouvant offensé de ces expressions, refusa d'enregistrer ces lettres, et Antoine de Malebranche ne fut reçu qu'après avoir obtenu d'autres dispenses dans lesquelles la formule incriminée ne se trouvait plus.

La Cour était sévère sur ce qui pouvait porter atteinte à l'indépendance de ses membres : elle l'était même quelquefois plus que sa commission d'enquête. Un secrétaire particulier du premier président Claude de Bretagne, avait obtenu des lettres de provisions de greffier en chef de la Cour : le Parlement ne voulut pas le recevoir. Il rejetait aussi les demandes de ceux qui avaient emprunté pour acheter leurs charges. Un ancien règlement portait même que si l'emprunt pour l'acquisition de la charge était découvert après la réception du magistrat, son arrêt de réception ne lui serait délivré qu'après qu'il aurait payé 500 écus, et que son résignataire ne serait reçu en cette charge que trois ans après qu'il aurait présenté ses lettres de provisions à la Cour. Elle était surtout sévère lors de l'examen qu'elle faisait subir aux récipiendaires. Elle prononçait quelquefois un rejet pur et simple, quelquefois elle surséait seulement à la réception. Ainsi un sieur Albert

Duplessy ayant mal répondu à l'examen, la Cour arrêta, le 11 décembre 1691, qu'il lui serait dit par le premier président « d'estudier encore pendant un an aux matières de
» droict et pratique pour se rendre suffisant et capable de
» remplir les devoirs de la charge dont il était pourvu; pour
» ce faict et ledit temps passé, qu'il serait de nouveau in-
» terrogé. »

Albert Duplessy ne fit pas de nouvelle tentative pour entrer au Parlement de Metz et résigna l'office dont il était pourvu.

Dans les premiers temps de l'établissement du Parlement, on se contentait, pour la constatation de l'âge des récipiendaires, de ce qui était dit dans les informations par les témoins. Ceux-ci y mettaient quelquefois de la complaisance, en faisant les postulants un peu plus âgés qu'ils n'étaient. C'est à cette circonstance qu'il faut attribuer les erreurs commises sur la date de la naissance de beaucoup d'hommes remarquables. Le Parlement de Metz, pour prévenir ces inconvénients, arrêta, le 23 mai 1656, qu'à l'avenir tous les pourvus d'offices feraient preuve de leur âge en rapportant leur extrait baptistaire. Les anciens actes baptistaires ne donnent pas même toujours la date exacte de la naissance, ils indiquent seulement le jour du baptême.

Le Parlement de Metz voulait si bien qu'aucune réception de ses officiers ne fût due à la complaisance, que le 26 avril de la même année, il décida que les présidents et les conseillers qui avaient *mangé ordinairement* avec les pourvus d'offices, ne pourraient connaître de leur réception.

Les substituts des procureurs généraux ayant la faculté de continuer l'exercice du barreau, juraient de tenir secrètes les procédures criminelles.

Telles étaient les principales garanties que les lois et les usages exigeaient de ceux qui voulaient faire partie du Parlement de Metz, et l'on s'explique facilement comment cette Cour souveraine a fourni tant d'hommes de mérite.

Le prix des différents offices de la Cour a varié suivant les temps et les circonstances : quelquefois il est tombé bien bas, quelquefois il s'est élevé assez haut.

Lors de la création du Parlement, les officiers de la Cour furent dispensés pendant trois années de payer le droit annuel ; ils avaient été seulement astreints à payer le soixantième denier de la valeur de leur office. Cette évaluation des offices avait été faite par un arrêt du conseil du roi tenu pour les finances à Saint-Germain-en-Laye, le 26 février 1633, un mois environ après l'édit qui créait le Parlement. L'office d'un président à mortier était évalué à 20,000 livres ; celui d'un conseiller laï et d'un avocat général à 12,000 ; celui d'un conseiller clerc à 9,000. Les offices de substitut du procureur général n'étaient évalués qu'à 2,400 livres.

Un édit du mois de décembre 1665 avait déclaré que les officiers du Parlement de Metz seraient admis à payer le droit annuel, et que la valeur de leurs offices serait fixée ainsi qu'il suit :

Une charge de président à mortier à 60,000 livres ;
Une charge de conseiller clerc à 26,000 livres ;
Une charge de conseiller protestant à 40,000 livres ;
Une charge de conseiller laï à 36,000 livres ;
Celle de Garde des sceaux de la chancellerie à 10,000 liv. ;
Celle d'un avocat général à 32,000 livres ;
Celle du procureur général à 64,000 livres.

Il n'est pas parlé dans ces évaluations de la charge de premier président, parce qu'elle n'était ni vénale ni hérédi-

taire et que le roi se réservait d'y nommer, comme cela résulte de la déclaration du 20 juillet 1648. Cependant il paraît que ceux qui étaient revêtus de cette haute dignité ne la transmettaient à leurs successeurs qu'en obtenant d'eux une forte indemnité. Dans un journal manuscrit de l'année 1703, où il est parlé de Bénigne Chasot, président à mortier au Parlement de Metz, devenu plus tard premier président de cette Cour, on lit : « Ce samedi 6 octobre 1703......
» On dit que son ambition est d'être premier président de
» Metz, et que c'est à quoy M. de Meaux (Bossuet), a beau-
» coup travaillé pour son neveu à son dernier voyage à
» Versailles. La difficulté est que M. de La Porte est revestu
» de cette charge, qu'il la veut quitter, et ne le veut faire
» qu'à condition de 50,000 écus : voilà l'accroc. »

L'édit de janvier 1633, qui créait le Parlement de Metz, attribuait aux officiers de cette Cour les gages suivants : au premier président 6,000 livres ; à un président à mortier 3,000 livres ; à chaque conseiller clerc ou laïque 1,500 livres ; à un avocat général 2,000 livres ; au procureur général 3,000 livres ; à chaque substitut 600 livres ; au greffier civil 1,600 livres ; au greffier criminel 500 livres, etc.

Par l'édit de création, le roi s'engageait à faire faire sur les lieux un fonds suffisant pour le paiement des gages des officiers du Parlement de trois mois en trois mois, « afin,
» dit Louis XIII, que nos officiers nous puissent dignement
» servir en supportant la dépense qu'il leur conviendra faire
» et que les ordres desdites provinces et évêchés en puissent
» recevoir un plus grand soulagement. » Un arrêt du conseil d'état du 16 février 1633, enregistré au Parlement de Metz le 26 octobre suivant, assigna le fonds des gages de cette Cour sur les cinq grosses fermes de France, et pour assurer

et accélérer la perception du fonds des gages, le roi, par un édit daté de Nancy au mois de septembre de cette année, ordonna qu'il serait perçu 5 sols par pinte de sel qui se consomme et se distribue dans les Trois-Évêchés, et que le Parlement en recevrait le produit.

Les Gens des trois ordres de la ville de Metz envoyèrent des députés au roi pour lui faire des remontrances contre cet impôt de la gabelle, auquel le pays n'avait jamais été soumis jusqu'à cette époque. Le roi leur répondit le 3 février 1634 que cet impôt serait maintenu.

Toutefois au mois de juillet de cette année, la Cour n'avait encore rien touché de ses gages, qui s'élevaient alors à 143,196 livres 16 sols 4 deniers. Par une convention du 26 de ce mois, un nommé Coëffard, qui n'était que le prête-nom des villes et communautés du ressort, prit le bail de la gabelle et se chargea du paiement des gages du Parlement; et le 29 juillet, même mois, sur la requête des députés des villes et évêchés de Metz, Toul et Verdun, des pays et des communautés du ressort de la Cour, un arrêt du conseil substitua les villes et les communautés au bail de Coëffard, les autorisa à lever pour leur compte l'impôt de 5 sols sur chaque pinte de sel, sauf à elles de fournir proportionnellement au paiement des gages du Parlement, suivant un état de répartition qui devait être dressé par un commissaire du roi.

Le Parlement éprouva de grandes difficultés pour obtenir des différentes communautés les portions de gages qui devaient être acquittées par chacune d'elles.

Par une délibération du 1er octobre 1639, la Cour siégeant à Toul dut députer les conseillers Doumengin et Bossuet pour se rendre à Metz, et forcer les trois ordres de cette ville à payer une somme de 30,000 livres qu'ils devaient pour les gages.

En 1643, les habitants de Mouzon se révoltèrent contre les députés qui étaient venus exiger le paiement des arrérages dus aux officiers de la Cour pour leurs gages. Il avait aussi fallu envoyer des députés à Verdun pour le même objet.

Cependant le Parlement parvint à se faire payer ses gages jusqu'au 31 janvier 1645. Mais comme les fonds manquaient presque toujours, il arrivait quelquefois que les officiers d'un semestre étaient payés, tandis que les magistrats de l'autre semestre ne l'étaient pas. On pourvut à cet inconvénient grave, et le Parlement décida, le 22 décembre 1646, que dorénavant les membres de la compagnie de l'un ou de l'autre semestre seraient payés également et à proportion des deniers recouvrés.

Le Parlement siégeant à Toul avait, en 1647, enlevé aux échevins de cette ville le droit de distribuer le sel aux bourgeois et s'était fait attribuer ce privilége pour le paiement de ses gages, ce qui excita de fâcheuses discussions entre la ville et le Parlement.

Il fallut encore cette même année députer des commissaires à Mouzon, à Château-Regnault et à Metz pour obtenir le paiement de la contribution pour les gages; et l'année suivante, la Cour députait M. Benjamin d'Ozanne, substitut du procureur général à Mouzon, à l'effet de se joindre au conseiller Roland Ravaulx qui s'y trouvait déjà, et d'y faire toutes les réquisitions nécessaires.

Le Parlement avait, le 7 juillet 1750, commis le sieur Remy Darthois, garde en la saline de Marsal, pour faire le recouvrement des deniers dus par les communautés dépendantes du temporel de l'évêché de Metz et faire tous les actes de poursuites nécessaires. Le pays avait été occupé et dévasté par les troupes du duc de Lorraine, et au mois de juin 1652, Remy Darthois n'avait touché pour les gages du Parlement que 287 livres 4 sols de la ville de Rembervillers, 83 livres 4 sols de la châtellenie de Moyen, et 730 livres de la ville de Vic.

Le préposé du Parlement avait plusieurs fois sommé Messieurs de la ville de Vic et les maires des villages dépendants de cette ville, de payer ce qu'ils devaient pour les gages. Il avait même voulu les contraindre par voies de droit et faire exécuter des saisies, mais les sergents du bailliage lui dirent qu'ils ne pouvaient procéder à des saisies dans la ville de Vic et de ses dépendances, sans la permission de M. de la Bourdonnaye, gouverneur de Vic et de Moyenvic. Remy Darthois s'adressa donc à M. le gouverneur qui répondit « que les habitans avaient bien d'autres choses à payer que » cela, et que s'ils voulloient payer à l'amiable il ne les » empeschoit pas, mais pour les y contraindre, il ne le » pouvoit permettre. »

En 1652, la ville de Verdun devait encore 2,000 livres pour les gages du Parlement, et elle offrait à la Cour de lui payer la moitié de cette somme à condition d'être déchargée du paiement de l'autre moitié : la Cour consentit à toucher les 1,000 livres et à accorder un sursis pour le reste.

Les gages accordés aux officiers du Parlement de Metz n'étaient guère que la représentation de la rente du capital des finances versées pour leurs charges, et pendant la première époque de l'établissement, ces gages ne leur furent jamais payés qu'avec beaucoup de peine.

Lorsqu'en 1664, Louis XIV augmenta le ressort et le nombre des officiers du Parlement de Metz, il prit des me-

— 279 —

sures pour assurer le paiement de leurs gages, en ordonnant qu'ils seraient payés avec le fonds des gabelles, ou avec les deniers de la subvention, ou même avec les fonds provenant du domaine, préférablement à tous autres officiers. Depuis cette époque, les gages ne furent pas payés très-régulièrement aux officiers du Parlement; cependant la Cour n'était plus obligée d'envoyer de tous les côtés des députés pour faire des recouvrements difficiles ou procéder à des contraintes qui indisposaient les populations et les faisaient soulever quelquefois; elle n'avait plus qu'à s'adresser aux contrôleurs généraux des finances et quelquefois au conseil d'état.

Les fermiers des gabelles avaient jusqu'en 1709 payé avec plus ou moins de régularité les gages du Parlement, quand ils obtinrent, le 8 octobre de cette année, un arrêt du conseil d'état qui les déchargeait des poursuites dirigées contre eux pour le paiement des gages des officiers du Parlement de Metz, sauf à ceux-ci à se pourvoir auprès du roi pour obtenir le paiement de leurs gages. Le Parlement fit des représentations contre cet arrêt du conseil, et les fermiers des gabelles furent, par un arrêt de la même Cour en date du 9 septembre 1710, condamnés à remettre incessamment entre les mains du payeur des gages de la Cour le fonds des gages de 1709, et de continuer à l'avenir à payer directement les officiers du Parlement.

Vers 1725, les paiements des gages se firent encore avec difficulté, et le 25 août 1730, le Parlement adressait ses réclamations au cardinal de Fleury, au contrôleur général des finances et au chancelier. Dans la lettre de la Cour on trouve le passage suivant : « Après avoir été dépouillés de la
» plus grande partie de notre ressort, qu'on nous laisse
» jouir de nos gages qui sont bien au-dessous de notre

» finance et qu'on ne nous porte pas ce dernier coup d'ac-
» cablement de les suspendre ou de les retrancher, car
» c'est à peu près la même chose. »

En 1766, les gages des officiers du Parlement de Metz n'étaient plus aussi élevés qu'ils l'étaient lors de sa création. Le premier président ne touchait plus que 4,500 livres au lieu de 6,000; un président à mortier avait 2,250 livres au lieu de 3,000; un conseiller 1,125 livres au lieu de 1,500; le procureur général 2,250 livres au lieu de 3,000; un avocat général 1,500 livres au lieu de 2,000, etc.

Les gages n'en furent pas payés avec plus d'exactitude, car le 13 septembre 1769, le Parlement adressait au contrôleur général un long mémoire, pour demander que le paiement des gages de ses officiers continuât à se faire avec le fonds des gabelles des Trois-Evêchés, par préférence à toutes autres charges; depuis trois années les gages du Parlement n'étaient pas payés, ce mémoire se terminait ainsi:

« Le Parlement en réclame le rétablissement (l'assignation
» du paiement des gages sur le fonds des gabelles), fondé
» sur ses édits de création, sur les arrêts du conseil et sur
» les décisions constantes et uniformes des ministres: ce
» sera toujours avec peine qu'il se verra forcé de traiter de
» ses intérêts. Tant que sa majesté a été occupée à repousser
» ses ennemis, il a respecté par son silence les besoins
» urgents de l'État; mais rendu à la paix, il lui représente
» aujourd'hui avec confiance l'épuisement dans lequel une
» interruption de trois années a réduit ses officiers et surtout
» ceux qui, n'étant pas domiciliés en la ville, ne peuvent y
» faire leur service qu'à grands frais. La suspension des
» salaires des gagistes attachés à la compagnie, celle des
» rentes des créanciers qui lui ont prêté leurs deniers pour

» soutenir les charges communes de l'État, le délai forcé des
» réparations et de l'entretien nécessaire qui porte sur les
» menues nécessités, enfin la langueur de presque toutes les
» familles de la ville et de la province.

« Le fonds des gages du Parlement est annuellement de
» 165,000 livres; plus du tiers de cette somme rentre dans les
» coffres de sa majesté par la capitation, le dixième et les gages
» intermédiaires. Le surplus est-il un objet assez considérable
» pour intervenir la comptabilité, renverser les privilèges
» établis par les titres les plus inviolables, et priver des magis-
» trats livrés à l'administration de la justice du léger produit
» d'une finance considérable versée dans les coffres de l'État.

« Les membres de la Cour espèrent que M. le contrôleur
» général, en s'alignant sur les traces de ses prédécesseurs,
» donnera les ordres nécessaires pour le rétablissement des
» arrérages et formera à l'avenir une règle invariable qui
» les dispense de s'occuper du soin désagréable de l'in-
» terrompre tous les ans pour le paiement de leurs gages. »

Ce mémoire eut pour résultat de faire payer aux officiers
de la Cour le troisième quartier de l'année 1766; deux ans
après ces réclamations le Parlement était supprimé.

Le roi avait, lors de l'établissement du Parlement, accordé
pour ses menues nécessités (ce que l'on appelle maintenant
des menues dépenses), une somme de 5,000 livres à prendre
comme les gages eux-mêmes sur le fonds des gabelles. Ces
menues nécessités ne furent pas payées avec plus de régularité que les gages eux-mêmes. En 1643, on n'avait rien
touché de ces 5,000 livres depuis 1635, et on avait dû employer, pour parer aux menues nécessités, 11,000 livres
tournois provenant des droits de réception payés par les
officiers du Parlement.

Plus tard, le roi accorda 7,000 livres par an et moyennant cette allocation, la Cour devait entretenir les bâtiments du palais et de la conciergerie, dont les réparations annuelles étaient estimées pouvoir s'élever à 240 livres. Cette somme ne suffisait pas pour cet entretien; la dépense depuis 1676 la dépassait. Mais en 1690, la Cour trouva un maçon qui se chargea à forfait, moyennant cette somme, de faire toutes les réparations nécessaires.

Un arrêt du conseil confirma, en 1696, l'allocation de 7,000 livres accordées pour les menues nécessités du Parlement, et le 19 mars 1703, la Cour fit un règlement fort sage pour l'emploi de cette somme. On accordait 600 livres pour le chauffage et 30 livres au syndic de la compagnie pour ses menus frais à chaque semestre. La liste des membres du Parlement par chaque semestre coûtait 3 livres le cent, d'après l'abonnement fait avec l'imprimeur.

Quelquefois le Parlement traitait à forfait avec le concierge du palais, pour l'éclairage et le chauffage des salles. Ainsi en 1768, moyennant une allocation de 900 livres par année, le concierge s'était engagé à fournir le bois, les fagots et les chandelles nécessaires pour le service de la Cour.

Les magistrats du Parlement de Metz, comme tous les autres officiers de judicature, avaient droit à des épices et à des vacations pour ce qu'on appelait leur travail domestique. Les épices étaient accordées aux rapporteurs et aux juges dans les procès par écrit. Au Parlement de Metz, la moitié des épices appartenait au rapporteur; l'autre moitié était distribuée entre les juges de l'affaire.

Les vacations étaient les salaires accordés aux juges dans les procès par commission, lorsque le rapporteur était obligé d'employer plusieurs séances à faire de longues lectures de pièces, afin de se mettre au fait de la question.

Dans les affaires qui se jugeaient à l'audience, il n'y avait pas d'épices pour les juges.

Depuis la création du Parlement, en 1633 jusqu'en 1644, les épices et les droits de vacation avaient été attribués à chacun des magistrats suivant les affaires qui leur étaient confiées. Comme le choix des rapporteurs était abandonné à la discrétion du premier président et des présidents à mortier, et que les rapporteurs touchaient la moitié des épices, il en résultait que les membres de la compagnie touchaient des émoluments bien différents. Un règlement du 24 septembre 1644 établit une communauté pour les épices; on avait pensé que par cette communauté il n'y aurait plus de jalousie entre les magistrats et que le premier président et les présidents à mortier seraient plus libres dans la distribution qu'ils avaient à faire des procès, parce qu'on ne pourrait pas leur imputer de favoriser les intérêts de quelques magistrats au préjudice des autres. Ce règlement avantageux seulement aux moins capables et aux moins laborieux, n'eut pas une longue durée; une délibération du mois de mai 1645 supprima la communauté des épices, et les choses furent rétablies dans leur ancien état.

Au mois de mai 1650, on rétablit la communauté des épices entre tous les conseillers des deux semestres: le règlement de cette époque n'eut pas non plus une longue durée. On chercha encore à rétablir cette communauté vers 1662, mais il ne paraît pas que cette innovation dura longtemps.

Ce qui blessait surtout les intérêts de beaucoup de membres de la Cour, c'était l'attribution de la moitié des épices aux rapporteurs des procès. Un règlement du roi y avait apporté remède en réduisant au quart le préciput des rapporteurs.

Le Parlement non satisfait encore, voulut, par un arrêté du 1er août 1696, faire tomber en communauté le quart attribué aux rapporteurs. Le chancelier Boucherat écrivit au président Colbert et au procureur général pour qu'ils engageassent le Parlement à retirer ce règlement et pour qu'ils avertissent la Cour, autrement il ferait casser cet arrêté. Le Parlement n'ayant pas eu égard à l'avis du chancelier, son arrêté du 1er août 1696 fut cassé par un arrêt du conseil du 19 septembre suivant.

Le Parlement tenta encore plus tard de rétablir la communauté des épices; enfin les épices elles-mêmes furent supprimées temporairement par le chancelier Maupeou avec la suppression temporaire des Parlements, et définitivement à la révolution de 1790 avec la suppression définitive de ces Cours souveraines.

L'enregistrement de certains actes, notamment des baux des fermes générales de l'État, donnait lieu à des épices. Ainsi en 1677, pour l'enregistrement du bail des gabelles de Lorraine, le fermier paya au Parlement 1,000 écus pour les épices que la Cour avait elle-même taxées.

Le bail des fermes générales pour six années fut enregistré le 22 septembre 1699. Les épices furent fixées à 1,800 livres pour la Cour elle-même, à 450 livres pour le parquet, et à 300 livres pour les greffes.

En 1780, l'enregistrement du bail des fermes donna pour épices au Parlement de Metz la somme de 4,320 livres. Le Parlement s'en était rapporté à cet égard à la décision du roi, et M. Necker, par sa lettre du 14 décembre de cette année, exprima à la Cour la satisfaction que le roi avait éprouvée de ce que la compagnie s'en était remise à sa justice.

La Cour avait quelquefois à statuer relativement aux épices. En 1642, époque malheureuse, elle fit grâce des épices à de pauvres plaideurs.

Quand, en 1677, le Parlement enregistra le bail des gabelles de Lorraine, le procureur général Eustache Lenoble forma entre les mains du greffier en chef Nicolas Bollioud, opposition à la délivrance de l'arrêt d'enregistrement, jusqu'à ce que les fermiers lui eussent payé le quart en sus de la somme de 1,000 écus à laquelle les épices avaient été fixées. Il prétendait que cela s'observait ainsi en la chambre des comptes de Paris, lors de l'enregistrement de semblables baux, des lettres de noblesse et des donations faites par le roi. La Cour, par arrêt du 17 mars même année, donna mainlevée de l'opposition du procureur général et maintint à 1,000 écus les épices.

Abel Poilbois, aide-major à Metz, avait été reçu au Parlement comme receveur des deniers communs, patrimoniaux et d'octroi de cette ville : son arrêt de réception était du 2 mars 1684. Mais cette charge ayant été levée aux parties casuelles par le frère de l'ancien titulaire décédé, Abel Poilbois se trouva dépossédé de cette charge. Par arrêt du 10 janvier 1686, le Parlement ordonna que l'on remettrait à Abel Poilbois les 400 écus d'épices qu'il avait payés lors de sa réception.

Des arrêts du 29 novembre 1692 et du 14 janvier 1693, réformèrent des abus commis depuis deux ans par les conseillers auditeurs des comptes en la Cour. Ils s'attribuaient à tort certains droits qui n'avaient jamais été perçus par leurs prédécesseurs depuis la création de la chambre des comptes, et ils se les attribuaient sous le prétexte que les auditeurs des comptes de Paris en jouissaient. Ces droits furent réglés modérément par les arrêts ci-dessus mentionnés.

La Cour fut informée, en 1694, que les officiers du bailliage de Metz prenaient des épices pour de simples sentences d'homologation ; ils avaient commencé par n'exiger que 5 à 6 livres par sentence, et ils avaient enfin pris 52 livres. Le Parlement mit fin à ces abus en mandant devant lui le président du présidial qui, pour éviter de comparaître, ce qui était une espèce de peine, fit ses soumissions et s'obligea à ne plus retomber en semblable faute.

Sur les conclusions du procureur général de Corberon, le Parlement ordonna, par arrêt du 9 mars 1694, aux greffiers de toutes les justices du ressort de faire mention, au bas des sentences et des autres actes de procédure, des épices, vacations et salaires. Le défaut de mention pouvait donner lieu à des exactions qu'il eut été difficile de constater.

En 1708, les trésoriers de France au bureau des finances de Metz, prétendaient avoir droit à des épices pour l'enregistrement des provisions des membres de la Cour ; ils firent assigner les membres du Parlement au conseil du roi, et la Cour fit dresser des mémoires. Un arrangement intervenu le 19 avril 1708, régla les épices que le Parlement percevrait lors de la réception des officiers des finances, ainsi que celles que recevraient ces officiers en enregistrant à leur bureau les provisions des membres du Parlement.

Il était dans les attributions du premier président ou des présidents à mortier qui le remplaçaient, de fixer les épices de toute espèce d'arrêts ; ils ne devaient compte à personne de cette fixation.

Le premier président Nicolas de Montholon, mu par son

amour de la justice, et après avoir pris l'avis de Messieurs les présidents à mortier, invita le Parlement, chambres et semestres assemblés, à établir lui-même un tarif des épices pour la chambre des comptes. Ce tarif fut arrêté dans une délibération du 25 février 1765.

Avant la paix de Riswick, le Parlement avait un grand ressort et touchait des épices considérables.

Pendant la série des dix années de 1687 à 1696 inclus, les épices communes et celles du parquet s'élevèrent à une somme de 324,876 livres 12 sols 8 deniers.

La moyenne par année était donc de 32,487 livres 15 sols.

Pendant la série des dix années de 1708 à 1717 inclus, les épices communes et celles du parquet s'élevèrent seulement à la somme de 121,927 livres, 14 sols 8 deniers.

La moyenne par année était de 12,192 livres 15 sols 4 deniers.

Dans cette seconde série d'années, il y avait eu pour le Parlement une diminution d'émoluments de 20,294 livres 17 sols 8 deniers par an.

Les membres du Parlement jouissaient en outre de quelques autres bénéfices. On leur distribuait ce que l'on appelait des bougies, jetons ou papiers : c'était la répartition du produit des amendes de fol appel, et le plus souvent des droits de réception payés par les officiers. Ces émoluments devaient se partager à la fin de chaque semestre ; il arriva souvent qu'aucune distribution de cette espèce ne fut faite, et pour chaque membre la somme distribuée ne s'éleva jamais très-haut.

En 1643, une distribution de jetons fut faite, avec le fonds provenant des droits de réception, au profit des officiers qui avaient servi tout le semestre : chaque conseiller reçut

60 livres. En 1648, par suite d'une de ces distributions, chaque conseiller présent reçut 80 livres.

Le premier président avait un avantage attaché particulièrement à la dignité de ses fonctions.

Lors de l'établissement du Parlement en 1633, le premier président eut d'abord son logement au palais de justice. Il le céda ensuite aux officiers du bailliage et de l'hôtel-de-ville, qui lui accordèrent une indemnité de 350 livres par an.

En 1658, quand le Parlement fut rétabli à Metz, la Cour loua, pour le premier président Claude de Bretagne, une maison au prix de 300 livres par an, pour le terme de neuf ans.

En 1672, il fut accordé au premier président 800 livres pour indemnité de logement. La même indemnité était encore accordée en 1703 et en 1770; elle fut portée à 1,000 livres et 200 livres pour les réparations. Cette indemnité de logement était prise sur le fonds affecté aux menues dépenses de la Cour.

En réunissant les gages, les épices et les émoluments divers attribués aux magistrats du Parlement de Metz, on ne formera qu'une somme fort modeste pour chacun d'eux. La magistrature d'autrefois n'était pas mieux payée que celle d'aujourd'hui.

CHAPITRE XI.

Noblesse. Logements militaires. Exemptions de diverses impositions.
Droits de réception. Marc d'or. Annuel.
Capitation. Droit exercé par l'hôpital Saint-Nicolas de Metz.
Dettes du Parlement. Buvette.
Chapelains. Députations. Dépenses extraordinaires.

Sous l'ancienne monarchie, les anoblissements ont servi à détruire la féodalité, car chaque privilége accordé à un roturier était un pas fait vers l'égalité devant la loi. Les lettres de noblesse étaient de véritables titres d'affranchissement qui avaient déjà émancipé une grande quantité de citoyens, quand la révolution de 1789 est venue déclarer que les Français étaient égaux, c'est-à-dire qu'ils étaient tous nobles et qu'ils pouvaient dorénavant parvenir à tous les emplois et à toutes les dignités.

Les officiers du Parlement de Metz devenaient nobles par

l'exercice seul de leurs fonctions ; mais ce ne fut qu'après avoir, pendant vingt-cinq ans, donné des preuves de son dévouement aux intérêts de la France, que cette Cour souveraine reçut ses titres de noblesse : c'est avec orgueil qu'elle peut montrer l'édit du mois de septembre 1658, qui lui a conféré les privilèges nobiliaires. Voici le préambule de cet édit :

« Louis, par la grâce de Dieu, roi de France et de Na-
» varre, à tous présens et à venir, salut. Les services consi-
» dérables que nous avons reçus de notre Cour du Parlement
» de Metz, dans toutes les occasions qui s'en sont présentées,
» même en la conservation des droits de notre couronne
» contre les prétentions d'aucuns princes nos voisins, y
» ayant procédé avec une entière fermeté ainsi qu'avec toute
» équité et justice, nous ayant fait prendre la résolution de
» donner aux officiers de notre dite Cour de Parlement
» quelque marque d'honneur et de notre bienveillance par
» laquelle nous leur fassions paraître et au public la satis-
» faction que nous avons de leur fidélité envers nous et de
» leur zèle au bien et grandeur de cet état. A ces causes,
» de l'avis de la reine, notre très-honorée dame et mère,
» de notre très-cher et très-amé frère le duc d'Anjou, de
» plusieurs princes, seigneurs et officiers de notre couronne,
» grands et notables personnages de notre conseil et de
» notre certaine science, pleine puissance, grâce spéciale
» et autorité royale, nous avons dit et déclaré, disons et
» déclarons que les présidents, conseillers, avocats et pro-
» cureurs généraux et le greffier en chef de notre dite Cour,
» présentement pourvus desdits offices et qui le seront ci-
» après, soient nobles et les tenons pour tels. Voulons et
» nous plaît qu'ils jouissent eux et leurs veuves demeurant
» en viduité, leur postérité et lignée, tant mâles que femelles,

» nés et à naître, des mêmes droits, priviléges, franchises
» et immunités, rangs, séances et prééminences, que les
» autres nobles de race, barons, gentilshommes de notre
» royaume; qu'ils soient capables de parvenir à tous hon-
» neurs, charges et dignités, pourvu que lesdits officiers
» aient servi vingt années ou qu'ils décèdent revêtus des-
» dits offices ; nonobstant qu'ils ne fussent issus de noble et
» ancienne race et pour le regard de ceux desdits officiers
» qui sont nobles d'extraction et par leur naissance, nous
» voulons que les présentes leur servent d'accroissement
» d'honneur. » Cet édit de 1658, affranchissait en outre les
membres de la Cour de tous droits seigneuriaux et féodaux,
ainsi que du droit de gabelle.

Ainsi vingt années de services conféraient à un membre
du Parlement de Metz et à sa postérité la qualité de noble,
et cette qualité était également acquise à la postérité du magistrat décédé dans l'exercice de ses fonctions.

Le Parlement de Metz s'est toujours rendu digne, par son
énergie et par son dévouement à la France, des titres de
noblesse qui lui avaient été accordés, et il montra en 1706
que de véritables sentiments d'honneur l'animaient.

Louis XIV, pressé par des besoins d'argent, avait, par un
édit du mois d'octobre 1704, confirmé les priviléges des
Cours souveraines et accordé des dispenses de service à ceux
des membres de ces Cours qui voudraient acquérir la noblesse ; on ne pouvait obtenir ces dispenses qu'en versant
une certaine somme dans les caisses du roi, avec augmentation de gages proportionnelle. Aucun membre du Parlement
de Metz ne s'étant présenté pour profiter de cette faveur,
M. Desmaretz, directeur général des finances, écrivit à la
Cour que le roi demandait 24,000 livres pour dispenser

d'un degré de service quatre membres de la compagnie. Le Parlement de Metz consentit à payer les 24,000 livres, plus 2,400 livres pour le droit des deux sols par livre, et au mois de février 1706, il prit la délibération suivante :

« Attendu que l'édit d'octobre 1704 confirme la noblesse
» aux compagnies auxquelles ce privilège a été accordé, et
» que, par édit du mois de septembre 1658, le privilège
» de noblesse a été accordé à la compagnie pour des causes
» honorables et importantes, et confirmé par édit de 1661;
» la Cour arrête qu'il ne sera nommé aucun de Messieurs
» pour obtenir des lettres de dispenses de service. »

Les privilèges de la noblesse furent cependant contestés quelquefois aux membres de la Cour ou à leurs veuves et descendants.

En 1714, le Parlement prit fait et cause pour le président de la chambre des requêtes, Muzac, qui, avant d'être revêtu de cette charge, avait acheté un fief dans les terres et dépendances de la Lorraine. La chambre des comptes de ce duché séante à Bar, voulut taxer le fermier du président Muzac comme celui d'un roturier. Le syndic de la compagnie fut chargé d'écrire au procureur général de la chambre des comptes de Lorraine; celui-ci après avoir pris les ordres de son souverain, répondit, le 21 décembre 1714, que les membres du Parlement réputés nobles en France seraient traités en cette qualité dans la Lorraine.

Le 24 février 1779, la Cour des aides de Paris jugea que la veuve du fils d'un ancien conseiller au Parlement de Metz, jouirait des privilèges de la noblesse acquis à son mari du chef de son père, qui l'avait obtenue au premier degré en sa qualité de conseiller.

Un arrêt du conseil d'état du 18 janvier 1780, jugea aussi

que la fille d'un conseiller décédé dans l'exercice de ses fonctions, était exempte du droit de franc-fief et jouissait par conséquent des privilèges de la noblesse.

Plusieurs immunités étaient en outre attachées à la qualité de membres du Parlement. La Cour, d'après l'édit de son établissement, devant jouir des mêmes privilèges que le Parlement de Paris, prétendait que ses membres étaient exempts de logements de guerre. La reine, à son passage à Metz au mois de septembre 1633, avait respecté les privilèges de la Cour, mais ils ne le furent pas toujours. Au mois de décembre suivant, M. le maréchal de La Force devait arriver à Metz. Ses maréchaux-des-logis marquèrent le logement de M. le président Cauchon pour celui du maréchal. Ce magistrat était alors à Paris, et les officiers du maréchal voulurent chasser madame la présidente de son logis. Le Parlement dut envoyer, pour la protéger, trois conseillers, MM. de Bullion, Fremyn et Merault.

Les membres du Parlement ne devaient pas seulement jouir dans la ville où siégeait la Cour de l'exemption de loger des gens de guerre. Un arrêt du conseil d'état du 1er juin 1672 fit défense aux échevins de la ville de Rheims de placer des soldats chez les officiers du Parlement, qui résidaient en cette ville hors du temps de leur semestre.

Plus tard, on contesta encore aux membres de la compagnie l'exemption à laquelle elle avait droit; il s'éleva surtout des difficultés pour les officiers subalternes attachés à la Cour.

On voit, par une lettre de M. de Pontchartrain du 8 juin 1705, qu'il promettait d'appuyer les réclamations faites par le Parlement pour être maintenu dans l'exemption des logements militaires, et en 1742, la Cour était encore obligée de prendre fait et cause pour quelques-uns de ses membres qui habitaient Rheims et Verdun, où on leur contestait ces immunités.

Un arrêt du conseil d'état en date du 10 décembre 1644, ordonna que les présidents, les conseillers, les avocats généraux, le procureur général et le premier huissier seraient seuls exempts de contribuer aux charges ordinaires et extraordinaires de la ville de Toul, pour la subsistance des gens de guerre, les contributions, les étapes, le chauffage et l'éclairage des corps-de-gardes et les autres choses nécessaires au service du roi.

Le Parlement siégeait à cette époque à Toul. Six conseillers résidant en la ville de Metz, avaient été compris personnellement dans une taxe levée sur les habitants de cette ville pour contribuer à la subsistance de trois compagnies qui y avaient leurs quartiers d'hiver.

Un arrêt du conseil, en date du 28 avril 1646, prenant en considération que les terres appartenant à ces magistrats avaient supporté les impôts prélevés pour le passage des troupes, et qu'eux-mêmes ne faisaient pas à Metz leur résidence pendant toute l'année, les déchargea des impositions personnelles auxquelles on les avait soumis.

Les magistrats de la Cour étaient en outre exempts de payer l'impôt qui frappait le blé que l'on faisait moudre aux moulins de la ville de Metz. Cette immunité fut consacrée par un arrêt du conseil d'état du 25 mai 1657.

Enfin un arrêt du même conseil, en date du 27 mars 1753, maintint les officiers du Parlement dans la possession de ne payer le droit de *coupillon* et de *quartage* sur les blés, que sur le pied du soixantième au lieu du quarantième, auquel étaient assujettis les autres habitants de la ville de Metz sans aucune distinction. En conséquence, des condamnations prononcées par le bureau de la ville contre des membres du Parlement, furent cassées et annulées.

Le même arrêt maintint aussi les officiers de la Cour dans la possession de ne payer aucun droit sur les vins provenant de leur cru qu'ils faisaient entrer en ville.

Les gages n'étaient guère que l'intérêt des sommes employées à l'acquisition des offices. Les épices, fort modestes du reste, n'étaient que le prix d'un travail effectif. Les distributions de jetons et de bougies provenaient le plus souvent des fonds mêmes versés par les membres de la Cour, lors de leur réception, et il va être parlé de ces droits d'entrée. Quant aux divers immunités et priviléges, ils étaient pour ainsi dire l'équivalent des impôts particuliers auxquels les magistrats étaient soumis.

Il était d'usage que les conseillers des Parlements donnassent un festin lors de leur réception : cet usage n'eut pas une longue durée au Parlement de Metz. Cette Cour avait été installée le 26 août 1633, et le conseiller Maguin, reçu le 12 septembre suivant, fut le dernier qui donna un banquet. Par une délibération du 14 octobre 1633, la Cour décida qu'à l'avenir chaque conseiller, lors de sa réception, paierait 100 écus quarts, faisant 320 livres tournois, et que moyennant ce versement, il serait dispensé de donner un festin. Ces droits de réception devaient former un fonds commun destiné à subvenir aux dépenses qui seraient faites pour l'honneur et la dignité de la compagnie, et un commis du greffe était chargé de les recevoir.

La Cour était sévère pour exiger le paiement de ces droits de réception. Un conseiller avait résigné son office sans avoir payé les 320 livres; quand son successeur se présenta, le

Parlement décida, le 20 mars 1641, que le récipiendaire ne serait admis qu'après avoir payé non-seulement ce qui était dû par son prédécesseur, mais encore les 320 livres qui étaient dues par lui-même.

Ces droits de réception subirent bien des variations selon les temps et les besoins de la compagnie. Dans les premières époques de l'établissement de la Cour, la quotité de ces droits fut surtout variable.

Les droits de réception avaient été fixés, par une délibération du 14 octobre 1634, à 200 écus quarts ou 640 livres pour les présidents à mortier, et à 100 écus quarts ou 320 livres pour les conseillers.

Le Parlement, qui n'était pas payé régulièrement de ses gages et recevait peu d'épices à cause de la rareté des procès et de la misère des temps, voulut aussi battre monnaie en augmentant considérablement les droits d'entrée. Par sa délibération du 14 juin 1641, il arrêta que les présidents à mortier paieraient 1,000 écus quarts ou 3,200 livres au lieu de 200 écus ; et que les conseillers paieraient 500 écus quarts ou 1,600 livres au lieu de 100 écus.

On s'aperçut bientôt que cette mesure financière avilissait le prix des offices dont le malheur des temps avait déjà singulièrement diminué la valeur, et le 5 avril 1642, on abrogea la délibération du mois de juin de l'année précédente pour en revenir au taux fixé précédemment.

L'année suivante, au mois de juillet, les droits de réception furent doublés ; les présidents à mortier eurent à payer 400 écus quarts ou 1,280 livres, les conseillers et les Gens du roi 200 écus quarts ou 640 livres.

En 1658, le droit d'entrée se trouvait doublé, mais il y eut une exception pour les fils des conseillers, qui n'eurent à payer que 320 livres, et ceux des présidents à mortier 640 livres.

En 1675, il fut décidé qu'à l'avenir on ne serait réputé *fils de maître* et qu'on ne jouirait par conséquent de l'exception portée par l'arrêt du 6 novembre 1658, à moins qu'on ne fût fils d'un magistrat ayant servi vingt ans ou décédé dans l'exercice de ses fonctions, ou qu'on eût été pourvu immédiatement sur la résignation de son père.

Telles sont les bases principales sur lesquelles, selon la différence des temps ou les nécessités de la compagnie, les droits de réception furent réglés à l'avenir.

Les magistrats étaient soumis à un impôt qu'on appelait le marc d'or. Un édit du mois d'octobre 1578 portait que tous ceux qui seraient pourvus d'offices, seraient tenus, avant l'expédition de leurs provisions, de payer un droit de serment selon certain tarif. Une déclaration du roi du 7 décembre 1582 attribua à l'ordre du Saint-Esprit les deniers provenant de ce droit de serment, qui prit plus tard le nom de marc d'or.

Depuis l'édit de décembre 1656, qui doubla ce droit, il est intervenu sur cette matière un grand nombre de règlements. La noblesse ayant été accordée en 1658 au Parlement de Metz, les membres de cette compagnie durent payer un droit plus fort qui s'appelait alors le marc d'or de noblesse, et qui s'éleva quelquefois à 2,000 livres pour chaque office. Enfin les magistrats payaient aussi un certain droit de marc d'or, lorsque, pour être reçus dans leurs offices, ils avaient dû se pourvoir de dispenses d'âge ou de services, de parenté ou d'alliance, d'études ou de comptabilité : ce dernier cas arrivait quand le roi permettait à un officier du Parlement d'exercer une place de maire ou toute autre, sans cesser de faire partie de la Cour.

Les membres du Parlement étaient en outre assujettis à un droit particulier appelé d'abord la paulette et ensuite l'annuel.

C'était un droit que devaient payer tous les ans au roi les titulaires des offices de magistrature pour faire passer, après leur décès, la propriété de ces offices à leurs héritiers.

Il avait été appelé paulette, parce que Charles Paulet, secrétaire de la chambre de Henri IV, en avait été l'inventeur et le premier fermier. Ce droit, créé en 1604, fut supprimé par Louis XIII le 15 janvier 1618, mais rétabli en 1620.

Par l'édit de 1633 qui institua le Parlement de Metz, les membres de la nouvelle Cour furent admis au droit annuel, c'est-à-dire à rendre leurs offices transmissibles à leurs héritiers, en payant pendant trois ans le soixantième denier de la valeur de leurs charges.

En 1636 et 1638, ils furent déchargés de payer ce droit à cause de la misère des temps et de l'impossibilité où ils étaient de se faire payer de leurs gages.

Quand, en 1641, Claude de Bretagne remplaça comme premier président Anthoine, son père, il obtint pour le Parlement une décharge du droit annuel.

Le 22 août 1648, le Parlement arrêta que pendant les poursuites que l'on faisait pour obtenir la diminution de cet impôt, les membres de la Cour devraient acquitter leur part suivant l'ancienne taxe, parce que de leur retard ou de leur refus, on pourrait prétendre que leurs offices étaient acquis aux parties casuelles, au profit du roi. Dans l'origine ce droit était de 4 deniers pour livre : on l'a ensuite augmenté et diminué selon les temps. Vers 1683, il était assez élevé pour les membres du Parlement de Metz ; chaque conseiller devait payer annuellement 133 livres 6 sous 6 deniers.

Un édit de décembre 1709, interprété par une déclaration du roi du 19 janvier 1710 et enregistré au Parlement de Metz le 10 mars suivant, ordonna le rachat de l'annuel. La Cour, malgré son empressement à effectuer ce rachat, ne put que difficilement fournir la somme à laquelle elle fut taxée et qui s'élevait à 243,204 livres 16 sous; au mois d'avril suivant, elle versa au trésor royal, pour son premier payement, 14,713 livres 6 sous 8 deniers.

Malgré le rachat, ce droit annuel fut rétabli pour neuf ans en 1722 pour la plupart des offices, mais les membres des Cours souveraines en furent exemptés.

Quand la capitation fut établie, les officiers des Cours souveraines y furent soumis; il n'y eut d'exempts que les membres du clergé dont on espérait obtenir par compensation un don gratuit considérable. Cet impôt, auquel Louis XIV eut recours dans l'état de détresse où se trouvaient les finances de l'État par suite des nombreuses armées que la France avait à entretenir, avait été conseillé par le Parlement d'Aix. Un édit du 18 janvier 1695 créa la capitation qui, comme l'indique son nom, était un impôt devant se prélever par tête, mais chacun n'était pas tenu de payer la même somme. Vingt-deux classes de contribuables avaient été établies, et la cotisation exigée d'eux fut tarifée; la première classe se composant des princes du sang, des ministres secrétaires d'état et des premiers dignitaires du royaume, était taxée à 2,000 livres par tête; la vingt-deuxième et dernière classe, comprenant les garçons des chirurgiens et des apothicaires, les apprentis des artisans, les laquais, etc., n'était taxée qu'à 20 sols.

Ce tarif, où sont marqués tous les dégrés de l'échelle sociale de cette époque, donnera la mesure de la considération que les officiers du Parlement de Metz obtenaient personnellement et du rang qu'ils occupaient dans la société.

Le premier président faisait partie de la treizième classe, qui comprenait aussi les chevaliers et les grands officiers de l'ordre du Saint-Esprit et les lieutenants-généraux gouverneurs des provinces ; chacun d'eux était taxé à 1,000 livres.

Les présidents à mortier étaient compris dans la sixième classe des contribuables payant 300 livres ; dans cette classe se trouvaient les lieutenants-généraux des armées du roi.

Les conseillers, les chevaliers d'honneur, le procureur général, les avocats généraux et le greffier en chef appartenaient à la neuvième classe taxée à 150 livres ; dans cette classe étaient placés les brigadiers des armées du roi.

Les avocats et les procureurs du Parlement ne payaient par tête que 20 livres, comme appartenant à la dix-septième classe, qui comprenait entre autres les colonels et majors de la bourgeoisie, les médecins et les notaires.

La capitation devait cesser avec la guerre ; cet impôt fut aboli à la paix de Riswick, mais il reparut quand se forma la terrible alliance des puissances européennes contre la France. Un édit du 12 mars 1701, en rétablissant la capitation, indiqua par son article 15, comment le rôle serait dressé dans les Parlements : une commission composée du premier président, de deux députés de la Cour au moins et du procureur général, devait procéder à la confection du rôle sur lequel le conseil du roi statuait définitivement.

Le Parlement de Paris avait réglé sa capitation sur le pied du tarif de 1695 en y ajoutant la moitié en sus. Le Parlement de Metz, malgré l'état fâcheux auquel il était réduit alors par la diminution de son ressort depuis la paix de Riswick, vint généreusement au secours de l'État et consentit à payer le double de la capitation à laquelle il avait été imposé en 1695. Aux sommes formant l'impôt lui-même, il fallait ajouter 8 deniers par livres tant pour les taxations du payeur des gages de la compagnie chargé du recouvrement en détail, que pour celles du receveur général des finances à qui les fonds étaient remis pour être versés au trésor royal.

Le prélèvement de la capitation ne suffisant pas pour subvenir aux dépenses de la guerre, on eut recours à une nouvelle mesure financière pour tirer de l'argent en anticipant sur la capitation elle-même. Un édit de septembre 1708 permit à chaque contribuable de racheter la capitation et de s'y soustraire pendant toute sa vie, en payant six années d'avance de sa cotisation personnelle, et on lui offrit en outre de lui payer la rente du capital qu'il verserait au trésor.

Le 19 novembre suivant, le Parlement, sur la demande du contrôleur général des finances Desmaretz, arrêta qu'il prendrait des rentes jusqu'à concurrence de la somme à laquelle se monterait sa capitation pour six années, et qu'à cet effet un emprunt serait fait.

Le 12 décembre suivant, le Parlement n'ayant pu réaliser la somme qu'il devait verser au trésor royal, chargea le premier président et le syndic de la compagnie de faire connaître au contrôleur général des finances que des emprunts se négociaient avec beaucoup de difficultés à cause du mauvais état des affaires et de la différence qui existait dans la valeur des espèces. Celles des pays de la Sarre et de l'Alsace avaient une plus haute valeur qu'à Metz; il en était de même en Lorraine, puisque les pièces de 7 sous 9 deniers y avaient cours pour 8 sous.

La Cour n'ayant pu trouver à emprunter, chacun de ses

membres fut obligé de payer sa quote-part entre les mains du receveur particulier des finances à Metz ; ce versement fut complété dans les six premiers mois de 1709.

Un arrêt du conseil d'état, en date du 24 septembre de cette année, régla ainsi le rachat de la capitation :

Le premier président fut taxé à . . . . 9,000 livres
Chaque président à mortier à. 2,700
Chaque conseiller, procureur général, avocat
  général et greffier en chef à. 1,350
Chaque substitut du procureur général à. . . 450
Chaque conseiller correcteur ou auditeur des
  comptes à. 900

Les sommes versées au trésor royal s'élevaient à 121,950 livres ; l'arrêt du conseil fixa à 6097 livres 10 sols la rente qui serait payée aux membres du Parlement, à dater du 1er janvier 1709, et ordonna qu'elle serait prélevée sur les gabelles des Trois-Évêchés.

Plus tard, la Cour fut soumise encore à cet impôt de la capitation, par une déclaration du 9 juillet 1715, qui ne cessa plus d'être exécutée.

La position élevée qu'occupait le Parlement, les priviléges dont il jouissait ne mettaient pas cependant ses membres à l'abri d'un impôt existant tout particulièrement à Metz, au profit de l'hôpital Saint-Nicolas de cette ville. Cet hôpital avait de grandes prérogatives ; ses administrateurs exerçaient, dans l'intérieur des salles et des bâtiments, le droit de juridiction jusqu'à jugement de mort inclusivement, sauf appel au Parlement : ce droit fut respecté jusqu'à la révolution de 1789.

Cet établissement avait surtout le droit de lever un impôt bien singulier.

Suivant un ancien titre qui se trouvait à ses archives et qui était daté de huit jours avant la fête de saint Jean-Baptiste de l'année 1282, l'hôpital de Saint-Nicolas pourvoyait à l'entretien des trois ponts en bois jetés sur la Moselle, l'un à Moulins à six kilomètres de Metz, les deux autres en face de la ville même. Pour subvenir aux frais de réparations, cet établissement avait le droit *de tirer* les habits de ceux qui mouraient dans la ville ou dans la banlieue. Cet ancien titre avait été confirmé plus tard sous l'obligation de construire dans un délai de vingt années trois ponts en pierre en remplacement de ceux dont l'entretien était à la charge de l'hôpital. C'est ainsi que furent construits le pont de Moulins, qui sert de communication entre ce village et la rive gauche en amont de la Moselle, mais sous lequel, depuis 1632 environ, la rivière a cessé de couler; le beau Pont-des-Morts par lequel on arrive à Metz en venant de Paris, et qui a pris son nom de l'impôt même au moyen duquel il a été construit; enfin le Pontiffroy qui conduit à Thionville.

Un arrêt du Parlement de Metz, séant à Toul, en date du 27 juillet 1646, a constaté que le droit *de tirer les habits des morts*, établi en faveur de l'hôpital Saint-Nicolas par l'acte de 1282, avait été confirmé par un atour de l'année 1349; on appelait atour les anciennes ordonnances rendues du temps de la république messine. Cet arrêt du Parlement rappelait en outre quatre arrêts qu'il avait rendus les 10 juillet et 30 août 1634, le 4 juin 1635 et le 12 janvier 1636, ainsi que deux sentences, l'une des trois ordres de la ville en date du 12 octobre 1639 et l'autre du bailliage du 18 février 1642. L'arrêt rendu par le Parlement en 1646, sur la requête des maîtres et des gouverneurs de l'hôpital, c'est

ainsi qu'on appelait les administrateurs, avait son dispositif ainsi conçu : « Notre dite Cour a ordonné et ordonne que
» ledit statut de 1349 sera entièrement observé et exécuté,
» suivant sa forme et teneur, dans notre dite ville et bourgs
» de Metz, ce faisant les suppléans maintenus et gardés en
» la possession et jouissance du droit d'avoir de toutes per-
» sonnes de quelque qualité, condition et sexe qu'elles soient,
» sans aucunes excepter, ecclésiastiques et séculières,
» mariées et non mariées, domiciliées ou non qui mourront
» en notre dite ville et bourgs de Metz, le meilleur de tous
» leurs habits, lors de leurs décès ; savoir : des ecclésias-
» tiques, robe, soutane et bonnet ; et des séculiers, man-
» teau, pourpoint et chapeau ; et des femmes et filles au-
» dessus de neuf ans, robe, cotte et coiffure ou la juste
» valeur desdits habits ; à cet effet, que les parents héritiers
» et hôtes des décédés seront tenus de se saisir du meilleur des
» habits des décédés ; en avertir les officiers dudit hôpital et
» les délivrer au lieu ordinaire et accoutumé, huit jours après
» le décès, ou la juste valeur, en affirmant qu'aucuns desdits
» habits n'auront été retenus, détournés, recélés, vendus ou
» engagés en fraude dudit hôpital ; à faute de quoi faire,
» ils y seront contraints par toutes voies dues et raison-
» nables, le tout sur peine de 20 livres de Metz et autres
» portées par ledit statut, à la charge de recevoir, par lesdits
» maîtres et gouverneurs dudit hôpital, indifféremment les
» soldats de la garnison de notre dite ville de Metz, avec les
» bourgeois qu'ils ont accoutumé. »

Ce droit était si général qu'il s'exerçait même sur les habits des officiers suisses au service du roi qui mouraient à Metz à leur passage.

Une convention faite entre le Parlement et les administrateurs de l'hôpital Saint-Nicolas, porta qu'il serait payé 40 livres tournois pour les habits des membres de la Cour qui décéderaient à Metz ou dans la banlieue.

Depuis 1658 jusqu'en 1714, le Parlement fut obligé de verser sous différents prétextes des sommes considérables au trésor royal.

Afin d'obtenir son rétablissement à Metz en 1658, il s'était engagé à verser 200,000 livres dans les coffres du roi. Ce ne fut qu'avec peine et à des conditions onéreuses qu'il put se procurer une somme aussi considérable.

D'autres dépenses accessoires vinrent se joindre à cette dépense principale. Il paraît bien probable que le cardinal Mazarin reçut sous main un petit cadeau de 20,000 livres en récompense de ce qu'il avait contribué au rétablissement de la Cour à Metz et de ce qu'il n'avait pas laissé créer de nouveaux offices, comme elle-même l'avait proposé, quand elle sollicitait son retour au premier siège de son établissement. Mazarin qui ne faisait jamais rien pour rien, écrivait au Parlement de Metz la lettre suivante, datée de Paris du 26 mai 1659 :

« Messieurs,

» Quoique je ne doute pas que vos députés ne vous
» ayent informé de mon affection pour votre compagnie et
» qu'après avoir représenté au roy ce qu'ils m'ont fait en-
» tendre sur le subjet de la création des charges que l'on
» avait proposé de faire au Parlement de Metz, je les ai
» assurés qu'elle n'aurait point lieu. Néanmoins j'ai été bien
» aise de vous le confirmer encore par cette lettre et de
» vous dire qu'en toutes les occasions où je pourray pro-

» curer les avantages de vostre compagnie et faire valloir
» auprès de sa majesté le zelle qu'elle a pour son service,
» je le feray de tout mon cœur, estant

« Messieurs,

« *Votre très-affectionné serviteur,*

« Signé le cardinal Mazarini. »

La Cour accorda en outre 2,000 livres de gratification au procureur général Paul Legendre, dont les démarches avaient été si actives et si heureuses dans cette circonstance, et 10 pistoles à son secrétaire; plus 100 livres à Louis Bertrand, aman et notaire royal à Metz, pour ses salaires et vacations relativement aux emprunts qui avaient été faits.

En 1676, le Parlement n'avait pu encore rembourser les 200,000 écus qu'il avait empruntés pour verser au trésor, et il en payait les intérêts qui s'élevaient à 10,250 livres : ces intérêts étaient prélevés sur les gages des officiers de la Cour. Les conseillers supportaient une réduction de 105 liv.; les présidents à mortier, une réduction de 210 livres; le premier président voyait retenir sur son traitement 420 livres par année.

Le Parlement fit aussi à diverses époques des versements au trésor royal, soit pour obtenir des augmentations de gages ou pour amortir des offices récemment créés, en payant les finances dues au roi et en empêchant ainsi l'introduction de nouveaux membres dans la compagnie, ce qui aurait diminué les émoluments des titulaires existants, soit pour payer le rachat de la capitation et du droit annuel ou pour s'intéresser dans la compagnie des Indes orientales créée en 1664.

Le 19 octobre de cette année, le Parlement de Metz enregistra l'édit du mois d'août précédent, qui créait cette compagnie. Le roi avait adressé au Parlement lui-même une lettre sous la date du 7 octobre, pour engager chacun de ses membres à prendre des actions dans cette compagnie, et à donner l'exemple à leurs justiciables.

La Cour s'assembla plusieurs fois pour aviser aux moyens de s'associer à ce nouvel établissement. Enfin, sur une lettre du roi adressée à M. le premier président pour connaître les intentions de la Cour, le Parlement arrêta, le 15 janvier 1665, que l'on ferait un fonds qui ne fut pas fixé d'abord. Un autre arrêté du 10 avril suivant déclara que la Cour s'intéresserait collectivement pour 50,000 livres, que l'on résolut d'emprunter.

Le versement de cette somme devant se faire par tiers, le Parlement fournit d'abord 16,666 livres 13 sols 4 deniers.

Le 19 novembre 1668, le premier président Claude de Bretagne fit connaître qu'il avait reçu du directeur de la compagnie du commerce des Indes orientales, deux lettres lui annonçant que, suivant des arrêts du conseil d'état du 21 septembre précédent et du 5 de ce même mois de novembre, ceux qui avaient souscrit pouvaient se libérer des engagements qu'ils avaient contractés en abandonnant le premier tiers versé. Le Parlement décida qu'il ferait ce sacrifice, mais il ne trouva pas à Paris d'huissier qui voulût signifier son abandon à la compagnie des Indes, et après avoir reçu des ordres précis du roi, la Cour emprunta la somme nécessaire pour payer le second tiers des 50,000 liv. qu'elle avait promises.

En 1715, les sommes dues au Parlement par le trésor royal s'élevaient à 506,654 livres; on lui en payait les intérêts à trois pour cent, tandis que la Cour servait un intérêt bien plus fort à ses propres créanciers auxquels elle avait en outre hypothéqué même la propriété de ses offices.

Un remboursement considérable fut fait au Parlement de Metz en 1720. Le trésor lui remit en billets de banque une somme de 269,855 livres pour le fonds d'augmentation de gages, créée en 1702. La Cour parvint à désintéresser une partie de ses créanciers, et pour opérer ces négociations, elle supporta 464 livres de frais et elle accorda au notaire d'Ancerville, de Metz, une somme de 400 livres pour ses honoraires.

A la suppression du Parlement en 1771, la Cour avait encore des créances sur le trésor et des dettes envers plusieurs particuliers. Ce fut M. le conseiller Jean Armand de Blair qui fut chargé de cette liquidation ainsi que de la liquidation de la finance des offices supprimés.

Parmi les dépenses extraordinaires que le Parlement de Metz avait à supporter, il faut compter celle de la buvette. Les magistrats restaient longtemps au palais : un lieu de repos et de rafraîchissement leur était nécessaire. Par l'édit de création du Parlement du mois de janvier 1633, le premier huissier en avait été nommé le buvetier; mais un édit du mois de février suivant nomma un buvetier en titre, et le sieur Bernard de Cazenave, ancien chef d'office de la panneterie du roi, fut investi de ces fonctions. Il ne paraît pas que le malheur des temps lui eût permis de former un établissement permanent et prospère, car la buvette fut bientôt régie aux dépens de la Cour elle-même. L'état de guerre ayant augmenté singulièrement la cherté des vivres, un arrêté, rendu le 3 avril 1636 par le semestre de février, supprima la buvette. Elle fut rétablie par une délibération du semestre suivant sous la date du 5 novembre. Le premier huissier en fut le directeur, et deux conseillers furent chargés de régler et de surveiller la dépense.

La misère devint bien grande, car une délibération du 5 novembre de l'année suivante n'autorisa le premier huissier « qu'à fournir seulement chacun jour de séance de ladite » Cour deux pots de vin et deux pains de 3 sols chacun. »

En 1640, elle fut de nouveau supprimée; rétablie plus tard, elle continua jusqu'à la suppression du Parlement.

La Cour avait aussi ses chapelains à payer. C'était au premier président qu'il appartenait de les désigner, sauf l'approbation de la compagnie. Pour la commodité des magistrats, l'un des chapelains disait la messe de très-bon matin « avant l'entrée de Messieurs au palais, » Le second chapelain célébrait la messe à la sortie de l'audience. Avant qu'une chapelle eût été construite dans le palais même, les messes du Parlement se célébraient à la chapelle de Saint-Michel dans la cathédrale.

Le Parlement arrêta, en 1697, qu'à la fin des messes dites à l'entrée de la Cour, le *Domine salvum fac* serait chanté et que les dernières messes à la sortie des audiences seraient célébrées pour le repos des âmes des membres de la Cour dernièrement décédés dans l'exercice de leurs fonctions ou revêtus du titre de membres honoraires.

Chaque chapelain recevait une rétribution de 200 livres par an; mais en 1770, le Parlement « prenant en considé- » ration que tout avait enchéri dans la ville de Metz depuis » le siècle précédent, » porta le traitement des chapelains à 250 livres.

Le Parlement avait presque toujours quelques-uns de ses

membres en députation. Ses députés recevaient des indemnités de route et de séjour qui, en se renouvelant fréquemment, étaient une grande charge pour la compagnie. Dans les temps de guerre elle avait souvent à payer des frais d'escorte considérables, et plus tard elle fut obligée de payer des sauvegardes. Il serait inutile et fastidieux d'énumérer toutes les députations coûteuses qui furent envoyées par le Parlement; on rappellera seulement quelques-unes d'entre elles :

Le président Blondeau et le conseiller Bénigne Bossuet furent, en 1638, envoyés à Metz. Ils durent prendre une escorte qui de Toul à Pont-à-Mousson coûta 30 livres 4 sols, et de Pont-à-Mousson à Jouy 13 livres 4 sols. Les frais de cette députation s'élevèrent à 580 livres 9 sols 6 deniers.

En 1644, les conseillers Rigault, Doumengin, Leclerc de Lesseville, Deforges de Germinon, Bauduyn et Bossuet furent chargés d'une mission à Metz. L'escorte de Toul à Pont-à-Mousson se composait de dix cavaliers et de soixante-dix mousquetaires et coûta 110 livres; celle de Pont-à-Mousson à Champé n'était que de treize mousquetaires qui reçurent une rétribution de 7 livres ; les frais de la députation tout entière furent de 1090 livres.

Au mois de novembre 1647, le président Fremyn envoyé à Metz toucha comme indemnité plus de 800 livres.

La même année le procureur général Billet de Fasnières avait reçu 1050 livres pour un voyage à Paris.

En 1650, Benigne Bossuet se rendit aussi à Paris pour solliciter le rétablissement du Parlement à Metz; il y resta deux mois et on lui accorda 600 livres. Les députés touchaient en outre intégralement les gages et les émoluments attachés à leurs fonctions.

Les députations envoyées à Paris en 1661 coûtèrent à la

compagnie plus de 6,000 livres qu'il fallut prendre sur le fonds commun des droits de réception, à défaut de deniers provenant des amendes de fol-appel qui étaient prononcées au profit particulier de la Cour.

En 1746, le conseiller Durand de Distroff, reçut 6,000 livres pour son séjour à Paris, où il avait été chargé des affaires de la compagnie. Le président d'Augny toucha, pour deux voyages qu'il avait faits à Paris dans les années 1755 et 1756, une somme de 7655 livres. Dans cette somme était comprise celle de 1,000 livres accordée pour honoraires à Me Godescard de l'Isle, avocat aux conseils du roi.

Enfin en 1770, la députation envoyée à Toul pour complimenter la Dauphine à son passage, fit une dépense de 713 livres 13 sols.

Les députés soumettaient à la compagnie la note de leurs dépenses, et la Cour en ordonnançait le paiement.

La transcription d'un mémoire rédigé par le conseiller Bénigne Bossuet et écrit en entier de la main de ce vénérable magistrat envoyé en 1639 en députation à Metz, fera connaître les mœurs de cette époque.

« *Mémoire de ce que j'ai reçu et despensé au voyage par moy*
« *faict à Metz de l'ordre de la Cour, depuis le 30 de*
« *may 1639 jusques au 3e d'août suivant:*

« J'ay reçu à Toul du premier huissier, ledit jour
» 3e de may, 300 livres.................... 300¹ »
« Plus à Metz, par ordre de Messieurs, sur la
» lettre de M. de Chenevix à M. son frère, 240 liv. 240 »

Somme.......... 540¹ »

« J'ay despensé à Nancy où j'ay passé par occa-
» sion d'escorte, pendant deux jours pour moy,
» mon homme et deux chevaux, 15 livres 18 sols.   15^l 18

« Pour escorte de Nancy au Pont (Pont-à-Mous-
» son), le 1er de juin............................   18 »

« Au Pont, pour le dîner et le souper du lende-
» main, 6 livres 15 sols.........................   6 15

« Pour escorte du Pont jusque à Jouy (aux Ar-
» ches), 18 livres................................   18 »

» J'arrive à Metz le 2e jour de juin, j'en sortis
» le 2e d'août suivant, qui font 62 jours pour des-
» pense de moy, mon homme, un cheval, quelque
» temps deux, recognoissance dans le logis et
» autres menues despences, 386 livres..........   386 »

« Pour ports de lettres, messagers envoyés,
» mesmement un lors de mon départ auquel j'ai
» donné 2 quarts d'écu et 2 encore à Dubois,
» messager, qui m'a dit les avoir baillé, environ
» 10 livres.......................................   10 »

« Je sortis de Metz le 2° d'août, et arrivé sur les
» quatre heures du soir au Pont, où pour moy, le
» sieur André Treyre, Bolins, huissier, le sieur de
» La Cour et le sergent qui conduisaient l'escorte à
» Toul, qui avaient dîné et qui souppaient, mon
» homme et cinq chevaux, j'ay despensé 16 livres.   16 »

« Au Pont donné aux soldats pour boire, estant
» arrivés dès le matin, 3 rixdalers..............   9 15

« A Toul, le jour de mon arrivée, pour ledit sieur
» de La Cour, conducteur d'escorte, sergent et 37
» ou 38 soldats en présence de M. de Corberon qui
» s'y rencontra, 4 pistoles......................   48 »

« Plus donné à Metz à l'huissier Bollin, envoyé
» par la Cour, 3 nobles de Gand vallant 37 livres
» 10 sols.................................... 37 10
« Plus audit Bolin 4 pistoles d'Espagne........ 48 »
« Somme audit Bollin....................... 85 10

« Somme toute............... 614 10

« Reste due.................. 74 10

« Faict à Toul, le 16 août 1639.

« Signé B. Bossuet. »

« Il est ordonné à M. Antoine Asse, commis à la recepte
» des amendes de la Cour, fournir audit B. Bossuet,
» conseiller, lesdits 74 livres 10 sols restant, et rapportant
» décharge, lui seront alloués en ses comptes. Fait le 13
» septembre 1639.

« Signé Pinon, Doumengin, »
(*Président.*) (*Syndic de la compagnie.*)

« J'ay reçu dudit M⁰ Antoine Asse, commis à la recepte
» des amendes de la Cour, les 74 livres 10 sols mentionnés
» en l'ordonnance cy-dessus et l'en tiens quitte. Fait à Toul,
» le 10 d'octobre 1639.

« Signé B. Bossuet. »

Le Parlement ayant toujours des affaires à traiter à Paris,
avait recours à beaucoup de personnes pour appuyer ses
démarches. Il en est auxquelles la Cour aurait cru manquer
en leur offrant des honoraires ; elle se trompa un jour en

chargeant un avocat de Paris de faire agréer à l'un de ces intermédiaires quelques-unes de ces excellentes confitures de Metz qui, depuis longtemps, sont renommées. On avait promis d'accepter, mais on se ravisa et l'on écrivit au mandataire du Parlement la lettre suivante :

« *A Paris, le mercredi 13° janvier 1712.*

« Ayant fait réflextion, Monsieur, que je ne puis faire
» aucun usage des confitures dont vous m'avez fait l'honneur
» de me parler hier matin, permettez moy de vous en re-
» mercier et ces messieurs de Metz qui peuvent, sy bon
» leur semble, mieux manifester leur reconnaissance. S'il
» y a quelque chose de nouveau pour leur service, ils
» n'ont qu'à ordonner, je suis toujours prest a leur en rendre
» de bon cœur, estant véritablement, Monsieur, votre très
» humble et très obéissant serviteur.

« Signé DE LAVAUX. »

Tel est l'affront fait en même temps au Parlement et aux mirabelles de Metz.

CHAPITRE XII.

Bénigne Chasot, premier président. La bulle unigenitus.
Le Parlement s'oppose à l'érection d'un évêché dans la Lorraine.
Indemnité accordée à la Cour pour la diminution de son ressort.
Les juges royaux connaissent des délits que les soldats commettent contre les bourgeois.
Remontrances. Passage de la reine Marie Lecziuska à Metz.
Établissement des juges consuls et de la juridiction de la marque des fers.
Abolition du chantuaire

Après le règne glorieux de Louis XIV, cessèrent pour le Parlement de Metz son action sur la politique extérieure, et ses luttes avec les princes étrangers et le pays lui-même. La province des Trois-Évêchés était devenue toute française. La Lorraine, cette voisine autrefois si turbulente, n'était plus ennemie acharnée de la France ; elle ne devait pas tarder longtemps d'y être réunie pour toujours. La politique aventureuse de ses ducs avait enlevé à la Lorraine l'avantage de rester une principauté indépendante; mais c'est à ses ducs qu'elle doit la conservation de son esprit catholique, et cet esprit catholique a rendu plus facile son incorporation au royaume dont elle devait faire partie.

Le Parlement de Metz n'aura plus, sous le règne de Louis XV et sous celui de Louis XVI, ce ressort immense qu'il avait eu sous les prédécesseurs de ces rois; il n'aura plus à exercer ces pouvoirs politiques qui appelaient sur lui les yeux de toute l'Europe et qui lui ont mérité la reconnaissance de la France; mais il s'occupera avec intelligence et avec courage des intérêts des pays dépendants de son ressort; il fournira encore des administrateurs éclairés et des diplomates habiles; en un mot, dans le cercle restreint de l'administration de la justice et de la politique intérieure, il justifiera pour la province des Trois-Évêchés ces belles paroles de Châteaubriand : « Alors la justice était pour nous la liberté. »

Bénigne Chasot, neveu de Bossuet, évêque de Meaux, venait d'être nommé premier président du Parlement de Metz. Fils d'un ancien magistrat de cette Cour souveraine, il en faisait lui-même partie depuis trente ans soit comme conseiller, soit comme président à mortier, et il s'était acquis l'estime de tous les gens honnêtes. L'intendant Turgot, qui administra la généralité de Metz depuis 1696 jusqu'en 1700, avait rendu hommage à ses mérites; le maréchal de Villars, qui avait commandé dans cette ville vers 1710, avait appris à le connaître, et le comte de Salians d'Estaing, successeur du maréchal de Villars, avait une affection toute particulière pour messire Bénigne Chasot.

Ce digne magistrat se trouvait à Paris comme membre de la députation envoyée par la Cour au jeune roi Louis XV, pour le complimenter sur son avènement au trône, quand il fut nommé premier président en remplacement de monsieur de La Porte, qui avait résigné ses fonctions.

Le maréchal de Villars, président du conseil de la guerre, écrivit au comte de Salians d'Estaing, lieutenant général des armées du roi, gouverneur de Metz et commandant dans les Trois-Évêchés, la lettre suivante :

« *Paris, 15 novembre 1716.*

« Monsieur de Chasot, Monsieur, devant partir au premier
» jour pour se rendre à Metz pour y prendre possession de
» la charge de premier président du Parlement, j'ai cru
» devoir vous donner avis à l'avance qu'il est d'usage, pour
» la première fois qu'un premier président entre dans la
» ville où il tient ses séances, de lui faire rendre tous les
» honneurs tant par les trouppes que par les magistrats, et
» que son altesse royale aura bien agréable que vous en
» usiez en cette occasion pour M. le président de Chasot
» comme on a ci-devant fait pour messieurs le président de
» Sève et le président de La Porte à leur arrivée la pre-
» mière fois à Metz. Je vois par les lettres écrites à l'occasion
» de M. le premier président de Sève, du mois de juillet 1681,
» qu'elle se fit au bruit de douze pièces de canon et des
» tambours, les trouppes estant sous les armes. M. Abel
» (c'était le major de place), qui doit avoir vu ce qui se
» passa, vous mettra aisément au fait et votre amitié pour
» M. de Chasot fera le reste; je suis très-parfaitement,
» monsieur, votre très-humble et très-obéissant serviteur.

« Signé le maréchal duc DE VILLARS. »

Le comte de Salians d'Estaing en transmettant une copie de cette dépêche à monsieur Bénigne Chasot, lui disait dans

sa lettre du 5 décembre 1716 : « A moins que je ne retienne
» le mouvement de mon cœur, on verra des choses sur-
» prenantes. » Et après lui avoir demandé le jour et l'heure
de son arrivée, il ajoutait : « Si vous entrez incognito,
» vous ferez tort aux honneurs qu'on doit à votre dignité,
« étant nécessaire que l'usage établisse votre droit, que
« personne ne soutiendra avec plus de vivacité que moi. »
C'est sous ces heureux auspices que M. Bénigne Chasot
vint prendre possession de la première présidence du Parlement de Metz ; il y fut installé le 7 janvier 1717.

Une grande fermentation religieuse existait alors en France.
La bulle *unigenitus* envoyée de Rome en 1713 avait soulevé
beaucoup de passions. On prétendait qu'elle avait été fabri-
quée à Paris par trois jésuites : ce qu'il y a de certain, c'est
qu'elle contenait des propositions fort extraordinaires et
qu'elle condamnait ouvertement la déclaration faite en 1682
par le clergé de France sous l'inspiration du grand Bossuet.
Le Parlement de Metz, qui depuis sa création avait toujours
compté parmi ses membres les plus distingués et les plus
influents les parents les plus proches de cet illustre prélat,
était aussi animé de son esprit, et dans les querelles à l'occasion de la bulle *unigenitus*, il montra autant de fermeté que
les autres Parlements du royaume pour la défense des libertés
de l'Église gallicane.

Le 29 décembre 1716, il rendit l'arrêt suivant : « Ce
» jour, le procureur général (Le Goullon de Champel)
» entré en la chambre, a dit à la Cour que si jamais le
» zèle et la vigilance qui sont inséparables de son minis-
» tère, devoient éclater, c'étoit sans doute dans l'occasion
» qui se présente aujourd'hui ; puisqu'il sagit de donner des
» bornes à une puissance étrangère qui ne manque jamais

» de prétextes pour s'agrandir, lesquels paroissent d'autant
» plus spéciaux, qu'ils semblent fondez sur une autorité
» qui émane de la divinité et qu'ils sont accompagnez du
» respect qu'on doit à la religion ; que ce n'est pas d'aujour-
» d'huy que la Cour de Rome a tenté de donner des atteintes
» à l'autorité des souverains et à la liberté des peuples ; que
» l'histoire nous fournit une infinité d'exemples de ces entre-
» prises qui ont toujours échoué contre cette nation par la
» sagesse de nos rois et par la fermeté des Cours souveraines
» du royaume ; qu'il espérait que les mêmes sentiments écla-
» teroient encore aujourd'huy pour empêcher que l'autorité
» des évêques et les libertés de l'Église gallicane ne reçoi-
» vent quelque altération ; qu'il étoit averty que l'on veut
» répandre dans le public des brefs du pape, contraires à
» l'autorité royale, aux droits des évêques et aux maximes
» établies dans le royaume ; qu'il faut arrêter ces entreprises
» pernicieuses et apprendre aux peuples jusqu'où doit aller le
» respect qu'ils doivent à cette puissance spirituelle, et que
» quand elle veut transgresser les bornes qui luy sont pres-
» crites, on luy oppose une barrière invincible qui arrête
» toute sa violence ; que c'est l'autorité de la Cour qui luy
» sert de digue et à laquelle il a recours. C'est une maxime
» constamment suivie dans tous les tribunaux qu'aucunes
» bulles ny brefs du pape ne peuvent paroître dans le royaume
» qu'avec la permission du roy, déclarée par ses lettres
» patentes registrées en la Cour ; le roi Louis XI le défendit
» expressément par son édit de l'année 1475 ; cette loy a
» été observée par tous les Parlements ; son devoir envers le
» roy et la patrie l'obligent d'entrer dans le même esprit ; et
» quoique le ressort soit moins exposé que d'autres à des
» inconvéniens qu'il faut prévenir par les lumières et le zèle

» des évêques qui y ont leur siège (du Cambout de Coislin,
» évêque de Metz, Blouet de Camilly, évêque de Toul et
» Hyppolite de Béthune, évêque de Verdun), il pourrait y
» avoir des personnes mal intentionnées qui abuseroient de
» son silence : ce qui l'oblige de requérir qu'inhibitions et
» défenses soient faites à tous archevêques et évêques, etc.,
» de recevoir, faire lire, publier ou exécuter aucuns decrets,
» brefs, bulles ou autres expéditions de Cour de Rome;
» ensemble à tous libraires et imprimeurs de les imprimer
» et débiter sans lettres patentes du roi, enregistrées à la
» Cour, etc.

« Les Gens du roy retirez, vu les conclusions par écrit
» du procureur général du roy, laissées sur le bureau; la
» matière mise en délibération :

« La Cour faisant droit sur les conclusions du procureur
» général du roy, en conséquence des anciennes ordon-
» nances, usages et libertés du royaume, fait inhibitions et
» défenses à tous les archevêques et évêques de son ressort,
» leurs vicaires ou officiaux et à tous recteurs et suppôts
» des universités, corps ou communautés ecclésiastiques et
» à tous autres de recevoir, faire lire, publier ou exécuter
» aucunes bulles ou brefs, ou autres expéditions émanées
» de Cour de Rome, sans lettres patentes du roy registrées
» en la Cour, pour en ordonner la publication, à l'exception
» néanmoins des brefs de pénitencerie, provisions de béné-
» fices ou autres expéditions ordinaires concernant les affaires
» des particuliers, lesquelles s'obtiennent en Cour de Rome
» suivant les ordonnances et usages du royaume; fait dé-
» fenses à tous les libraires ou imprimeurs, colporteurs et
» autres d'imprimer ou faire imprimer, vendre et débiter
» ou autrement distribuer aucunes bulles, brefs ou autres

» expéditions de Cour de Rome, à la réserve des brefs de
» pénitencerie et autres expéditions cy dessus marquées,
» sans lettres patentes du roy, registrées en la Cour qui en
» ordonnent la publication, à peine de 500 livres d'amende,
» même de déchéance de leurs maîtrises ou vacations et
» autres plus grandes punitions, s'il y échet; ordonne qu'à
» la diligence du procureur général du roy, le présent
» arrest sera envoyé dans les bailliages et autres sièges
» ressortissans nuëment à la Cour pour y être lu, publié,
» registré et affiché partout où besoin sera; enjoint aux sub-
» stituts sur les lieux d'y tenir la main et d'en certifier la
» Cour dans un mois. Fait à Metz, etc. »

Un arrêt du 25 octobre 1718 reçut le procureur général appelant comme d'abus d'un imprimé ou décret du pape, ayant pour titre : *Litteræ ad universos fideles, etc.*, et daté du 5 des calendes du mois de septembre 1718; la Cour ordonna en outre la suppression de cet imprimé et renouvela les défenses portées par son arrêt de 1716. Ces défenses ne furent pas respectées, car l'année suivante le Parlement de Metz fut obligé de prononcer plusieurs condamnations. Le 17 janvier 1749, il ordonna la suppression de deux *libelles imprimés* ayant pour titre : *Première lettre à un verdunois* et *Instruction familière sur la soumission due à la bulle unigenitus*. Ce dernier libelle avait été en même temps condamné par le Parlement de Paris, dans un arrêt du 14 de ce mois, dont les défenses furent renouvelées par un autre arrêt du 19 mars suivant.

Le 24 du même mois de janvier, un arrêt du Parlement de Metz prononça la suppression d'un *libelle* intitulé : « *Décla-
» ration faite par le roi catholique, le 26 décembre 1748* »
et autorisa même le procureur général à *obtenir et faire publier*

un monitoire, pour connaître les auteurs, détenteurs et distributeurs de ce pamphlet.

Le Parlement supprima encore, par arrêt du 3 mars suivant, un écrit de la Cour de Rome intitulé : *Editto speciale, etc.*

Les arrêts du Parlement de Metz étaient impuissants pour empêcher dans l'étendue de son ressort la distribution des écrits qui propageaient les idées ultramontaines; le 16 juin 1719, le Parlement reçut le procureur général appelant comme d'abus d'un imprimé ayant pour titre : *Veritas catholica, etc.* Cet écrit était signé Mathias, suffragant et vicaire général de Trèves.

Quelques jours après, le 30 juin, le Parlement s'empressait d'enregistrer l'édit qui suspendait toutes les disputes et les contestations, à l'occasion de la bulle *unigenitus*. Tout cela n'arrêta pas la fermentation religieuse.

Si le Parlement défendait énergiquement les libertés de l'Église gallicane, il protégeait également le pouvoir des évêques. Un nommé Leclerc n'avait pas été admis aux ordres sacrés par M. l'évêque de Metz. Ce Leclerc appela de la décision épiscopale à l'archevêque de Trèves, qui était le métropolitain. Ce prélat cita l'évêque de Metz son suffragant à comparaître devant lui dans un délai de six semaines pour rendre compte des motifs qu'il avait eus de refuser au plaignant les ordres sacrés. Le procureur général du roi appela comme d'abus de cette citation donnée par l'archevêque de Trèves, et le Parlement de Metz, par arrêt du 9 novembre 1719, dit qu'il y avait abus dans le décret de l'official métropolitain ; en conséquence il fit défenses à l'évêque de Metz d'obéir à cette citation et au nommé Leclerc et à tous autres de se pourvoir à l'archevêché de Trèves.

Léopold, duc de Lorraine, faisait à cette époque des démarches actives auprès du saint siège pour obtenir l'érection d'un évêché à Saint-Dié dans les Vosges. Déjà le duc Henri avait, dans le siècle précédent, sollicité du pape Clément VIII l'établissement d'un évêque à Nancy.

Les souverains de la Lorraine cherchaient ainsi à soustraire leurs états au pouvoir ecclésiastique de l'évêque de Toul, qui depuis longtemps était dépendant de la France.

Avant Louis XV, la Lorraine enlevée au pouvoir spirituel de l'évêque de Toul aurait été une chose contraire aux intérêts français, en ce que cette séparation, sous le rapport religieux, n'aurait pu que rendre plus difficile la réunion de cette souveraineté à la France. En 1749, la Lorraine avait perdu son indépendance et ne pouvait manquer de perdre bientôt l'ombre de sa nationalité pour se revêtir des couleurs françaises. Il ne pouvait donc plus y avoir un grand danger à ce qu'un évêché fût érigé soit à Nancy soit à Saint-Dié. Cependant le Parlement de Metz attentif à tout ce qui pouvait retarder l'incorporation de la Lorraine ou réveiller seulement d'anciens souvenirs de souveraineté, rendit, le 30 septembre 1719, sur les conclusions du procureur général Le Goullon de Champel, un arrêt remarquable. « Il défendit à tous arche-
» vêques, évêques, chapitres et autres personnes, de com-
» paraître ou répondre à aucunes assignations et citations
» qui leur aurait été données en Cour de Rome et hors du
» royaume, notamment en ce qui concernait la prétendue
» érection d'un évêché en Lorraine en la ville de Saint-Dié,
» comme aussi de faire ou donner aucun acte ou consen-
» tement à la dite érection, ni à aucun démembrement de
» portions de leurs diocèses, union de bénéfices ou parties
» d'iceux. »

La position du Parlement de Metz était devenue bien modeste après avoir été pendant longtemps si brillante.

En 1633, son ressort ne comprenait guère que les Trois-Évêchés; mais en 1661, toute la province d'Alsace et les cinq bailliages du Haynaut avaient été soumis à sa juridiction, et en 1670, toutes les dépendances de la Lorraine lui avaient été réunies. Après les conquêtes de Louis XIV, on avait ajouté au ressort de cette Cour le duché de Luxembourg et le comté de Chiny. Peu à peu toutes ces adjonctions avaient disparu, et depuis le traité de Riswick, le Parlement se trouvait presque réduit à la province des Trois-Évêchés. Le traité de La Haye, du 4 janvier 1717, était venu diminuer encore son ressort en enlevant à sa juridiction les villes de Nomeny, de Hombourg, de Saint-Avold et de Rembervillers, et plus de quatre-vingts villages.

Dès lors le ressort de la Cour fut moindre que celui qui lui avait été assigné lors de sa création en 1633, et cependant le nombre de ses officiers était presque doublé. Lors de l'établissement du Parlement, la compagnie se composait d'un premier président, de six présidents à mortier et de cinquante-six conseillers, tandis qu'en 1717 elle comptait un premier président, douze présidents à mortier, un président des requêtes, quatre-vingt-dix conseillers, un procureur général, deux avocats généraux, et tous les autres bas officiers à proportion des différentes créations.

Depuis la paix de Riswick, les épices, qui étaient les principaux émoluments des magistrats, avaient diminué de plus de 20,000 livres par année: dans un semestre, des conseillers n'avaient touché que 14 livres. Ceci s'explique facilement par la diminution des procès tant civils que criminels. Il y avait eu, dans les dix années qui avaient précédé le retranchement du ressort, c'est-à-dire la paix de Riswick, 4296 jugements civils et criminels, ce qui donnait une moyenne de 429 procès. Dans les dix années qui avaient suivi la diminution du ressort, il n'y avait eu que 890 jugements, et par conséquent 89 par an ; il y avait moins de procès par année qu'il n'y avait de juges.

Cet état de choses avait déprécié singulièrement les offices. Avant la paix de 1697, le prix des charges de conseiller s'était élevé jusqu'à 35,000 livres ; après la paix, elles étaient tombées à 25,000 livres, mais elles s'étaient ensuite relevées.

Il y avait toujours eu d'ailleurs une différence entre le prix des charges de conseillers. Celles qu'on avait créées en 1633 étaient les plus chères. Les vingt charges appelées bressanes, parce qu'elles provenaient de la réunion de la chambre de Bresse au Parlement de Metz, avaient une moindre valeur. Quant aux dix charges de conseillers commissaires aux requêtes qui avaient été vendues par le roi 20,000 livres, elles ne valaient, en 1699, que 22,000.

Le Parlement avait éprouvé une perte de 4,000 livres environ par année par la réduction que le roi avait faite sur le taux des rentes dues à la compagnie par le trésor royal, à dater du 1er janvier 1716. Il avait en outre perdu 7,000 livres environ par année, par suite du retranchement du franc-salé, c'est-à-dire du droit accordé aux membres de la Cour d'obtenir le sel nécessaire à la consommation de leur famille, avec exemption de l'impôt de la gabelle. L'édit du mois d'août 1717 qui avait prononcé la suppression de cette immunité, avait été enregistré sans difficulté.

La compagnie évaluait à plus de 32,000 livres la perte annuelle qu'elle éprouvait depuis 1697.

Elle fit faire des représentations au roi pour solliciter une augmentation de ressort ou du moins une indemnité. Le 28 mars 1740, elle approuva un mémoire rédigé par le premier président Chasot, et elle chargea ce magistrat de se rendre à Paris pour remettre à sa majesté elle-même le mémoire qui justifiait les réclamations de la Cour.

Une augmentation de ressort était impossible ; tout ce que M. le premier président put obtenir, ce fut la promesse d'une indemnité. Le 31 juillet suivant, un arrêt du conseil commit MM. de Caumartin et de Saint-Contest, conseillers d'état, et Legendre de Saint-Aubin, maître des requêtes, pour régler l'indemnité que le roi consentait à accorder au Parlement de Metz.

Sur l'avis des commissaires, un second arrêt du conseil, en date du 27 octobre 1718, décida que 15,000 livres d'indemnité annuelle seraient, pendant six ans, à dater du 1er janvier 1719, payés aux officiers du Parlement de Metz, et qu'après ces six premières années, l'indemnité serait réduite à 10,000 livres. Cet arrêt du conseil d'état fut contresigné par M. Fleuriau d'Armenonville, ministre secrétaire d'état, qui contribua sans doute avec plaisir à faire rendre justice à une Cour souveraine dont il avait été membre pendant plusieurs années.

La Cour témoigna sa satisfaction et sa reconnaissance à M. le premier président Chasot et à M. le président Dominique Hyacinthe de Tailfumyr, dont les démarches et les sollicitations avaient été couronnées de succès.

Cette indemnité de 15,000 livres fut bientôt réduite à 10,000, ensuite à 5,000 et même elle ne fut jamais régulièrement payée. En 1725, on devait au Parlement 40,000 livres pour quatre ans de l'indemnité et on lui offrait en payement des rentes sur les tailles. Par sa délibération du 4 septembre de cette année, la Cour chargea le président Berthelot, résident à Paris, de tâcher d'obtenir des billets de liquidation, de négocier ces billets et d'envoyer l'argent à Metz. Il ne put réussir, car l'année suivante la Cour chargea le président Thiébault, qui devait faire un assez long séjour dans la capitale, de solliciter le payement de cette somme de 40,000 livres et de souscrire à tous les accommodements qu'il jugerait convenables.

Dès 1728, on avait cessé complétement de payer cette indemnité qui se trouvait réduite à 5,000 livres.

En 1764, le trésor royal devait au Parlement, pour trente-six années d'arrérages de l'indemnité réduite à 5,000 livres, une somme de 180,000 livres. Non-seulement la Cour réclama le payement de ces arrérages, mais elle demanda le rétablissement de son indemnité de 10,000 livres. Les circonstances n'étaient pas favorables pour faire toutes ces réclamations, car un nouvel édit venait de doubler la capitation. Le Parlement l'avait enregistré, mais en le vérifiant il avait demandé à être exempt de cette augmentation d'impôt. M. d'Ormesson, ministre des finances, profita de cette circonstance pour proposer au Parlement de le décharger du doublement de l'impôt, à condition qu'il renoncerait à réclamer le payement de l'indemnité.

C'était reprendre d'une main ce que l'on donnait de l'autre. Cependant le Parlement par sa délibération du 18 avril 1764, accepta la proposition, sur le motif que la compagnie se trouvait dans une impossibilité absolue et notoire de payer le doublement de la capitation ordonnée par l'édit du 3 février 1760. M. le premier président Mathieu de Montholon fut chargé en même temps de solliciter le rétablissement de son ancien ressort.

Le Parlement abandonna donc les 180,000 livres qui lui étaient dues, afin d'obtenir d'être exempt du doublement de la capitation. Quant à une augmentation de ressort, le roi, en faisant connaître à la Cour qu'il consentait à la décharger du doublement de l'impôt, moyennant l'abandon qu'elle faisait, lui fit aussi savoir « qu'il ne trouvait pas mauvais la
» réserve faite par le Parlement de Metz, relativement à la
» restitution de l'ancien ressort dans le cas où les parties
» qui en avaient été distraites rentreraient sous la domination
» de sa majesté. »

Les pertes que le Parlement éprouva par suite de la paix de Riswick ne furent donc jamais réparées.

Les conflits entre le Parlement et l'autorité militaire ne devaient plus avoir rien de grave. Monsieur du Fay qui commandait la citadelle de Metz, voulut s'opposer à ce que les huissiers de la Cour entrassent dans la forteresse pour y faire des significations. C'était, d'une manière indirecte, se soustraire à la juridiction du Parlement; la compagnie porta ses plaintes au garde des sceaux. Le chancelier Daguesseau résolut la difficulté par sa lettre du 20 février 1721, en conciliant les droits de justice avec les égards dus à un commandant de place forte. Il décida que les huissiers pourraient entrer dans la citadelle, mais qu'ils devaient préalablement en demander la permission au gouverneur. La prétention de M. du Fay était d'autant plus inadmissible que le Parlement avait juridiction pour connaître de tous les délits commis par des officiers ou des soldats contre des bourgeois ou des habitants du ressort.

Il s'était élevé souvent des difficultés sur ce point entre les officiers des états-majors des places et les juges royaux; des lettres de cachet en date du 13 décembre 1718 avaient confirmé les dispositions de l'article 22 de l'ordonnance du 4 novembre 1651 et de l'article 43 de l'ordonnance du 25 juillet 1665, dont les dispositions avaient été déjà rappelées dans une ordonnance du 10 septembre 1716. Ainsi c'était un point de jurisprudence encore bien établi à cette époque, que les militaires de tous grades étaient justiciables des tribunaux civils, à raison des délits qu'ils commettaient contre les bourgeois.

Le 31 juillet 1724, le Parlement, attentif à maintenir l'exécution des arrêtés de police générale qui défendaient d'introduire dans son ressort les vins provenant des autres provinces de la France, avait renouvelé ces défenses. Au mois de novembre suivant, un arrêt du conseil d'état suspendit l'exécution de la mesure ordonnée par le Parlement; cette Cour était animée sans doute de bonnes intentions, mais elle était entraînée, dans ces circonstances, par des intérêts de localité et par les préjugés étroits d'économie politique qui régnaient alors et qui n'ont pas encore totalement disparu.

Les publicistes s'accordent à reconnaître que, depuis la fondation de la monarchie jusqu'au règne de Philippe-le-Bel, la nation avait été maintenue dans le droit de concourir à la législation et qu'il n'y avait point de loi sans son consentement.

Les Parlements, devenus sédentaires et distribués en plusieurs ressorts, prétendaient avoir succédé au droit qu'avaient les anciennes assemblées de la nation, de vérifier les édits qui devaient avoir force de lois dans le royaume. Les jurisconsultes et les historiographes les plus célèbres reconnaissaient que ce droit appartenait aux Cours de Parlement. Guillaume Budé, dans ses *Annotations sur les pandectes*, page 128, disait « que l'autorité du Parlement donne la sanction

» aux lois du prince ; que ces lois ne sont pas exemptes de
» la censure du Parlement; qu'elles ne passent à la postérité
» qu'en vertu des arrêts du Parlement. »

Anne Robert écrivait quelques années après Budé, au commencement du XVIe siècle, « que les ordonnances de nos
» rois n'ont force de lois et qu'on n'est tenu d'y obéir,
» qu'après que le Parlement a examiné si elles sont justes
» ou injustes ou qu'il les a solennellement approuvées. »

« Le Parlement, a dit Pasquier dans ses *Recherches de*
» *la France*, a toujours été destiné pour les affaires publi-
» ques et vérification des édits, car tout ainsi que sous
» Charlemagne et ses successeurs, ne s'entreprenait autre
» chose de conséquence au royaume, que l'on ne fît assem-
» blée et de prélats et de barons, pour avoir l'œil sur cette
» affaire; aussi le Parlement étant arrêté, fut trouvé bon
» que les volontés générales de nos rois n'obtinssent point
» lieu d'édits, sinon qu'elles eussent été vérifiées et homo-
» loguées en ce lieu. »

« Les Parlements, a dit Michel de Castelnau dans ses
» mémoires, sont en tout comme huit colonnes fortes et
» puissantes (les Parlements de Metz, Pau, Besançon et
» Douai n'existaient pas encore), composées de tous états
» sur lesquels est appuyée cette grande monarchie; les édits
» ordinaires n'ayant point de force et n'étant approuvés
» des autres magistrats, s'ils ne sont reçus et vérifiés èsdits
» Parlements, qui est une règle d'état par le moyen de la-
» quelle le roi ne pourrait, quand il voudrait, faire des lois
» injustes, que bientôt après elles ne fussent rejetées. »

La sanction des Parlements était donc nécessaire pour donner aux actes du pouvoir royal le caractère de lois de l'État, et les rois reconnaissaient eux-mêmes la nécessité de cette sanction, lorsqu'abusant de leur puissance, ils obtenaient par des lettres de jussion l'enregistrement de leurs ordonnances ou lorsqu'ils employaient le moyen violent de les faire enregistrer dans des lits de justice.

Du droit de vérification découlait le droit de faire des remontrances. La royauté ne le contestait pas, seulement elle avait cherché à en régler et atténuer l'exercice par ses ordonnances de 1667, de 1673, du 26 septembre 1715, et du 26 août 1718.

Le Parlement de Metz avait usé plusieurs fois du droit de faire des remontrances. Dans les dernières années du règne de Louis XIV, il avait fait inutilement des protestations contre la déclaration du 10 novembre 1710, qui ordonnait la perception au profit du roi du dixième du revenu de tous les biens du royaume. Cette opposition du Parlement de Metz était justifiée par la réponse que Louis XIV fit lui-même à son contrôleur général Desmaretz, lorsque celui-ci lui proposa l'établissement de cet impôt; le roi répondit : « Je n'ai » pas ce droit. »

L'édit du mois de juin 1725, qui prescrivait la levée du cinquantième du revenu de tous les biens, ne fut pas enregistré sans difficulté au Parlement de Metz. Le 1ᵉʳ août suivant, la Cour adressa au roi des remontrances dans lesquelles elle faisait valoir la grande difficulté de la perception, et la nécessité de ne point aliéner au roi le cœur de ses sujets. Elle insistait principalement sur cette observation extrêmement sage, qu'il y avait à craindre que les puissances étrangères, en voyant la France avoir recours à de semblables ressources *en temps de paix*, pensassent qu'elle ne serait plus capable d'aucun effort, si la guerre venait à se rallumer.

Quand, en 1725, la reine Marie Leczinska traversa Metz,

le Parlement, conformément aux ordres qu'il avait reçus du roi, salua sa jeune souveraine. La Cour alla en grande cérémonie lui présenter ses hommages. Le premier président Chasot, qui était souffrant, avait obtenu la permission de se faire porter dans l'antichambre de sa majesté, et pour prononcer sa harangue, il dut être soutenu par le grand-maître des cérémonies. M. Chasot était tellement faible, qu'il fallut le rapprocher de la reine pour qu'il pût entendre la réponse bienveillante qu'elle fit à la Cour.

L'année suivante, le Parlement de Metz eut la satisfaction de voir arriver au ministère deux anciens membres de sa compagnie : Le Pelletier des Forts était nommé contrôleur général des finances, et Claude Leblanc, secrétaire de la guerre.

Ils étaient passés ces temps de lutte vigoureuse où le Parlement était obligé de disputer sa juridiction aux puissances étrangères. Il se présentait cependant encore des occasions où la Cour devait faire valoir son autorité contre les prétentions des princes voisins et des Cours supérieures qui les représentaient. C'est ainsi que le 7 janvier 1727, le Parlement de Metz dut faire défense de mettre à exécution sur les territoires de Fumay et de Revin, dans les Ardennes, des décrets et des jugements émanés du conseil de Malines, qui se qualifiait ainsi : « Les présidents et Gens du grand conseil » de l'empereur et roy. »

Le 18 août de cette même année, le Parlement dut réprimer un abus de pouvoir que s'étaient permis les juges de police de la ville de Metz. Ils avaient sans motifs raisonnables augmenté le prix du pain. Après avoir entendu le lieutenant général et le procureur du roi de police, la Cour leur fit dire par le premier président qu'ils devaient supprimer leur dernière ordonnance et faire exécuter celle qu'ils avaient rendue précédemment le 5 du même mois d'août. Cette ordonnance taxait le pain blanc à un sol neuf deniers la livre, le bis-blanc à dix-huit deniers et le pain bis à un sol.

La juridiction consulaire est ancienne dans le pays; c'est en 1716 que des juges consuls furent établis à Metz, pour connaître de toutes les contestations qui pourraient s'élever entre les marchands et les négociants, relativement à des billets, des lettres de change et d'autres effets ou actes de commerce. Ils ne jugeaient en dernier ressort que jusqu'à la somme de 500 livres; pour des sommes plus fortes, les appels pouvaient être portés au Parlement. La création d'un tribunal de commerce dans la ville de Metz annonce que déjà à cette époque, il y régnait une grande activité commerciale et que les négociants y jouissaient d'une grande considération.

Le droit de la marque des fers était un impôt qui frappait la fabrication du fer, de la fonte et de l'acier; il avait été établi en France, par un édit de 1626, dans un temps où ni les Trois-Évêchés, ni la principauté de Sedan, ni le Luxembourg français, ni les autres villes qui composèrent le ressort du Parlement de Metz, à l'exception de Mouzon, Mohon et Château-Renaud, n'étaient encore sous la souveraineté de la France. Cet édit n'avait pu être enregistré au Parlement de Metz qui n'existait pas, et la province des Trois-Évêchés semblait devoir être exempte de cette imposition; mais un arrêt de la Cour, en date du 29 décembre 1666, devint le principe de l'assujétissement de la province à cet impôt, en ordonnant au fermier général des aides du royaume d'apporter et de faire vérifier la partie de son bail concernant le droit de la marque des fers.

Les développements que la fabrication des fers avait pris

dans le ressort du Parlement de Metz, développements qui ne se sont pas arrêtés, puisque le département de la Moselle est aujourd'hui le second département de la France par l'importance de ses forges, rendirent nécessaire l'établissement d'une juridiction particulière pour connaître, dans l'étendue des Trois-Évêchés, de tout ce qui était relatif au droit de la marque des fers. Cette juridiction fut constituée à Metz par un arrêt du conseil d'état et par des lettres patentes du 18 et du 29 novembre 1727, qui furent enregistrés au Parlement. Ce tribunal se composait d'un juge, d'un procureur du roi et d'un greffier, et les sentences qu'il rendait pouvaient être soumises au Parlement par la voie de l'appel.

Le 28 janvier 1728, la Cour rendit un arrêt important. Le *chantuaire*, dont on voit des traces dans les actes du XIV° siècle, était une redevance que les habitants d'un hameau payaient à leur curé, pour la permission primitive qui leur avait été donnée de construire une chapelle succursale ou un autel et d'y faire chanter la messe par un prêtre autre que le curé de la paroisse. Au commencement du XVIII° siècle, les habitants de Soncourt et de Maconcourt, dans le pays Toulois, devaient à leurs seigneurs, curés primitifs, une redevance d'avoine pour droit de *chantuaire*. Le Parlement supprima ce droit.

CHAPITRE XIII.

Réception du premier président Mathieu de Montholon.
Te Deum pour la naissance du Dauphin.
Le maître-échevin de la ville réprimandé. Encore la bulle unigenitus.
Impôt du dixième en 1733. Inondation désastreuse.
Bois de chauffage. Paréatis. Arrêt contre les Lorrains.
Le maréchal de Belle-Isle et le comte de Gisors.

Monsieur Mathieu de Montholon ayant été nommé premier président du Parlement de Metz, M. d'Angevilliers, secrétaire d'état de la guerre, écrivit, sous la date du 20 avril 1729, à M. le lieutenant de roi de cette ville, pour lui donner l'ordre de suivre pour la réception de ce magistrat le cérémonial prescrit en 1716 par M. le maréchal de Villars pour la réception du premier président Chasot.

M. de Montholon fit son entrée à Metz le 1ᵉʳ mai 1729. Beaucoup de membres de la Cour allèrent dans leurs équipages au-devant de lui jusqu'à Longeville, et le président Dominique Hyacinthe de Tailfumyr, qui avait devancé ses collègues, rencontra M. de Montholon au delà de Moulins et le prit dans son carrosse. Le premier président descendit de voiture à Longeville, se rendit dans la salle où se trouvaient Messieurs du Parlement et leur exprima combien il était sensible à l'honneur qu'ils lui faisaient. M. de Montholon étant remonté dans le carrosse du président de Tailfumyr, reprit sa route vers Metz et fut suivi de toutes les voitures des membres de la Cour. La cavalerie et les dragons étaient en bataille sur la route, et, au passage du premier président, les trompettes sonnèrent, les timbales et les tambours battirent aux champs et les officiers saluèrent de l'épée. Il entra dans la ville au bruit d'une décharge de douze volées de canon. L'infanterie était postée dans les rues en double haie depuis la porte de France jusqu'à l'hôtel de l'intendance où le premier président descendit. Là il reçut les compliments de tous les corps ecclésiastiques et séculiers, et le maître-échevin, à la tête des magistrats de l'hôtel-de-ville, lui fit le présent d'usage. Le surlendemain M. de Montholon fut installé avec beaucoup de solennité.

Le 28 septembre de la même année, le Parlement assista en corps au *Te Deum* qui fut chanté pour la naissance du dauphin.

Vers trois heures de l'après-midi, la Cour en robes rouges se rendit à la cathédrale; elle était précédée des officiers et des archers de la maréchaussée, des huissiers, des commis du greffe et du premier huissier aussi en robe rouge.

La compagnie ayant pris place dans les hauts siéges et dans les stalles les plus près du chœur, l'évêque Cambout du Coislin commença l'office. Après les prières et les actions de grâces, le Parlement sortit dans le même ordre qu'à son entrée et assista à une procession générale, qui commença à la place d'Armes, continua par la rue des Clercs, se rendit à l'église de Saint-Arnould où elle s'arrêta pour dire des prières, et retourna ensuite à la cathérale en passant par la rue aux *Hours*.

La procession fit sa rentrée dans l'église par la porte qui donne sur la place de Chambre. C'est alors seulement que l'on chanta le *Te Deum*. Quand la cérémonie fût terminée, le Parlement se retira et rentra au palais ; à sa sortie comme à sa rentrée, le corps-de-garde de la place se mit sous les armes et les tambours battirent aux champs.

A l'occasion de la naissance du dauphin, le Parlement voulut envoyer au roi une députation. Sa majesté l'en dispensa et écrivit elle-même à la Cour, sous la date du 28 septembre, pour la remercier et l'assurer de sa protection.

Les Parlements se permettaient quelquefois d'envoyer au roi des députations, non-seulement pour lui adresser des félicitations, mais aussi pour lui porter des doléances. C'est principalement pour ce dernier cas que, le 17 mars 1747, le chancelier écrivait à la Cour : « Le roi juge à propos d'établir » une règle dans le Parlement de Metz. A l'avenir le Parle- » ment ne peut envoyer une députation au roi, sans préala- » blement en avoir informé le chancelier, qui prendra les » ordres de sa majesté. »

Le pouvoir souverain du Parlement se manifestait dans toutes les occasions. Le 28 août 1732, le feu avait éclaté sur le port du Saulcy, alors le marché au bois et maintenant la place de la Comédie. La Cour trouva mal que M. d'Auburtin de Bionville, maître-échevin et lieutenant de police, ne se fût pas aussitôt rendu sur les lieux de l'incendie : elle le manda en la chambre du conseil. Le maître-échevin ayant été introduit, le premier président Mathieu de Montholon lui enjoignit au nom de la compagnie, « d'être plus attentif et plus assidu » aux devoirs de son état en cas pareils. »

Les troubles pour la bulle *unigenitus* continuaient. Le roi avait fait enregistrer cette bulle dans un lit de justice le 3 avril 1730, et elle avait été envoyée au Parlement de Metz, qui, après l'avoir fait examiner par des commissaires, l'avait enregistrée ainsi que la déclaration du roi du 4 mars précédent. Le Parlement ne procéda à cet enregistrement qu'à contre cœur; car plusieurs membres de la Cour ayant pensé qu'il n'était pas nécessaire de faire lire et publier cette déclaration à l'audience publique, le premier président crut devoir en suspendre la lecture et la publication et en référer au chancelier. Celui-ci exigea la publication, qui eut lieu le 1er juin 1730.

Les triomphateurs abusent souvent de leurs triomphes; les partisans de la bulle ne surent pas se modérer, et l'archevêque d'Arles, dans une instruction pastorale du mois de septembre 1732, outragea tous les Parlements en les traitant de rebelles et de séditieux. On n'avait jamais vu auparavant des chansons dans un mandement; l'archevêque d'Arles fit voir cette nouveauté. Il y avait dans ce mandement une chanson qui finissait par ces vers :

« Thémis, j'implore ta vengeance
» Contre ce rebelle troupeau,
» N'en connais-tu pas l'arrogance?
» Mais non, je ne vois plus dans tes mains la balance :
» Pourquoi devant tes yeux gardes-tu ton bandeau? »

Le Parlement d'Aix fit brûler l'instruction pastorale; et le cardinal de Fleury eut la sagesse d'en faire exiler l'auteur. Il ne paraît pas que le Parlement de Metz s'en fût ému.

La guerre s'était rallumée et en 1733 et 1734, les troupes françaises ravageaient encore Trèves et les environs. L'État avait besoin de subsides, et un édit du 17 novembre 1733 ordonna la perception du dixième du revenu de tous les biens du royaume. Le Parlement de Metz enregistra sans difficulté cet édit d'autant plus onéreux à la province que la guerre qui grondait à ses portes paralysait les affaires ; l'enregistrement eut lieu le 16 janvier 1734.

Cette même année, une grande calamité était venue jeter la désolation dans les belles et riches vallées de la contrée. Les rivières avaient débordé et dévasté les prairies. Les foins qui étaient coupés avaient été entraînés par les eaux, et ceux qui étaient encore sur pied avaient été tellement couchés et couverts de vase, qu'il était impossible d'en tirer aucun profit. Il n'y avait d'autre ressource pour la nourriture des chevaux et des bestiaux que les regains que l'on pourrait faire ; mais, suivant la coutume, les prés ne devaient être fauchés qu'une fois et livrés ensuite à la vaine pâture, à moins de titres contraires. Le Parlement, par son arrêt du 17 juillet, ordonna que tous les foins gâtés par les eaux seraient fauchés et que ceux qui ne pourraient être d'aucune utilité, ne seraient pas jetés dans les rivières, dans la crainte d'engorger les moulins ou autres usines, ou d'infecter les eaux. Enfin le Parlement ordonna que les deux tiers des prés appartenant aux particuliers ou aux communautés seraient mis en réserve pour y laisser croître des regains, et il fit défenses, sous peine d'amende, d'envoyer des chevaux ou des bestiaux vain-pâturer dans ces prés avant la seconde récolte.

En 1735, les pluies continuelles et la grande quantité de

convois employés pour le service du roi avaient rendu la traite des bois difficile et très-chère, de manière que la difficulté des temps occasionnait aux marchands de bois des frais considérables. La Cour, voulant venir en aide aux marchands et pourvoir en même temps à l'approvisionnement de la ville, dispensa les marchands de démêler les bois, fixa seulement la moindre longueur qu'ils devaient avoir et en détermina le prix. Enfin il autorisa provisoirement, par cet arrêt qui est du 1er octobre, toutes personnes sans exception, soit bourgeois soit forains, d'amener au Saulcy et au port de Chambière des bois de chauffage et de les y déposer dans les endroits qui seraient inoccupés.

La corde de roi de gros bois de hêtre et de charme, soit neuf, flotté, sec ou de bouton, les buches ayant 3 pieds 6 pouces de longueur, mesure de roi, compris la taille et au-dessus, était taxée à 15 livres 15 sols.

La corde de petit bois de hêtre et de charme de même qualité et longueur, à 12 livres. On peut juger par ce tarif de la valeur progressive acquise depuis cette époque par le bois de chauffage dans la ville de Metz.

La paix fut signée en 1738, et la Lorraine fut cédée définitivement à la France. Dès-lors le Parlement de Metz n'eut plus à lutter contre cette puissance voisine, dont l'incorporation au royaume avait été depuis un siècle l'objet constant des efforts de la Cour. Sous le règne du duc Léopold, les relations du Parlement de Metz avec la Lorraine étaient devenues amicales.

Quand en 1663, la Lorraine avait été rendue au duc Charles IV, le Parlement sentit la nécessité d'établir une réciprocité pour l'exécution que les arrêts ou jugements rendus par les officiers du duc pourraient recevoir dans l'étendue du ressort de la Cour, ainsi que pour l'exécution que les arrêts et jugements rendus par les juridictions françaises pourraient recevoir dans les terres de Lorraine. Il fallait en outre réglementer la matière qui ne l'avait pas été par des traités. Un arrêt du 6 mars 1666, refusa aux hauts justiciers le droit de permettre l'exécution des sentences étrangères, c'est-à-dire, d'accorder des *pareatis*, et elle décida que les arrêts rendus par les Cours supérieures de Lorraine ne pourraient être exécutés en France qu'avec l'autorisation du Parlement, et que les sentences rendues par les tribunaux inférieurs du duché ne seraient exécutées dans le ressort de la Cour qu'avec la permission des bailliages royaux, dans le territoire desquels elles devraient recevoir leur exécution : ce qui fut confirmé par un arrêt du 13 août 1667.

Au mois de septembre 1669, pour se conformer aux intentions du roi, le Parlement de Metz avait député à Nancy les conseillers Bertrand Foës et François Jobal de Pagny, afin de s'entendre avec les ministres du duc de Lorraine pour l'extradition réciproque des criminels. Ils obtinrent une audience de Charles IV, mais ils ne réussirent pas dans leur mission, et en quittant Nancy ils déclarèrent avec dignité à ses ministres qu'ils n'avaient fait cette démarche que pour obéir aux ordres du roi de France et conférer avec monsieur d'Aubeville, résident de sa majesté à Nancy, et que si on avait une réponse à leur faire, on pouvait venir les trouver à Metz. La négociation devint inutile : l'année suivante, Louis XIV chassa Charles IV de ses états.

Sous Léopold, en 1704, la France et la Lorraine s'accordèrent réciproquement des *pareatis* et on se livra les criminels. Ainsi en 1709, le procureur général du Parlement de Metz, du consentement de la Cour, livra au procureur général en la Cour souveraine de Nancy, une femme de Pont-à-Mousson qui était accusée d'assassinat. Le Parlement pensait avec raison que l'extradition réciproque des malfaiteurs devait faire l'objet d'un traité entre la France et la Lorraine, et M. de Pontchartrain répondant à la Cour le 28 février de cette année, disait que le roi trouvait aussi qu'il était plus convenable que la matière fût réglée par un traité, mais que le duc de Lorraine ne le désirait pas; que du reste sa majesté sanctionnait les conventions conclues entre le Parlement de Metz et la Cour souveraine de Nancy.

Un des derniers actes d'hostilité du Parlement de Metz contre la Lorraine fut l'arrêt qu'il rendit le 21 février 1729, sur le rapport du conseiller Ferry.

Des praticiens de la Lorraine venaient remplir les fonctions de procureurs d'office auprès des justices inférieures. L'arrêt précité fit défenses aux seigneurs hauts, moyens et bas justiciers du ressort, de se servir, pour exercer leurs justices, de gens qui ne résideraient pas en France; et aux maires et gens de justice des villages d'admettre des étrangers, même des Lorrains, à faire les fonctions de procureurs d'office, à peine de nullité des jugements et de dommages intérêts envers les parties. La Cour ordonna en outre que son arrêt serait affiché partout où besoin serait.

Le maréchal de Belle-Isle, qui pendant trente ans fut gouverneur de Metz, est digne à toujours du souvenir de cette ville qu'il a fortifiée et embellie tout à la fois.

Le maréchal a appartenu au Parlement de Metz comme conseiller d'honneur né, mais il a été surtout uni à cette compagnie par les liens réciproques d'une profonde estime et d'une vive affection. Pendant trente ans on eut le bonheur de voir l'autorité militaire et l'autorité judiciaire, autrefois si jalouses l'une de l'autre, marcher d'un accord commun et n'avoir d'autre émulation que le bonheur de la cité et la gloire de la France.

Charles-Louis-Auguste Foucquet n'était encore que comte de Belle-Isle, maréchal de camp des armées du roi, mestre de camp général des dragons et gouverneur d'Huningue, quand, en 1727, il fut commis pour remplir en l'absence du maréchal d'Alègre, les fonctions de gouverneur et de lieutenant général dans la province de Metz et sur ses frontières, pour y commander en chef et pour jouir de tous les honneurs, autorités et prérogatives qui pouvaient appartenir à ce commandement important.

Le Parlement ne pouvait qu'accueillir avec joie un gouverneur dont le grand-père, le surintendant Foucquet, deux grands oncles et un parent avaient déjà fait partie de la compagnie.

Le comte de Belle-Isle était à peine entré dans l'exercice de ses fonctions qu'il conçut le projet de fortifier et d'embellir la ville qu'il commandait.

Tout ce qui regardait l'alignement des rues était de la compétence du bureau des finances de la généralité de Metz, dont les décisions pouvaient être soumises par appel au Parlement. La Cour souveraine aurait donc pu contrarier les projets du comte de Belle-Isle, mais il ne s'éleva jamais de conflits entre eux ; cette circonstance indique assez que le Parlement donnait son approbation à ces travaux immenses qui ont changé l'aspect de la ville, grâce à l'activité et à la fermeté du gouverneur. C'est dans sa correspondance avec le bureau des finances que l'on voit avec quelle persévérance

— 344 —

il poursuivait ses projets, sans se laisser arrêter par aucun obstacle.

Monsieur de Belle-Isle se trouvant dans son comté de Gisors au château de Bizy qui fait partie aujourd'hui du domaine de la couronne et que le roi Louis-Philippe se plaît à visiter presque chaque année, écrivait, sous la date du 13 décembre 1732, à M. d'Araincourt, procureur du roi au bureau des finances de Metz, la lettre suivante :

« Je viens de recevoir, Monsieur, votre lettre du 7 par
» laquelle j'ay veu avec grand plaisir votre attention à
» travailler au rétablissement des rues de Metz et à y pro-
» curer la commodité et les embellissements dont elle peut
» être susceptible. Il n'y a rien de mieux que le jugement que
» vous vous proposez de faire rendre au bureau des finances
» pour la démolition de la Croix-d'Or et de la plus grande
» partie de la boutique qui y est contigue. Je scais que feu
» M. de Metz (l'évêque Cambout du Coislin) dont je regret-
» teray toute ma vie la perte et par rapport à moy comme
» mon amy particulier et par rapport à la province qui en
» recevait des secours qu'elle ne retrouvera jamais, avait
» résolu de faire faire au plutôt cette démolition, voulant
» donner l'exemple de concourir au bien public. Ainsi je
» pense tout comme vous qu'il ne faut pas perdre un moment
» à faire rendre le jugement en question et je vous recom-
» mande de le faire exécuter tout de suite avec la plus
» grande diligence pour prévenir toute espèce de discussion
» et de difficulté avec le successeur qui sera nommé par le
» roi à cet évêché. Je vous prie de me donner des nou-
» velles de tout ce qui se sera fait à ce sujet. Je concourrai
» de ma part en tout ce qui dépendra de moy pour vous
» appuyer et dans cet article et dans tous les autres de même

» espèce, vous savez qu'il n'en manque pas dans la ville de
» Metz qui sont tous également pressés. Je suis, Monsieur,
» très - parfaitement votre très-humble et très-obéissant
» serviteur.

« Signé : Foucquet de Belle-Isle. »

Pendant son séjour à Metz, M. de Belle-Isle entretenait une correspondance active avec le procureur du roi du bureau des finances ou avec le bureau lui-même; dans une très-longue lettre adressée à M. d'Araincourt, le 17 novembre 1736, on remarque les passages suivants :

« Les ouvrages projetés pour fortifier la ville de Metz,
» exigeant, Monsieur, que l'on construise un rempart dans
» toute la partie qui est depuis le Pontiffroy jusque au Pont-
» des-Morts, et en continuant jusque à la porte qui conduit
» à la poudrerie, il est nécessaire, pour y parvenir, de
» démolir l'ancien mur d'enceinte qui règne de l'un à l'autre.
» Dans toute cette partie, l'on construira le rempart en
» avant dans la fausse-braye, et comme cet ouvrage doit
» être exécuté dans le cours de l'année prochaine; j'ai
» donné les ordres de la démolition dudit mur pendant cet
» hyver.

« Ce nouveau rempart va procurer un grand embellisse-
» ment qui sera également utile et commode pour les habi-
» tants, en procurant non-seulement plusieurs débouchés,
» mais aussi des emplacements pour bâtir des maisons tout
» le long de la nouvelle rue qu'il faut former parallèlement
» audit rempart, laquelle aura quatre cents toises de long
» et aura en face la plus belle vue de Metz, attendu que le
» nouveau rempart ne sera que de six à sept pieds plus
» élevé que le rez-de-chaussée, et que les différents étages

» des maisons de cette nouvelle rue verront la Moselle, la
» double couronne et toute la campagne. »

Ce rempart s'est exécuté conformément aux intentions de M. de Belle-Isle, et porte encore aujourd'hui le nom de celui qui l'a fait construire.

Le lendemain, il informait Messieurs du bureau des finances de la lettre qu'il avait adressée à M. d'Araincourt, en disant : « Je le charge, dans ladite lettre, de vous la com-
» muniquer, et vous y verrez, Messieurs, combien je compte
» sur votre ministère pour concourir avec moi au bien
» public. »

Pendant qu'il était à Paris en 1738, il écrivait à Messieurs du bureau des finances, sous la date du 7 avril, une lettre de six grandes pages. Le bureau avait accordé à deux particuliers la permission de faire des croisées et de recrépir leurs maisons. « C'est de quoy j'aurais lieu de me plaindre,
» disait M. de Belle-Isle, parce qu'après tout ce que je vous
» ai dit, Messieurs, à plus d'une reprise, du projet général
» que j'avais pour l'élargissement des rues et de la nécessité
» que nous agissions de concert et que vous voulussiez bien
» ne point donner d'alignement sans m'en faire part, en
» attendant que le plan détaillé de toutes les rues de la ville
» auquel je fais travailler depuis quatre ans, fût achevé,
» vous auriez bien pu ne pas donner cette permission, etc.

« J'ay fait travailler aux plans détaillés de chaque rue
» pour qu'en grande connaissance de cause, l'on puisse
» former un plan général qui soit déposé à votre greffe
» et qui, après avoir été bien discuté, examiné et cons-
» taté, fasse une loy et une règle pour le présent et pour
» l'avenir, etc., etc.

« Je voy très-bien, par la copie que vous m'envoyez de

» la requête des sieurs ...., que l'on veut embarrasser
» l'affaire par les formes judiciaires, et c'est précisément de
» quoy je me plains, car ces deux bourgeois n'eussent point
» agi ainsi, s'ils n'eussent été poussés et excités. »

Etant même à l'armée d'Italie, M. de Belle-Isle, qui était devenu maréchal de France, s'occupait encore des embellissements de la ville de Metz, et, le 11 janvier 1749, il écrivait de Nice à Messieurs du bureau des finances, la lettre suivante :

« J'ai vu avec satisfaction, Messieurs, les assurances que
» vous me donnez par votre lettre du 24 du mois passé,
» que le bureau des finances cherchera à concourir à la
» pureté de mes intentions pour le bien public, dans les
» différents arrangements sur lesquels j'ay insisté pour le
» dégagement des rues de la ville de Metz. J'espère être,
» cet été prochain, à portée de juger du bon effet que pro-
» duira la démolition de l'îlot Saint-Martin, que vous me
» promettez devoir être faite à la saint Jean, et de travailler
» avec vous aux moyens les plus convenables pour effectuer
» le projet de l'agrandissement de la petite place à la des-
» cente du Pont-Sailly qui doit procurer, avec le coup d'œil
» agréable, le dégagement dont vous reconnaissez l'utilité
» pour les trois rues qui y aboutissent.

« Je suis trop bien persuadé de la bonté de vos intentions
» en général, pour être en peine que vous ne saisissiez la
» première circonstance favorable pour la continuation de l'ali-
» gnement de la rue du Plat-d'Étain, non plus que sur tous les
» autres objets intéressans. Je me promets bien de porter toute
» mon attention de même qu'à profiter des occasions de vous
» convaincre de tous les sentiments avec lesquels je suis,
» Messieurs, votre très-humble et très-obéissant serviteur. »

« Signé le maréchal Duc de Belle-Isle. »

En 1733, M. de Belle-Isle, qui était lieutenant général des armées du roi et qui, depuis cinq ans, commandait dans la province, fut pourvu de la charge de gouverneur et de lieutenant général des villes et des évêchés de Metz et Verdun, en remplacement du maréchal d'Alègre, décédé.

L'enregistrement de ses lettres de provisions et sa réception comme chevalier d'honneur né du Parlement, se firent avec beaucoup de solennité, le lundi 18 mai, en présence de M. de Creil, intendant de la généralité et d'une grande foule de gentilshommes et de peuple. La Cour se plut à rendre tous les honneurs possibles au nouveau conseiller d'honneur.

M. de Belle-Isle devenu maréchal de France, avait un fils, le comte de Gisors, qui donnait les plus belles espérances. Elevé auprès de son père, il partageait avec lui les sentiments d'une grande affection pour la ville de Metz, et il avait inspiré aux habitants de cette cité un profond attachement.

Le Parlement avait pour le fils l'estime qu'il portait au père, et ce fut avec joie qu'en 1753, il reçut le comte de Gisors comme gouverneur de la province en survivance du maréchal son père, et comme conseiller d'honneur.

Le maréchal de Belle-Isle vint présenter lui-même à M. le premier président Mathieu de Montholon, son fils Louis-Marie Foucquet, comte de Gisors, colonel du régiment de Champagne, comme pourvu de la charge de gouverneur et lieutenant général pour le roi des villes, du pays et des évêchés de Metz et de Verdun, y compris Sarrelouis, Thionville, Longwy et Montmédy. Le comte de Gisors n'avait alors que 21 ans ; il communiqua au premier président ses lettres de provisions qui étaient datées de Versailles du 9 mai 1753, et le pria de nommer un de Messieurs les conseillers comme rapporteur, à qui il pût remettre la requête qu'il voulait présenter à la Cour.

Le conseiller Descartes, désigné comme rapporteur, reçut en cette qualité la visite du comte de Gisors. A la réunion des chambres et des semestres du 26 juillet, M. Descartes fit rapport de la requête présentée par le jeune gouverneur, et la Cour ordonna qu'elle serait communiquée au procureur général, avec permission d'informer.

M. Descartes fit ensuite le rapport d'une requête présentée par M. le maréchal de Belle-Isle, duc de Gisors, pair de France, chevalier des ordres du roi et de la Toison-d'Or. Elle tendait à l'enregistrement des lettres patentes du même jour 9 mai, par lesquelles le roi commettait et députait le maréchal duc de Belle-Isle, pour continuer l'exercice tant de la charge de gouverneur et de son lieutenant général dans les évêchés de Metz et de Verdun, que dans celle de gouverneur particulier de la ville et de la citadelle de Metz, avec retenue, au profit du maréchal, des appointements, revenus et émoluments, etc., qui étaient attachés à ces charges. La Cour ordonna aussi que cette requête serait montrée au procureur général.

Ce même jour 26 juillet, un président à mortier et quatre conseillers furent chargés d'aller visiter et complimenter le comte de Gisors. Il fut aussi arrêté « qu'en considération des
» services importants rendus par M. le maréchal duc de
» Belle-Isle à la compagnie, MM. les députés, au sortir de
» l'appartement du sieur comte de Gisors, passeraient dans
» celui de M. le maréchal et le complimenteraient au nom
» de la compagnie, sans que lesdits compliments ni le pré-
» sent arrêté ne pussent jamais et en aucun cas être tirés
» à conséquence. »

Ces visites furent faites avec beaucoup de cérémonie et reçues avec beaucoup de bienveillance.

Dans la même journée, le comte de Gisors, conduit par le maréchal de Belle-Isle, son père, fit des visites à tous les membres du Parlement.

Le lundi 30 juillet 1753, jour fixé pour la réception, les chambres et les semestres étant réunis, le conseiller Descartes fit rapport de l'information qui avait été faite « de la » naissance, vie, mœurs, conversation, religion catholique, » apostolique et romaine, fidélité et affection au roi, valeur, » expérience et sage conduite du comte de Gisors. » Après avoir entendu le procureur général, le Parlement arrêta qu'il serait reçu en qualité de gouverneur, en prêtant le serment accoutumé.

Le conseiller Descartes fit ensuite rapport de la requête présentée par M. le maréchal de Belle-Isle, aux fins d'enregistrement de ses lettres de retenue de service et d'appointements, et la Cour ordonna aussitôt qu'elles seraient enregistrées pour être exécutées selon leur forme et teneur.

M. Lacroix, greffier en chef, fut chargé d'aller avertir le comte de Gisors que le Parlement l'attendait à neuf heures précises. Peu après le maréchal de Belle-Isle entra, et comme conseiller d'honneur né, il prit place au-dessus des autres conseillers chevaliers, à la droite du premier président.

M. Lacroix vint rendre compte qu'il avait rempli sa commission, que M. le comte de Gisors l'avait bien accueilli, l'avait fait reconduire par un aide-major jusqu'à son carrosse et l'avait chargé de dire à la Cour qu'il allait se rendre au palais.

Neuf heures sonnaient quand le comte de Gisors, précédé de ses gardes, arriva à la porte du palais de justice. Il y fut reçu par huit huissiers de la Cour, et quand il fut entré dans la salle basse, ses gardes formèrent la haie et s'arrêtèrent.

Le comte de Gisors, précédé des huit huissiers et suivi d'un grand nombre d'officiers généraux et de colonels, monta l'escalier au haut duquel l'attendaient quatre conseillers en robe rouge, qui l'accompagnèrent jusqu'à la porte de la chambre du conseil où il remit son épée au premier huissier du Parlement.

Il fut introduit seul dans la chambre du conseil, et placé derrière le bureau, il se tint debout et découvert.

Alors le premier président Mathieu de Montholon lui prononça son arrêt de réception en ces termes : « Monsieur, la
» Cour vous a reçu en la charge de gouverneur et lieutenant
» général en cette province pour en jouir conformément à
» vos provisions et ainsi qu'en ont joui et dû jouir vos pré-
» décesseurs en ladite charge, en prêtant le serment en tel
» cas requis et accoutumé. Levez la main. »

Le comte de Gisors ayant levé la main, le premier président lui dit : « Vous jurez et promettez de bien et fidèlement
» exercer la charge dont vous êtes pourvu; garder les or-
» donnances; entretenir l'ordre et la discipline parmi les
» troupes, l'union et la concorde parmi les peuples; prêter
» main-forte à l'exécution des arrêts et règlements de la
» Cour; prendre ses ordres ès-affaires importantes pour le
» service du roi; de ne rien entreprendre sur la juridiction
» contentieuse; rendre bonne et brièves justice aux pauvres
» comme aux riches, lorsque vous serez en place; tenir
» secrètes les délibérations de la Cour et vous comporter en
» tout et partout, comme un sage et vertueux gouverneur et
» fidèle conseiller de Cour souveraine doit faire : ainsi vous
» le jurez et promettez. »

Après avoir prêté serment, le comte de Gisors reçut son épée des mains du premier huissier, salua la Cour et alla prendre place au-dessous du maréchal de Belle Isle, son père. Les portes de la chambre du conseil s'ouvrirent alors, et elle fut bientôt remplie des personnes de considération qui avaient accompagné ou suivi le jeune gouverneur. Il adressa immédiatement à la Cour le compliment suivant :

« Messieurs, qu'il est embarrassant à mon âge d'occuper
» une place qui a été jusqu'à présent la récompense des
» services les plus anciens et les plus distingués, mais c'est
» la grandeur même de la grâce dont le roi m'a honoré qui
» me rassure et m'encourage. Car à quels efforts ne doit
» pas me porter l'amour d'un maître, dont je ne puis
» acquitter les bienfaits par le simple sacrifice d'une vie
» qui lui était consacrée dès ma naissance. L'exemple d'un
» père que j'aime, que je respecte, à qui je dois l'honneur
» d'être assis parmi vous, mon tendre attachement pour une
» ville dont j'ai éprouvé les bontés dès ma plus tendre
» enfance, ma vive reconnaissance, Messieurs, de l'accueil
» favorable que vous voulez bien me faire, doivent aussi
» vous être de surs garans de tout ce que je ferai pour
» mériter votre estime et votre amitié, en concourant autant
» par inclination que par devoir aux vues de fidélité et
» d'équité, seules capables de vous animer pour le service
» du roi et le bien de cette province. »

Le premier président répondit au comte Gisors par le discours suivant :

« Monsieur, il appartient à l'équité souveraine de la Cour,
» à son attachement inviolable pour la défense de la vérité,
» de rendre justice au vrai mérite. Ce bien si désirable, si
» respecté de toutes les nations, vous le possédez, Monsieur,

» et c'est avec une véritable joie que nous vous voyons dans
» le sanctuaire de la justice remplir la place destinée au rang
» que vous donne cette dignité du premier ordre de l'État,
» que vous tenez de la bienveillance du roi et de son juste
» discernement. Le choix de ce grand monarque suffit seul
» pour justifier combien vous en êtes digne; mais vous avez
» encore l'avantage de réunir les vœux de toute la province
» sur ce grand évènement qui lui assure pour l'avenir un
» bonheur continuel. Témoins des vertus militaires, poli-
» tiques et morales auxquelles par une excellente éducation,
» vous avez été formé sur les exemples et les conseils d'un
» père dont les glorieux exploits dans le grand art de la
» guerre, la profondeur, la supériorité de ses connoissances
» dans les négociations les plus importantes à l'État, son ap-
» plication infatigable au service de son maître font l'admi-
» ration de l'Europe, et d'une vertueuse mère dont la piété
» et les grâces font l'édification et les délices de la société;
» sur de si heureuses impressions gravées dans votre cœur,
» que ne doivent pas se promettre des fonctions de votre
» gouvernement les peuples confiés à votre autorité, lorsque
» dans la plus tendre jeunesse un mérite déjà si supérieur
» vous a placé à la tête d'un des plus anciens régiments du
» royaume et vient cimenter en vous une illustre alliance à
» l'applaudissement et à la satisfaction du roi. Vos sentiments,
» Monsieur, vos actions répondront à votre naissance et aux
» vertus héréditaires par lesquelles vous lui donnez un nou-
» veau lustre, et dans la brillante carrière qui vous est ouverte
» les grands emplois ne vous feront pas oublier tout ce que
» cette province attend de votre valeur et de l'ardeur de
» votre zèle bienfaisant pour sa défense, sa prospérité et sa
» tranquillité. Pour nous, Monsieur, à qui le roi a bien

» voulu conférer la plénitude de son pouvoir souverain dans
» l'administration de la justice, nous ne cesserons de nous
» féliciter de l'heureuse obligation que vous contractez avec
» nous de concourir à un bien si précieux, si utile pour le
» repos des familles et si nécessaire au soulagement d'un
» grand peuple. »

Après ce discours, la suite du comte de Gisors se retira et la Cour ordonna au premier huissier de conduire le récipiendaire dans la grande salle de l'audience publique où il prit place dans le parquet, au haut du banc. Les officiers du bailliage de l'hôtel-de-ville y étaient déjà; des banquettes placées près du parquet, les lanternes ou tribunes et le reste de la salle étaient occupés entièrement par les gentilshommes et par les dames les plus distinguées de la ville.

Au moment où Messieurs du Parlement se disposaient à se rendre à la grande salle, un huissier conduisit le maréchal de Belle-Isle, pour qu'il se mît à la tête de la deuxième colonne de la Cour, et entra dans cette grande salle en passant par dessous la tribune : il vint ensuite se placer à la droite du premier président.

Quand le Parlement eut pris sa séance, maître Raucourt, avocat, demanda, au nom du comte de Gisors, la lecture des lettres de provision, ce qui fut ordonné. Pendant cette lecture, le premier président avait fait avertir le comte de Gisors de de s'asseoir et de se couvrir.

Après cette lecture, le premier huissier, suivant l'ordre de la Cour, alla chercher le comte de Gisors et le conduisit par le petit escalier à côté de la lanterne à gauche, au haut du banc de Messieurs du Parlement, au-dessous du maréchal de Belle-Isle. Le premier huissier étant retourné à sa place, appela une cause; Me Harvier, avocat pour l'appelant; Me Dumont, avocat pour l'intimé, et M⁰ Lambert, avocat pour l'intervenant, prirent leurs conclusions; la Cour continua la cause à un autre jour et l'audience fut levée. Messieurs les présidents, suivis du comte de Gisors et de MM. les conseillers, se retirèrent à la chambre du conseil par la droite, et M. le maréchal de Belle-Isle, avec la seconde colonne, par la gauche.

Le maréchal et son fils prirent alors congé de la compagnie. Le maréchal fut reconduit par un huissier, et le comte de Gisors fut accompagné jusqu'au haut de l'escalier par les quatre conseillers qui l'avaient reçu; les huit huissiers marchèrent ensuite devant lui jusqu'à la porte du palais de justice, où ses gardes l'attendaient.

Le comte de Gisors était sincèrement attaché aux habitants de Metz; voici ce qu'il écrivait de sa propre main au maître-échevin et aux échevins de cette ville, dans une réponse qu'il leur adressait de Copenhague, sous la date du 11 février 1755 :

MESSIEURS,

« Il a été bien agréable pour moy de recevoir au fonds du
» Nord, des marques de votre souvenir et des nouvelles
» assurances des sentiments que vous voulez bien me con-
» server. Je puis dire aussi avec vérité que mon attachement
» pour la ville de Metz m'a non seulement accompagné, mais
» même conduit dans tous les pays où j'ai été depuis un an.
» Le principal objet de mes voyages étant de pouvoir, en
» répondant aux grâces dont le roi m'a comblé, me mettre
» en état de seconder le zèle et le soin de mon père pour
» une ville que je chérys avec lui à tant de titres. Je vous

» prie d'être persuadé aussi des sentiments avec lesquels
» je suis particulièrement, Messieurs, votre très-humble
» serviteur.

« Signé Foucquet de Gisors. »

Quand, en 1758, le maréchal de Belle-Isle fut nommé ministre de la guerre, le Parlement de Metz lui adressa, le 7 mars de cette année, une lettre de félicitation dans laquelle la Cour « se glorifiait de voir la place du maréchal » marquée dans les séances de la compagnie. »

Le duc de Belle-Isle y répondit le 14 mars, courrier par courrier, et dans sa lettre, on remarque cette phrase : « Il » y a longtemps que je connais votre amitié pour moi, pour » ne pas la trouver dans l'intérêt que vous voulez bien » prendre à ce qui me regarde. »

Le maréchal de Belle-Isle allait être frappé d'un coup bien cruel. Son fils, le comte de Gisors, fut blessé mortellement le 23 juin suivant, à l'affaire de Creveld, en chargeant à la tête des carabiniers.

Le Parlement de Metz fut vivement affecté de cette perte. Le 6 juillet, la Cour, les chambres et semestres rassemblés, arrêta qu'elle écrirait au maréchal de Belle-Isle pour lui témoigner la profonde douleur qu'elle ressentait de la mort du comte de Gisors. Elle arrêta en outre qu'elle assisterait en corps au service solennel qui devait être célébré pour le repos de son âme, dans l'église cathédrale de cette ville ;
» dérogeant, pour ce regard seulement, à ses usages et règles
» ordinaires, sans que la présente dérogation puisse être
» tirée à conséquence pour ceux qui pourraient dans la suite
» être pourvus du gouvernement général de cette province. »

Dans la lettre écrite au maréchal, le Parlement disait :

« Nous craindrions, monsieur, d'ajouter à votre douleur,
» en vous retraçant trop amèrement la nôtre et tout ce qui
» avait décidé notre amour et notre estime pour monsieur
» le comte de Gisors, dont nous nous sommes fait un
» triste devoir de consigner à jamais le souvenir sur nos
» registres. »

Monsieur de Belle-Isle répondit le 16 juillet suivant : « Si
» quelque chose, Messieurs, était propre à apporter du sou-
» lagement à l'horreur de ma situation, ce seroit assurément
» les sentiments que vous voulez bien me témoigner sur la
» perte affreuse que j'ai faite et l'amitié que vous aviez pour
» mon malheureux fils. Mais tout ne sert qu'à augmenter
» mes regrets et à me rendre plus malheureux encore.
» Je me borne donc, Messieurs, à vous faire tous mes
» remerciements de l'intérêt que vous voulez bien prendre
» à mon trop cruel état et à vous assurer qu'on ne peut rien
» ajouter aux sentiments que vous me connaissez pour vous
» et avec lesquels je ferai profession d'être jusqu'à mon
» dernier soupir, Messieurs, votre très-humble et très-
» obéissant serviteur.

« Signé le maréchal Duc de Belle-Isle. »

Le gentilhomme le mieux élevé du royaume, le brave et brillant officier qui était les délices de la Cour, l'unique espérance de sa maison et l'héritier de celle de Nivernois, enfin le jeune conseiller d'honneur du Parlement de Metz avait succombé à ses blessures, à l'âge de 26 ans, pleuré des soldats, regretté du roi et admiré de ses ennemis.

CHAPITRE XIV.

Prisons. La question. Exécuteurs des arrêts criminels.
Enregistrement des lettres de grâce. Costume des magistrats.
Honneurs dus à la Cour ou à ses membres.

Le Parlement avait un droit de contrôle et d'administration sur les prisons ; l'édit qui avait établi le Parlement de Metz avait créé en même temps un concierge garde des prisons royales.

La nourriture des prisonniers n'était pas assurée sur un fonds public. Le geôlier avait le droit de geôlage ; c'est-à-dire qu'il pouvait se faire payer des vivres, des denrées et du gîte qu'il avait fournis aux prisonniers, ainsi que des actes d'écrou et de levée d'écrou, auxquels l'emprisonnement avait donné lieu; et comme la plupart des affaires criminelles se poursuivaient à la requête des particuliers, les poursuivants devaient subvenir aux dépenses des détenus quand ceux-ci ne pouvaient pas y subvenir eux-mêmes.

En 1643, pendant que le Parlement siégeait à Toul, il eut à réformer plusieurs abus. Le concierge des prisons du palais exigeait des sommes excessives des prisonniers, sous prétexte de la nourriture qu'il leur fournissait, et en vertu des conventions qu'il faisait avec eux. Des détenus qui ne pouvaient se nourrir eux-mêmes, à cause de leur pauvreté, trouvaient commode d'avoir crédit et se nourrissaient beaucoup mieux qu'il ne convenait à leurs facultés et à leur condition ; ils faisaient d'autant plus facilement des dépenses que souvent ils étaient détenus pour leurs communautés et que tous les frais tombaient en définitive sur celles-ci. Un abus bien plus grave existait : des sergents et des archers de la ville de Toul retenaient chez eux ceux qu'ils avaient arrêtés, « au » lieu de les mener ès-prisons du roi, d'où il arrivait tout » plein de désordres préjudiciables au public. »

Le premier décembre 1643, la Cour faisant droit sur la requête du procureur général qui avait porté plainte, défendit au geôlier de prendre à l'avenir plus de 20 sols par jour pour la nourriture et le droit de geôle de chaque prisonnier, sous quelque cause et prétexte que ce soit. S'il ne fournissait au détenu qu'un lit, et pas de vivres, il ne pouvait prendre que 5 sols ; quand il ne fournissait au détenu ni lit ni vivres, il ne pouvait exiger que 2 sols 6 deniers ; enfin pour l'écrou et l'enregistrement de chaque détenu, le concierge des prisons ne devait toucher que 5 sols. Le même arrêt défendit à tous les huissiers, sergents ou archers du ressort de retenir des prisonniers chez eux et leur enjoignit de déposer dans les prisons royales ceux qu'ils arrêtaient, sous peine d'interdiction de leurs charges et de punition corporelle.

Quant aux prisonniers détenus par ordre du Parlement, la Cour y pourvoyait avec le fonds de certaines amendes. Ainsi un arrêt du 16 janvier 1669, reconnaissant que le fonds des amendes adjugées par la Cour n'était pas suffisant pour subvenir au pain des prisonniers, ordonna qu'à l'avenir les appelants de sentences, d'appointements et d'autres actes dont les appelations seraient mises au néant, payeraient une amende de 6 livres, dont le produit serait affecté à la nourriture des détenus.

Le geôlier avait le droit de retenir, pour le payement de ses fournitures, les vêtements de ceux qui étaient condamnés à mort.

Blaise Rouffet, dit baron de Chavaignac, qui avait été pendu et étranglé sur le Champ-à-Seille, le 11 mai 1634, pour avoir conspiré contre le duc de Richelieu, était resté 26 jours en prison et avait fait une dépense de 75 livres. Rouffet, qui n'avait pas payé le concierge, avait laissé une belle casaque de quelque valeur. Le geôlier voulut s'en emparer; mais Louis le Suisse, bourreau, qui avait exécuté le condamné, prétendit que la casaque lui appartenait « à cause » des droits de sa charge. » La difficulté fut portée devant le Parlement qui décida, le 15 mai, que la casaque appartiendrait par privilége au concierge des prisons jusqu'à concurrence de la somme qui lui était due pour nourriture, gîte et geôlage du condamné.

Le Parlement nommait aussi un médecin et un apothicaire des prisons, qui devaient fournir gratuitement des soins et des médicaments aux prisonniers malades, moyennant certains priviléges qui leur étaient octroyés, ainsi que cela résulte des arrêts du 17 novembre 1662 et du 15 juillet 1665, rapportés au recueil de M. Emmery.

Il y avait en outre un chirurgien de la Cour qui, dans les premiers temps, était obligé de *faire le poil* aux prisonniers, c'est-à-dire de les raser et d'assister les officiers de justice, lorsqu'on donnait la question aux criminels.

La surveillance de la Cour sur les prisons était continuelle, cependant elle s'exerçait particulièrement à l'époque des grandes fêtes de l'année. Deux conseillers étaient députés pour visiter les prisons; ils étaient accompagnés d'un substitut du procureur général et d'un commis du greffe, ils recevaient les plaintes des prisonniers et consignaient leurs observations dans un procès-verbal qui était soumis ensuite à la Cour tout entière.

Lorsqu'il y avait lieu de transférer des prisonniers, on mettait en adjudication leur transport, et celui qui s'était chargé du transport de l'un d'eux, devait prendre les mesures nécessaires pour empêcher son évasion. Ainsi, le 4 février 1645, un arrêt du Parlement porta que si un nommé Chorlet, qui s'était chargé par adjudication de conduire des prisons de Stenay dans celles du Parlement une nommée Adrienne R......, accusée, ne l'amenait pas à sa destination, la conduite de cette fille serait donnée au rabais à la folle enchère de Chorlet. Un arrêt du 14 janvier 1654 ordonna qu'il serait informé contre un messager qui avait laissé évader un prisonnier qu'il devait conduire des prisons de Metz dans celles de Verdun.

Les condamnés aux galères étaient conduits à Marseille. Avant 1639, il y avait, pour la conduite des forçats, un commissaire général qui devait avoir près de chaque Parlement un commis chargé d'extraire les condamnés des différentes prisons et de les conduire au lieu de leur destination. Ce service était fait avec négligence, et le commissaire général n'ayant pas d'agent sur les lieux, pour tirer à temps des conciergeries et des prisons les condamnés aux galères, plusieurs d'entre eux mouraient de maladie ou de langueur, ou étaient relâchés par les geôliers; une déclaration du roi, du 4 juillet 1639, ordonna que le procureur général de chaque Cour souveraine établirait, pour l'étendue du ressort, un conducteur de forçats et un nombre d'archers suffisant pour aller de mois en mois chercher dans les prisons des justices subalternes les condamnés aux galères, les amener à la conciergerie du Parlement et de là les conduire à leur destination. Cette déclaration accordait pour la conduite de chaque forçat des prisons de Metz au port de Marseille, une somme de 30 livres. Cette déclaration fut enregistrée au Parlement de Metz le 22 août suivant avec quelques modifications. Le Parlement demanda que les substituts du procureur général près les justices subalternes, lui donnassent avis de mois en mois des condamnés aux galères qui se trouveraient dans les prisons de leurs siéges; que les conducteurs de forçats fussent présentés à la Cour par le procureur général afin de prêter serment; qu'enfin sa majesté fût suppliée de faire un fonds pour le payement des salaires des conducteurs et que la taxe de leurs salaires fût augmentée.

Le Parlement, dont le ressort était alors très-étendu, réclama avec instance, en 1673, l'autorisation de construire une conciergerie pour ses prisonniers dont le nombre augmentait chaque jour.

Le 15 janvier 1678, le premier président Thomas de Bragelongne fit connaître que les réclamations de la compagnie avaient été écoutées et que des plans qu'il déposait sur le bureau avaient été dressés pour la reconstruction des prisons et de la conciergerie. La Cour décida qu'une commission composée des conseillers Bertrand Foës, Colombet, Foës de Chevillon et de l'avocat général Le Laboureur, se réunirait chez M. le premier président pour examiner et arrêter définitivement les plans. La commission s'occupa aussitôt de son travail qui fut ensuite approuvé par la Cour, et l'on afficha et publia le placard suivant :

« On fait à sçavoir à tous qu'il appartiendra que le 22° jour
» de janvier 1678, une heure de relevée, au parquet des Gens
» du roi du Parlement de Metz, les ouvrages de maçonnerie,
» fouille et transport des terres à faire en une place derrière
» le palais de cette ville pour la construction des bastiments
» des prisons et conciergerie du Parlement, sont à donner au
» rabais, à la chandelle esteinte et au moins disant, pour
» y estre travaillé incessamment suivant et conformément
» aux plans, profils, élévations et devis desdits ouvrages,
» contenant la qualité des matériaux, espesseurs des murs,
» hauteurs et largeurs desdits bastissements, qui seront
» exhibés à tous ceux qui les voudront entreprendre suivant
» les clauses et conditions qui sont apposées au devis, à
» ce que ceux qui voudront les entreprendre ayent à s'y
» trouver et enchérir. »

L'adjudication des travaux n'eut lieu que le 14 février. Les ouvrages de maçonnerie furent adjugés aux frères Jean et Jacques Spinga, au prix de 16 livres 8 sols la toise de muraille de maçonnerie, et la toise de pierre de taille à 16 livres 8 sols.

Les déblais des terrains furent entrepris au prix de 9 livres la toise, les fouilles devant être faites conformément au devis.

Les nouvelles constructions à élever touchaient d'un côté à l'hôtel-de-ville et au jeu de paume, de l'autre à l'écurie de la Croix-d'Or ; elles devaient toucher aussi à l'évêché. Il s'éleva, concernant ce dernier point, quelque difficulté avec l'évêque d'Aubusson de la Feuillade ; mais au mois d'août 1678 tout avait été réglé amiablement entre le prélat et le Parlement, et un mur mitoyen de dix-huit pieds de hauteur forma la séparation entre les prisons et la maison épiscopale.

Il y eut un devis particulier pour la construction de la chapelle de la conciergerie. Le sieur Domange Gibaut, entrepreneur pour le roi des fortifications de Sarrelouis, se rendit adjudicataire de la maçonnerie de la chapelle. Le marché fut passé le 4 avril 1680, moyennant 1,400 livres. On lui paya à l'instant 150 livres, en différentes fois 400 et enfin après l'achèvement des travaux, le 18 janvier 1681, 750 livres pour solde.

Les travaux avaient été poussés avec activité, et les dispositions avaient été prises pour que les membres du Parlement pussent communiquer avec les prisons, en passant par la chambre des enquêtes.

Les dépenses qui s'élevèrent en totalité à la somme de 5,285 livres 4 deniers, furent payées avec les fonds accordés au Parlement pour ses menues nécessités et avec les fonds provenant des amendes prononcées au profit de la Cour.

Il ne reste plus rien de toutes ces constructions, qui ont disparu avec le palais de justice et l'ancien hôtel-de-ville.

Le 11 juin 1687, le Parlement voulant empêcher les exactions commises par les geôliers, les guichetiers de la conciergerie du palais et par ceux des prisons royales, rendit un arrêté fort sage et fort détaillé sur toutes les parties de l'administration intérieure de ces établissements. Il serait trop long de rapporter ce document important qui fit défenses aux concierges, *à peine de punition exemplaire*, de rien recevoir des prisonniers, sous quelque prétexte que ce fût, hors des cas prévus et au-dessus de la taxe fixée par le tarif qu'il établit.

Le prisonnier qui voulait coucher seul devait payer 5 sols par jour, deux prisonniers n'occupant qu'un seul lit payaient chacun 3 sols. Il n'était pas permis aux geôliers de faire payer d'avance, mais dans le cas où trois jours s'étant écoulés depuis leur entrée, les détenus n'avaient pas payé les geôliers, ceux-ci avaient le droit de les mettre à la paille.

Le prisonnier occupant seul une chambre payait 15 sols.

Les prisonniers qui étaient au préau ou chambre commune et au cachot, couchant sur la paille, devaient au geôlier un sol par jour quand ils étaient arrêtés à la requête d'une partie civile, qui payait alors le geôlier. Les individus arrêtés à la requête du procureur général et couchant sur la paille, au préau ou au cachot, n'avaient rien à payer.

Les chambres et les lits devaient être tenus proprement ; les geôliers étaient obligés de donner des draps blancs pour tous les lits, de trois semaines en trois semaines, depuis Pâques jusqu'à la Toussaint, et une fois par mois, depuis la Toussaint jusqu'à Pâques. Ils étaient obligés en outre de fournir de la paille fraîche aux autres prisonniers, « toutes et » quantes fois il en était besoin », et au moins tous les quinze jours.

Le Parlement exerça toujours avec une grande sollicitude son droit de surveillance sur le bien-être des prisonniers ; on pourra le remarquer surtout dans certaines circonstances dont il sera parlé plus tard. On citera encore ici ce que la Cour fit en 1784 et 1785.

Le 30 juillet 1784, le Parlement prenant en considération que les prisonniers civils des prisons royales du ressort ne pouvaient subsister, à cause de l'augmentation considérable du prix du pain et de la modique allocation qui leur était accordée de 4 sols par jour, sur lesquels le geôlier avait droit de prélever un sol pour geôlage, arrêta que, pendant cinq mois, les aliments seraient fournis aux prisonniers civils, sur le pied de 5 sols, par ceux qui les faisaient détenir. Le Parlement avait dû prendre la même mesure le 2 août 1770; 5 sols par jour ne fournissaient au prisonnier qu'une livre et un quart de pain. Moyennant un sol par jour pour chaque détenu, les concierges devaient leur fournir de la paille. Lorsque ce tarif avait été arrêté, cent bottes de paille ne coûtaient que 6 livres, tandis qu'en 1785 la même quantité se vendait 30 livres, de manière que chaque détenu consommant quatre bottes par mois, les concierges éprouvaient un grand préjudice.

Le Parlement ordonna, le 3 juin 1785, que, jusqu'au 1er octobre suivant, le prix de la paille fournie aux prisonniers serait augmenté de 6 deniers par botte. La valeur de la paille avait quintuplé et le prix payé au concierge n'était encore élevé que de 50 pour cent.

En parlant de verroux et de cachots, on reporte malgré soi sa pensée sur ces chambres de question qui n'ont été fermées que sous le règne de Louis XVI. La torture n'était pas un acte de justice, mais une œuvre de barbare curiosité dont l'origine remontait à des temps d'ignorance et dont l'usage s'était maintenu à des époques éclairées.

Le mode de torture avait été abandonné à l'inspiration des bourreaux, la loi n'en avait pas réglé l'exercice, et, comme a dit Charondas, livre IX, page 45 : « La question se
» donnait en la forme reçue et autorisée par l'usage du
» lieu. »

Voici comment elle était appliquée sous la juridiction du Parlement de Metz. Le maître d'école du village de Jouaville, âgé de 27 ans seulement, après avoir séduit une jeune fille, voulut s'en débarrasser pour en épouser une autre. Il donna un rendez-vous à sa première maîtresse, et, au milieu de trompeuses caresses, il la tua d'un coup de pistolet. La malheureuse n'étant pas morte du coup, le misérable l'acheva en la frappant avec l'arme meurtrière qui, plus tard, fut retrouvée brisée près du cadavre. Le prévôt de la Chaussée et de Thiaucourt, qui avait instruit le procès, avait prononcé une peine trop douce aux yeux du procureur général, celui-ci en appela au Parlement.

Le samedi 14 septembre 1697, à deux heures de relevée, deux conseillers du Parlement de Metz, assistés d'un substitut, se transportèrent avec le greffier dans la chambre de la question. Ils firent tirer de prison et amener devant eux l'accusé qui, tête nue et à genoux, entendit la lecture de l'arrêt du même jour qui ordonnait qu'il serait appliqué à la question ordinaire et extraordinaire.

On lui fit subir ensuite un long interrogatoire où on lui opposa les charges qui s'élevaient contre lui, et on lui rappela les circonstances horribles du crime qui lui était imputé. Malgré l'évidence des preuves, il persista à nier qu'il fût l'auteur de cet attentat.

On procéda alors comme il suit, d'après les termes mêmes du procès-verbal :

« Et ayant été déshabillé, les mains attachées derrière le
» dos, nous lui avons fait mettre les grésillons aux pouces
» et remontré que nous les luy ferons serrer s'il ne dit la
» vérité.

« A dit qu'il est innocent du crime.

« Et après avoir fait serrer les grésillons, interrogé s'il
» est pas vray qu'il a abusé de la jeune fille, a dit que non.

« Interrogé s'il est pas vray qu'il luy donna rendez-vous
» derrière le jardin.

« A respondu que non et qu'il est innocent.

« Nous lui avons fait mettre aux jambes les fers, et les
» jarretières étant un peu serrées; interrogé s'il est pas vray
» qu'il donna rendez-vous à la fille, a respondu que non.

« Interrogé s'il n'est pas vray qu'il a assassiné ladite fille.

« A respondu que non et qu'il est innocent.

« Et ayant encore fait serrer les jarretières, interrogé
» qui a assassiné ladite fille et si ce n'est pas luy.

« A respondu que non et qu'il est innocent.

« S'il sçait qui l'a assassinée.

« A respondu que non.

« S'il est pas vray qu'il avait comploté avec sa seconde
» maîtresse de se défaire de la première, afin d'épouser cette
» seconde maîtresse, a respondu que non.

« Et lui ayant fait attacher les poids aux orteils des pieds
» et étant un peu tiré en haut, nous l'avons interrogé s'il
» n'acheva pas de tuer la fille avec le pistolet.

« A dit qu'il est innocent et qu'il a dit la vérité, que ce
» n'est pas luy qui a tué la fille.

« S'il sçait qui l'a assassinée.

« A dit qu'il n'en sçait rien.

« Et étant élevé plus haut, nous l'avons interrogé en cet
» état, qui a assassiné la fille. A dit qu'il ne sçait rien et
» qu'il est innocent.

« D'où provenait le sang qui était sur son justaucorps.

« A dit que s'il y en avait, cela provenait des animaux
» qu'il avait aydé à tuer.

« Nous luy avons représenté que ce n'estait rien des dou-
» leurs qu'il souffroit à présent, qu'il allait souffrir beaucoup
» davantage s'il ne disoit la vérité.

« A respondu qu'il est innocent et qu'on fasse de luy ce
» qu'on voudra.

« Et l'ayant fait descendre et entièrement deslier, nous
» l'avons fait mettre sur un matelas où estant, luy avons
» fait lecture du présent procès-verbal et déclaré ne pouvoir
» signer. Faict à Metz les jour et an susdits. »

Les exécuteurs des arrêts criminels qui s'intitulaient *maîtres des hautes et basses œuvres*, jouissaient de certains priviléges. Ainsi l'exécuteur des sentences criminelles de la ville de Toul avait un droit de *coupel* sur les grains apportés au marché, et un droit de prélèvement sur les hottes chargées de denrées qui étaient apportées à la foire de St-Mansuy. Ce ne fut qu'en 1740 que le bourreau de Toul cessa d'user de ces droits. La ville les lui racheta au moyen d'une indemnité de 10 livres par mois.

Les condamnés aux galères devaient être marqués avec un fer chaud des trois lettres G A L, et l'usage s'était introduit de les flétrir immédiatement après leur jugement. Cette promptitude à appliquer sur-le-champ aux criminels le sceau ineffaçable de leur condamnation, restreignait d'avance la plénitude de la grâce ou de la commutation de peine qu'ils pouvaient espérer de la clémence du roi dans l'intervalle de leur jugement et celui de leur départ pour les galères. Cet usage paraissait d'ailleurs contraire à l'article V de la déclaration du roi du 4 mars 1724, qui disait seulement que les condamnés aux galères « seraient flétris avant d'y être
» conduits. »

Sur les réquisitions de l'avocat général Goussaud, le Parlement arrêta, le 22 novembre 1781, que les condamnés ne seraient marqués « que quinze jours au plus tôt avant leur » départ. »

Quand le roi faisait grâce, les lettres de pardon ou de rémission devaient être enregistrées au Parlement; mais elles ne l'étaient qu'après une information ayant principalement pour objet de constater que le condamné avait sollicité lui-même sa grâce; à cette époque, il ne se présentait pas à la Cour la tête haute : la justice ne semblait pas faire amende honorable devant le coupable. Pendant la lecture des lettres miséricordieuses du roi, l'homme qui avait été frappé par les lois était découvert et se tenait à genoux.

Le 10 juin 1734, le chancelier Daguesseau adressa circulairement à tous les procureurs généraux des Parlements du royaume une instruction relative aux grâces accordées par l'évêque d'Orléans le jour de son entrée solennelle dans sa ville épiscopale. Cette circulaire conçue dans le même sens que celle du chancelier Pontchartrain, en 1709, tout en reconnaissant le privilége de l'évêque d'Orléans, spécifiait que ce privilége ne pouvait s'appliquer à ceux qui étaient accusés de crimes irrémissibles et à qui le roi s'était interdit même la faculté de faire grâce; qu'il ne pouvait non plus s'appliquer à ceux qui étaient définitivement condamnés, parce que c'eut été donner à l'évêque d'Orléans le pouvoir de détruire des arrêts; qu'enfin les lettres de grâce accordées par ce prélat ne pouvaient avoir d'autre effet que celui d'arrêter des poursuites commencées et qu'elles ne devaient pas être enregistrées dans les Cours souveraines. Le chancelier Daguesseau disait :
« Dans le mémoire instructif que M. le chancelier Pontchar-
» train envoya par ordre du feu roi en 1707, il les compara
» avec raison à des quittances qu'un débiteur conserve pour

» arrêter les poursuites d'un créancier. » On n'a pas trouvé que les grâces de l'évêque d'Orléans se fussent jamais exercées dans l'étendue du ressort du Parlement de Metz.

Le costume des magistrats du Parlement de Metz, semblable du reste à celui des membres des autres Cours du royaume, relevait encore la dignité de leurs fonctions.

Dans les grandes cérémonies, les présidents portaient un manteau d'écarlate fourré d'hermine et un mortier ou bonnet de velours noir, orné de deux galons d'or pour le premier président et d'un seul galon pour les autres. Les conseillers, les avocats et les procureurs généraux, avaient la robe d'écarlate et le chaperon rouge fourré d'hermine.

Les greffiers en chef portaient la robe rouge avec épitoge. Le greffier criminel, celui des présentations et les quatre secrétaires de la Cour la portaient également, ainsi que le premier huissier, qui avait un bonnet de drap d'or fourré d'hermine et enrichi de perles. Cette coiffure était d'une grande richesse, car le Parlement ayant fait faire à Paris un bonnet pour son premier huissier, et commandé qu'il fût semblable à celui du premier huissier du Parlement de cette ville, il dut payer au marchand, comme on le voit par une délibération du 22 février 1753, une somme de 520 liv.

Sur le privilége accordé aux magistrats de porter la robe rouge, on citera l'extrait d'une lettre que M. Duplessis de la Davière, avocat au Parlement de Paris, écrivait sous la date du 20 décembre 1742 à un membre du Parlement de Metz :

« Anciennement et de tous temps, la pourpre ou robe
» rouge était l'ornement non-seulement des magistrats, mais
» encore des simples jurisconsultes.

« Un diplôme du pape Clément VI (en 1349), défendait de
» lire les décrets, sans être revêtu de la robe rouge et cha-

» peron herminé. Les jurisconsultes portaient la robe rouge
» quand ils furent au-devant de Charles VIII, à son retour
» de Rheims à Paris. Par un arrêt du 4 novembre 1514, il
» leur fut ordonné d'aller avec pareilles robes et chaperons
» au-devant de la reine Marie qui arrivait d'Angleterre.

« Au commencement du siècle dernier, on voyait encore
» aux vitres de l'église de Champigny-sur-Marne le portrait
» de M° Bochart, célèbre avocat de Paris et seigneur de
» cette paroisse, peint en rouge.

« L'on en voyait autant dans la chapelle de la nation de
» Picardie à l'université de Paris.

« Dans le *Dialogue des Avocats* d'Antoine Loisel, il est dit
» que Raoul Spifame, avocat, ne se présentait jamais qu'en
» robe rouge au renouvellement du serment de la rentrée,
» et plus des trois quarts des portraits d'avocats qui se
» trouvaient à l'ancienne bibliothèque des avocats de Paris,
» étaient en robe rouge.

« Un arrêt des grands jours de Poitiers, de 1634, en a
» privé tous les juges inférieurs aux Cours pour donner à
» celles-ci plus de relief. »

Les conseillers chevaliers d'honneur d'épée portaient
l'habit ordinaire et avaient l'épée au côté quand ils siégeaient.
Ce fut en 1551 que les pairs commencèrent à entrer au Parlement de Paris l'épée au côté, malgré les remontrances
de cette Cour qui représentait au roi « que de toute anti-
» quité cela était réservé au roi seul, en signe de spéciale
» prérogative de sa dignité royale. »

Les conseillers auditeurs à la chambre des comptes avaient
une robe de satin noir et une toque de velours.

Les avocats avaient la robe noire et un chaperon de même
couleur fourré d'hermine. Tous les autres officiers de la Cour
avaient la robe noire.

Pour le service ordinaire, les présidents et les conseillers ne portaient également qu'une robe noire.

C'était la Cour qui fournissait à son trompette la casaque qu'il devait porter les jours de cérémonie publique lorsqu'il accompagnait la Cour. Par une délibération rendue le 10 juin 1664, sur le rapport du syndic de la compagnie, le Parlement ordonna que sur les fonds de réception, on payerait la casaque et le cordon de la trompette, dont le prix s'élevait à la somme de 27 écus blancs 7 escalins, faisant 83 livres 12 sols. Par la même délibération, il fut arrêté que la casaque serait déposée chez le receveur des gages de la Cour et qu'elle ne serait remise au trompette que les jours de cérémonie, ou ceux où il serait employé à faire des criées publiques au nom de la Cour.

Les présidents ne portèrent jamais de rabat; quant aux conseillers ils en portaient, mais cet usage n'était pas très-ancien, suivant ce passage de La Bruyère ainsi conçu :

« Il y a un arrêt du conseil qui oblige les conseillers à
» être en rabat; ils étaient avant ce temps presque toujours
» en cravate. Il fut rendu à la requête de feu M. de Harlay,
» alors procureur général et qui a été depuis premier
» président. »

Les membres du Parlement de Metz faisaient dans les cérémonies publiques porter la queue de leurs robes. Cet usage fut même rétabli pour les Cours royales, et ne cessa à Metz qu'à la révolution de 1830.

Ce ne fut que vers 1674 que les membres du Parlement commencèrent à faire porter la queue de leurs robes. Dans une lettre du sieur Martin, greffier-secrétaire du Parlement de Paris, sous la date du 8 février de cette année, on trouve le passage suivant : « Pour ce qui est de

» porter la queue, c'est une chose nouvelle qui s'est établie
» depuis quelque temps. Je sais, pour l'avoir vu, que Monsieur
» le président de Bellièvre, père de celui qui a été président,
» ne la faisait point porter, non plus que M. Ferrand et
» beaucoup d'autres conseillers. A présent cela est en
» usage. »

En 1740, dans les processions générales de la fête de saint Marc et de la Fête-Dieu, les conseillers du bailliage de Metz firent porter la queue de leurs robes. Cette innovation frappa l'attention de la Cour, qui manda le lieutenant-général du bailliage devant elle : ce magistrat comparut et donna l'assurance que sa compagnie se soumettrait à ce qu'il plairait au Parlement d'arrêter.

Le 6 août de cette année, la Cour décida qu'elle ne trouvait pas mauvais que les conseillers du bailliage fissent porter la queue de leurs robes. Elle déclara en même temps qu'à l'avenir les substituts du procureur général pourraient user de la même faculté.

Dix jours après, les greffiers en chef ayant demandé qu'il leur fût aussi permis de faire porter la queue de leur robe dans les cérémonies publiques, il fut arrêté qu'il serait délibéré sur le mémoire qu'ils avaient présenté. Ce fut seulement le 21 décembre 1744, que les greffiers en chef ayant justifié que leur confrère de Paris jouissait de cette prérogative, l'obtinrent aussi, mais à la condition qu'ils marcheraient avant le premier huissier.

Les magistrats ne devaient, à la rigueur, porter leurs robes en public qu'en marchant en corps, ou lorsqu'ils étaient dans l'exercice de leurs fonctions. M. Barillon de Morangis, dans la relation qu'il a faite au roi de l'établissement du Parlement de Metz en 1633, rapporte que des difficultés

s'élevèrent à l'occasion de quelques membres du Parlement, qui, en se rendant à l'audience, étaient revêtus de leurs robes, « ce qui n'a accoustumé de se praticquer à Paris ni
» ailleurs, hors Thoulouze et Dijon. »

En dehors comme dans l'exercice de leurs fonctions, les magistrats devaient avoir une mise décente : cela fut même l'objet de l'édit du mois d'avril 1684, enregistré au Parlement de Metz le 2 juin suivant :

« Nous avons fait plusieurs ordonnances dans ce dessein,
» porte cet édit, et la pluspart de nos Cours ayant con-
» sidéré que les habits qui rendaient les magistrats véné-
» rables aux yeux des autres, les faisoient souvenir de la
» modestie et de la gravité que leur profession désire, elles
» ont fait différens réglements sur ce sujet, et quelques-unes
» ont même prononcé interdiction contre ceux qui y contre-
» viendraient, etc. Nous déclarons et ordonnons que les
» présidents, conseillers et autres officiers qui sont du corps
» de nostre Cour de Parlement de Metz, porteront leurs
» robes fermées au palais, aux assemblées publiques et dans
» toutes les fonctions de leurs charges, soit dedans, soit
» dehors leurs maisons; que dans les lieux particuliers ils
» pourront porter des habits noirs avec des manteaux et
» des collets, et qu'ils seront invités de se dispenser de se
» trouver dans les lieux où ils ne peuvent être vus sans
» diminution de leur dignité. Voulons que ces présentes
» soient lues tous les ans lors de la lecture des ordon-
» nances au commencement de chaque semestre. »

Les Parlements, qui étaient investis d'un pouvoir souverain et se posaient comme les représentants de la royauté elle-même, étaient extrêmement jaloux de tout ce qui touchait à leur dignité; ils défendirent sans cesse avec chaleur leurs prérogatives. Rien ne fait mieux connaître l'esprit des Parlements que la réponse de M. de Lamoignon à M. Sainctot, maître des cérémonies sous Louis XIV. Dans un lit de justice tenu par ce monarque, M. Sainctot se présentait, après les prélats, pour saluer le Parlement; le premier président, Guillaume de Lamoignon, lui dit alors : « Sainctot, la Cour ne reçoit point vos civilités. — Je » l'appelle Monsieur Sainctot, dit le roi. — Sire, reprit le » premier président, votre bonté vous dispense quelquefois » de parler en maître, mais votre Parlement doit toujours » vous faire parler en roi. »

Les officiers du Parlement de Metz n'avaient ni moins d'exigence ni moins de susceptibilité. Toutes les requêtes devaient être adressées « à Nosseigneurs du Parlement. » Les imprimeurs de la Cour se disaient « les imprimeurs de » nos seigneurs du Parlement. »

Dans les questions de préséance, la Cour défendait avec vigueur ses prérogatives, soit pour elle-même, soit pour chacun de ses membres. Dans le courant de cette histoire, on a déjà rappelé des circonstances dans lesquelles le Parlement manifesta ses exigences, on peut en citer encore quelques-unes :

Le 3 janvier 1684, le Parlement s'était rendu à la cathédrale pour assister au *Te Deum* chanté pour la naissance du duc d'Anjou. L'office était commencé et une partie des hauts sièges qui devaient être réservés aux membres de la Cour étaient occupés par des chanoines.

Après le *Te Deum*, les officiers du bailliage et de l'hôtel-de-ville se levèrent et sortirent de l'église avant les membres du Parlement; de plus, le prévôt provincial et la maréchaussée n'avaient pas accompagné la Cour.

Le lendemain, elle fit comparaître devant elle le chantre de la cathédrale qui avait entonné le *Te Deum* avant l'arrivée du Parlement, le lieutenant général du bailliage, le maître-échevin et le prévôt provincial; ils furent tous obligés de faire leurs excuses à la Cour.

En 1747, le prince de Dombes, traversant Metz pour se rendre à la guerre de Hongrie, avait été complimenté par une députation du Parlement; ce prince l'avait reçue avec bienveillance, mais pas avec tous les honneurs dus à des députés d'une Cour souveraine.

Deux gentilshommes du prince auraient dû se trouver au bas de l'escalier à la descente des carrosses des députés, deux autres gentilshommes auraient dû les joindre à la porte de la première antichambre, enfin le prince aurait dû lui-même aller au-devant des députés à la porte de la seconde antichambre pour les conduire dans son appartement et y recevoir les compliments de la Cour. Après la harangue faite, le prince devait reconduire les députés jusqu'au haut de l'escalier, et les gentilshommes devaient les accompagner jusqu'à leurs carrosses.

Le Parlement ayant manifesté hautement son mécontentement, l'évêque de Troyes écrivit, le 7 mai 1747, au Parlement pour excuser le jeune prince, de la part du duc du Maine, son père, et le 18 du même mois, le duc du Maine écrivit à la Cour pour excuser son fils et la remercier de l'honneur qu'elle lui avait fait.

Les officiers de l'hôtel-de-ville de Metz étaient obligés, le 1er jour de l'an, de faire en corps une visite au premier président et au procureur général, et par députation aux présidents à mortier. Un arrêt du Parlement du 28 février 1747, exigea même que les officiers de l'hôtel-de-ville fissent en corps leur visite aux présidents à mortier ; mais cet arrêt fut cassé par un arrêt du conseil du 21 juillet suivant.

En 1755, M. de Mortagne, commandant de la ville de Metz en remplacement du maréchal de Belle-Isle, eut la prétention, dans les cérémonies publiques, de marcher avant le Parlement qui en porta plainte. M. d'Argenson, secrétaire d'état, répondit à la Cour le 3 décembre 1755, qu'il n'avait pas le temps de rechercher tout ce qui regardait cette question, mais que provisoirement il faisait savoir à M. de Mortagne que, pour éviter toutes difficultés, il le dispensait d'assister au *Te Deum* qui devait être chanté pour la naissance du comte de Provence.

La Cour s'était offensée que, dans l'église de Saint-Arnould, on n'avait pas rendu au premier président Mathieu de Montholon les honneurs dus à son rang, mais elle fut satisfaite des réparations accordées au chef de la compagnie. Le 18 avril 1757, le prieur de l'abbaye de Saint-Arnould se rendit en l'hôtel du premier président et lui fit des excuses de ce que le jour de Pâques précédent, on avait omis à son égard une partie du cérémonial obligatoire ; il en imputa la faute au diacre et dit qu'il l'en avait repris.

Il déclara en outre que dorénavant lorsque le premier président et le commandant de la province assisteraient à l'office et seraient placés dans le chœur de l'église aux jours solennels, le diacre donnerait l'encens à M. le premier président, et le sous-diacre au commandant de la province ; il ajouta qu'il en avait fait tenir note sur le registre conventuel pour servir de règle à l'avenir.

Lorsque des présidents à mortier se trouvaient dans des villes où des bailliages étaient établis, les membres de ces tribunaux devaient leur faire visite.

Quand un membre du Parlement se transportait à Toul par délégation, il était d'usage que la ville lui fît présenter les vins d'honneur, consistant originairement en quatre brocs de vin. Un règlement de l'hôtel-de-ville de Toul, rédigé en conséquence d'un arrêt de la chambre des comptes de Metz, en date du 29 janvier 1717, arrêta qu'à l'avenir la dépense des présents d'honneur ne dépasserait pas 40 livres.

Parmi les honneurs rendus au Parlement, on ne peut passer sous silence celui qu'il recevait, à certaines époques de l'année, de la sonnerie de la fameuse cloche de Mutte; cette sonnerie n'avait lieu que dans les grandes circonstances. Quand l'empereur Frédéric III vint à Metz en 1473, il désira entendre cette cloche, mais on lui représenta qu'on ne la sonnait que lors de l'élection des empereurs ou lors de celle des magistrats de la ville, ou en temps de guerre.

En 1615, le maître-échevin Nicolas Maguin, qui fut depuis conseiller au Parlement de Metz, la fit sonner pour honorer le saint Sacrement; on fut surpris de cette innovation. On ne le fut pas moins quand Mutte sonna, le 1ᵉʳ mai 1672, pour honorer la mémoire de François de Sales.

En 1777, le Parlement, chambres assemblées, arrêta que l'on ne sonnerait pas la Mutte pour la procession de l'Assomption. Des députés du chapitre de la cathédrale avaient informé M. le premier président qu'il pourrait résulter de grands inconvénients si on la sonnait, à cause d'un échafaudage qu'on avait dressé pour faire des réparations à la voûte de l'église.

Mutte devait sonner quand le Parlement se rassemblait extraordinairement, quand il faisait sa rentrée ou qu'il assistait soit à des *Te Deum* ou à des processions générales.

CHAPITRE XV.

Disette en 1741. Vignobles messins.
Inamovibilité. Évocations. Affaire d'Estran. Question de titre.
Honneurs militaires. Préséance.
Abbaye de Saint-Hubert. Maladie de Louis XV à Metz.

L'année 1740 fut calamiteuse; il n'y eut ni récoltes ni vendanges.

Le Parlement avait dû venir au secours des vignerons: la pauvreté de leur récolte les avait mis dans l'impossibilité de payer les cens qu'ils devaient. Un arrêt du 1er décembre avait taxé, pour cette fois seulement et sans tirer à conséquence, les cens en vin dus pour l'année 1740 dans les villages du pays messin, dans la terre de Gorze et dans les quatre mairies du val de Metz. Les vignerons qui n'avaient fait aucune récolte, ou qui avaient délivré aux seigneurs tout ce qu'ils avaient pu recueillir afin de se libérer d'une partie de leur cens, purent s'acquitter en payant 5 livres 10 sols par chaque hotte (une hotte contient 40 litres.)

Pour tous les autres censitaires, la hotte fut taxée à 11 liv.

Pendant l'année 1741, la disette vint accabler les populations. Au mal même viennent toujours se joindre les maux que les préventions populaires font naître ou qu'occasionnent les mesures de l'administration, quoique dictées par les meilleures intentions. Le Parlement, résumant en lui-même une puissance administrative qui n'appartient plus et ne peut plus appartenir maintenant aux Cours judiciaires, rendit, dans le courant de cette année désastreuse, une quantité d'arrêts qui avaient pour but de pourvoir à l'approvisionnement des marchés et au soulagement des classes pauvres. Les magistrats s'occupaient alors avec application de tout ce qui concernait l'administration, et dans les arrêts rendus par le Parlement en 1744, sous les dates des 12 mai, 22 juin, 1er juillet, 14 juillet et 12 août, on retrouverait les principes d'économie politique qui prévalaient alors.

Bientôt l'on eut à craindre qu'à l'horrible fléau de la famine ne vînt se joindre un fléau plus terrible encore. Une maladie contagieuse éclata dans les prisons royales de Metz pendant l'hiver de 1741 à 1742, et enleva beaucoup de prisonniers. Un vicaire de l'église de Saint-Martin fut victime de son dévouement pour les malheureux auxquels il allait porter les consolations de la religion. Deux capucins, un médecin et plusieurs autres personnes qui avaient voulu soulager les détenus, succombèrent à l'infection dont ils avaient été puiser les germes dans les prisons.

Depuis trois mois, cette maladie faisait ses ravages et menaçait de se répandre dans toute la population de la ville.

Le Parlement, dont la sollicitude embrassait tout et dont le pouvoir était très-étendu, nomma une commission composée de membres de la Cour et de plusieurs médecins et chirurgiens. Sur l'avis de cette commission, le Parlement ordonna, le 16 janvier 1742, toutes les mesures qui parurent propres à arrêter les progrès de la maladie dans les prisons mêmes, et à empêcher qu'elle ne vînt à se répandre au dehors. L'achat de trois cents chemises de fil d'étoupes permit d'en délivrer deux à chaque prisonnier, et il fut recommandé de blanchir le linge des détenus chaque semaine; les chambres, les cachots et les habitants mêmes des prisons furent *parfumés* chaque matin. Tous les huit jours, une distribution de paille fraîche fut faite aux prisonniers, et celle qui avait servi était brûlée dans la grande cour. Le capucin chargé d'administrer les sacrements aux prisonniers ne put sortir des prisons sous quelque prétexte que ce fût. Enfin on prit pour l'inhumation de tous ceux qui mouraient dans les prisons, les précautions les plus grandes. On enterrait les morts dans le jardin, où l'on creusait des fosses très-profondes. Sur chaque cadavre on répandait une demi-quarte de chaux au moins (40 litres), et l'on enterrait également avec de la chaux vive les habits et les linges des décédés. Le Parlement, dans le même arrêt qui avait ordonné toutes ces mesures, avait pourvu au paiement des dépenses qu'elles occasionneraient. Elles devaient être acquittées par les fermiers généraux, proportionnellement au nombre des contrebandiers qui étaient détenus à leur requête, et pour le surplus par le receveur des domaines.

Les années suivantes, de nouveaux malheurs vinrent encore frapper les cultivateurs. Une épizootie se déclara parmi les bêtes à cornes en 1743 et en 1744, et beaucoup de ces animaux succombèrent. Le Parlement, voulant favoriser la reproduction de l'espèce, défendit par ses arrêts, sous des peines sévères, que l'on tuât aucune génisse pendant un certain temps. Enfin le 6 juillet 1746, un orage affreux dévasta un nombre considérable de villages de la subdélégation de Vic et des prévôtés de Sarrebourg et de Phalsbourg. Un arrêt du Parlement, en date du 28 du même mois, ordonna que dans tous les bans et finages saccagés par l'orage, on mettrait en défenses les trois quarts des prairies appartenant aux particuliers ou aux communautés, afin d'y laisser croître des regains.

C'est à cette époque que le Parlement rendit, sous la date du 22 août 1744 et des 17 janvier et 10 mai 1746, des arrêts importants pour la fixation des mesures du pays. La Cour ordonna que les nouvelles matrices dont la contenance était réglée sur un certain poids d'eau de fontaine bien pure, resteraient déposées à l'hôpital de Saint-Nicolas, au profit duquel étaient prononcées les condamnations à l'amende pour contraventions commises en pareille matière.

Le commerce des vins était autrefois d'une grande importance dans le pays messin, et il devait surtout sa prospérité à la sévérité avec laquelle on surveillait la culture des vignobles. On comprenait que la bonté des produits pouvait seule maintenir cette prospérité, mais il fallait combattre la cupidité des vignerons qui, ne voyant que l'avantage du moment, introduisaient des plants médiocres ou des modes dangereux de culture, et sacrifiaient ainsi l'avenir de la réputation vignicole du pays.

Le Parlement exerçait avec une grande fermeté sa surveillance protectrice sur les vignobles.

Par ses arrêts des 24 août et 19 septembre 1722, il ordonna de couper et d'arracher, dans les quatre mairies du val de Metz et dans les villages de la terre de Gorze, toutes les vignes qui, depuis l'année 1700, avaient été plantées contrairement aux anciennes ordonnances de police générale. De semblables mesures ne s'exécutent pas facilement, et il fallut un nouvel arrêt du 15 mars 1725 pour assurer l'exécution des arrêts de 1722.

Le 1er décembre 1741, le Parlement ordonna à tous les maires et Gens de justice de visiter, le 15 mai et le 15 juillet de chaque année, les vignes de leurs bans et de faire arracher toutes les fèves et tous les légumes qui y étaient plantés.

Sur les réquisitions du procureur général, la Cour ordonna encore, le 15 décembre 1757, l'arrachement de certains plants de vignes qu'il spécifia, et cette mesure fut confirmée par un autre arrêt du 13 avril 1758.

La Cour rendit bien des arrêts sur cette matière ainsi que pour l'ouverture des bans de vendanges, qui fut réglée notamment par un arrêt du 25 août 1776.

Ceux qui voudraient écrire l'histoire vignicole du pays messin et rechercher surtout les anciens modes de culture de la vigne dans cette contrée, trouveraient dans les arrêts du Parlement de Metz des renseignements curieux et des documents importants.

Pour remplir leurs devoirs avec une vigilance et une énergie qui ne se démentaient jamais, les membres du Parlement étaient soutenus par cet esprit de corps qui depuis des siècles s'était perpétué dans la magistrature française, et leur indépendance était garantie par l'inamovibilité dont ils jouissaient.

C'est Louis XI qui, par son ordonnance de 1468, avait rendu les offices de judicature inamovibles; ce n'est pas cependant qu'il aimât les Parlements, mais il craignait de

soulever contre lui « les clercs et les Gens de robes longues
» qui, comme disait Commines, avaient à tous propos une
» loi au bec ou une histoire et la meilleure qui se pust
» trouver. » C'étaient les avocats d'aujourd'hui.

Depuis lors l'inamovibilité des magistrats avait été confirmée par une foule d'ordonnances. On reconnaissait comme une règle inviolable dans le royaume, qu'un officier de Cour souveraine ne pouvait être privé de sa charge que par sa volonté ou par un jugement légal, et que la finance d'un office était une propriété sacrée dont on ne pouvait arbitrairement dépouiller celui qui en avait fait l'avance. Il était de règle aussi que l'on ne pouvait enlever les justiciables à leurs juges naturels que dans les cas prévus par la loi.

Cependant ces deux règles salutaires étaient quelquefois violées à l'égard des magistrats, par des lettres de cachet qui les exilaient, et à l'égard des justiciables et des magistrats tout à la fois par des arrêts d'évocation. C'étaient des abus du pouvoir royal contre lesquels les Parlements ont toujours réclamé dans leur propre intérêt, qui était intimement lié à celui des peuples confiés à leur juridiction.

Évoquer une affaire, c'était l'enlever à un tribunal pour la faire juger par un autre. Il y avait, comme il y aura toujours, des causes justes et raisonnables d'évocation : c'étaient la litispendance, la suspicion, la parenté, etc., en matière criminelle. Les mêmes causes existaient en matière civile, et le consentement même des parties suffisait pour saisir une juridiction préférablement à une autre.

L'ordonnance d'août 1669, enregistrée au Parlement de Metz le 12 octobre suivant, a réglé d'une manière spéciale cette matière, en consacrant du reste des principes adoptés depuis longtemps et des usages généralement suivis.

D'après la déclaration du roi du 23 juillet 1704, les évocations avaient lieu du Parlement de Dijon à celui de Metz, et de Metz à celui de Paris.

Par une autre déclaration du 15 novembre 1705, les évocations de Dijon allèrent à Besançon et celles de Besançon à Metz. Enfin par l'ordonnance de Louis XV, du mois d'août 1737, il fut seulement ajouté que les évocations du Parlement de Metz, comme Cour des aides, seraient portées à la Cour des aides de Paris, et que celles de la Cour des aides de Dôle, seraient portées au Parlement de Metz, Cour des aides.

Quand il ne s'agissait que d'évoquer un procès d'un tribunal inférieur pour l'attribuer à un autre tribunal inférieur appartenant au même ressort, c'était le Parlement qui avait le droit de prononcer sur cette évocation ou sur ce règlement de juges.

Le droit qu'avaient les rois de régler les évocations de Parlement à Parlement, était nécessaire dans l'intérêt de tous et ne pouvait pas avoir de dangers, parce que tous les Parlements jouissaient de la même indépendance et offraient les mêmes garanties d'impartialité. Mais les rois s'étaient toujours réservé le droit d'évoquer les affaires à leur conseil ; ce fut constamment une grande source d'abus qui bouleversaient l'ordre des juridictions et portaient une atteinte profonde à la bonne administration de la justice.

Ainsi le Parlement de Metz arrêta, le 14 août 1659, qu'il serait fait des remontrances au roi sur les trop fréquentes évocations d'affaires pendantes à la Cour.

Les célèbres bénédictins de Saint-Vannes et de Saint-Hydulphe de Verdun, avaient, en 1616, obtenu des lettres patentes par lesquelles le roi Louis XIII avait évoqué au grand conseil les procès qui pourraient s'élever concernant la réformation bénédictine de Verdun. Cette évocation, qui avait pour objet de rendre uniforme l'observance et la discipline dans toutes les maisons de cet ordre, reposait sur des motifs raisonnables.

Mais en 1659 et en 1674, les bénédictins, sur de faux exposés, obtinrent des lettres patentes qui évoquaient non-seulement dans les causes générales concernant l'ordre de Saint-Benoît, mais encore dans les causes particulières, comme censives, redevances et autres.

Le Parlement forma opposition à ces lettres qui portaient préjudice à ses intérêts et à son autorité, et qui entraînaient les justiciables dans des frais considérables en les forçant d'aller plaider au grand conseil. Un arrêt du conseil du roi, du mois de décembre 1698, fit droit aux réclamations du Parlement de Metz, rapporta les lettres patentes du mois de juillet 1659 et du 22 février 1674, et renferma les bénédictins dans les limites tracées par les déclarations de 1616, en rendant à la Cour la juridiction qu'on voulait lui enlever.

Les bénédictins ne se tinrent pas pour battus et essayèrent de ressaisir les priviléges qui leur avaient été accordés au détriment des justiciables du Parlement de Metz; ils parvinrent à obtenir des lettres patentes qui portaient attribution de tous leurs procès au grand conseil. La Cour obtint un arrêt du conseil, en date du 6 décembre 1718, qui révoqua ces dernières lettres évocatoires en confirmant l'arrêt de décembre 1698.

En 1708, l'évêque de Toul, Blouet de Camilly, avait des discussions avec les curés de son diocèse. Ce prélat craignant de ne pas trouver dans le Parlement de Metz l'appui qu'il désirait, s'était adressé à Louis XIV pour obtenir des lettres qui évoqueraient au Parlement de Paris les procès qu'il pourrait avoir avec les curés de son diocèse. Le roi rejeta sa demande, et en faisant connaître ce rejet au Parlement de Metz, M. de Chamillart, secrétaire d'état, disait : « Sa » majesté est persuadée que lorsque l'évêque de Toul procé- » dera en la Cour du Parlement de Metz, cette Cour » procédera avec toute l'exactitude et la justice possibles. »

Les plus petites causes peuvent donner lieu à de grandes affaires, comme il n'y a pas de si mauvais terrain qui ne puisse produire un bon procès. C'est ce qui arriva en 1745 au Parlement de Metz.

Un sieur d'Estran, pourvu d'un canonicat de la cathédrale de cette ville, par brevet du roi de l'année 1739, avait présenté requête au Parlement pour prendre possession de son bénéfice. Les déclarations du roi de 1681 et 1682 avaient renouvelé les défenses de conférer des bénéfices dans la province des Trois-Évêchés à d'autres individus qu'à de véritables sujets du roi, et des lettres patentes du 6 novembre 1745, défendaient aux chapitres des Trois-Évêchés d'admettre aucun pourvu de dignités ou de canonicats, avant qu'il eût prêté, devant le Parlement, serment de fidélité au roi, sous peine de saisie de son temporel.

Dans le brevet accordé par le roi au sieur d'Estran, les noms de baptême et du diocèse de l'impétrant étaient restés en blanc. La Cour, par arrêt du 23 décembre 1745, ordonna que la requête lui serait rendue *pour y joindre les pièces nécessaires.*

Dans cette circonstance, la Cour n'avait fait autre chose que ce qu'elle avait déjà fait dans des cas à peu près semblables. Ainsi un sieur de Bongars avait présenté requête pour être reçu chanoine à la cathédrale de Metz; mais le Parlement ayant remarqué que son acte de baptême lui donnait les prénoms de Charles-Joachim, tandis que le brevet du roi portait Joachim-Charles, crut ne pouvoir passer outre à cette contradiction et sursit à la réception.

M. de Bongars se pourvut au conseil du roi contre la décision du Parlement de Metz. Le conseil trouva que cette décision était rigoureuse, mais qu'elle était régulière ; en conséquence il ne cassa pas l'arrêt du Parlement, il constata l'identité du sieur de Bongars et alors sa réception n'éprouva plus de difficulté.

Le sieur d'Estran aurait pu prendre une voie plus courte : il n'aurait eu qu'à justifier que le brevet du roi s'appliquait bien à lui, et en se représentant le lendemain devant la grande chambre du Parlement, il aurait pu faire rapporter l'arrêt du jour précédent et se faire recevoir en prêtant le serment exigé par les ordonnances.

Il trouva plus commode d'avoir recours à la complaisance du chapitre, et le 24 décembre il fut installé comme chanoine.

Ce mépris du clergé pour les ordonnances du roi et les sentences de la justice irrita justement la Cour, et le 28 décembre, après avoir entendu le procureur général, elle ordonna, conformément à la loi, qu'à la diligence des Gens du roi, le temporel du chapitre de la cathédrale de Metz serait saisi et « que le procureur général en certifierait la
» Cour dans la huitaine. »

M. le premier président Mathieu de Montholon demanda qu'il fût sursis pendant deux jours à l'exécution de cette mesure sévère : cette grâce lui fut accordée.

La malignité publique s'empara de cette discussion entre le clergé et le Parlement, et le bruit courut bientôt que le président Pierre d'Augny « s'était donné des mouvements
» pour engager la chambre contre le chapitre. »

Le Parlement avait parfaitement raison dans la forme et au fond, mais alors les choses s'envenimèrent.

Sur la plainte du président Pierre, le Parlement ordonna, le 30 décembre, qu'il serait informé contre les auteurs des discours calomnieux répandus sur la conduite de ce magistrat.

Le 7 janvier 1746, l'arrêt qui avait ordonné la saisie du temporel du chapitre de la cathédrale n'était pas encore exécuté. La Cour manda le procureur général qui s'excusa en disant que l'expédition de l'arrêt ne lui avait été remise que le dernier jour du mois de décembre, et que depuis cette époque, les fêtes l'avaient empêché d'agir ; il déclara en outre qu'il avait quelque chose à communiquer à M. le premier président. Le procureur général s'étant retiré, le premier président fit connaître à la compagnie qu'il s'agissait d'une lettre du roi relative à l'objet en question ; la Cour décida alors qu'elle allait lever la séance, mais qu'elle se réunirait le lendemain à huit heures du matin.

Le lendemain la réunion fut peu nombreuse et le premier président ne parut pas. On l'envoya quérir ; il arriva aussitôt et déclara que le chancelier avait laissé au procureur général la liberté de faire ce qu'il jugerait à propos ; dans ces circonstances, comme chef de la compagnie, il avait pensé que l'assemblée des chambres était inutile, et il avait fait avertir les membres de la Cour de ne venir au palais que pour les audiences.

Malgré ces explications, les membres présents arrêtèrent que les chambres et les semestres seraient assemblés ce même jour à deux heures de relevée.

Dans cette réunion, le premier président répéta ce qu'il avait déjà déclaré. Il s'était trouvé chez le procureur général le jour du rejet de la requête du sieur d'Estran ; on avait fait auprès de lui des instances pour qu'il autorisât le chapitre à mettre le nouveau chanoine en possession de son bénéfice, mais il avait répondu qu'il n'avait que sa voix et ne faisait pas les arrêts. Le procureur général fut mandé pour rendre compte à la Cour de l'inexécution de l'arrêt du 26 décembre.

Ce magistrat reconnut alors qu'il avait déclaré au doyen de la cathédrale que malgré le rejet de la requête du sieur d'Estran, le chapitre pouvait l'admettre, et que lui, procureur général, fermerait les yeux sur cette irrégularité. Si le chef du parquet avait avoué modestement l'engagement qu'il avait cru pouvoir prendre, et s'il eût été plus aimé de la compagnie, il est bien probable que la Cour eût fait pour lui comme elle avait proposé de faire pour le premier président dans le cas où il eût donné, comme on le disait, une autorisation quelconque, et qu'elle eût gardé le silence. Mais le procureur général aigrit au contraire la compagnie en critiquant même la forme de l'arrêt du 26 décembre.

Le Parlement rendit alors, ce même jour 8 janvier, un arrêt confirmatif de celui précité, et ne voulant pas rendre trop gênante et trop rigoureuse la saisie qui avait été ordonnée, il déclara qu'elle aurait lieu seulement entre les mains du boursier du chapitre.

Le procureur général promit d'exécuter cette décision ; toutefois le Parlement décida que l'on adresserait au chancelier des mémoires sur cette affaire, et qu'on lui porterait plainte de la conduite du procureur général : le 12 janvier, les plaintes et les mémoires furent envoyés à M. Daguesseau.

Ce qui compliqua l'affaire, c'est que le premier président prétendit que la compagnie lui avait manqué d'égards plusieurs fois, et cependant dans toutes les circonstances elle lui avait témoigné le plus grand respect.

Le roi donna tort au Parlement de Metz; et le chancelier Daguesseau, qui cédait d'une manière déplorable à toutes les exigences du clergé, écrivit, le 2 avril 1746 au Parlement, pour le blâmer fortement de sa conduite non-seulement à l'égard du chapitre de la cathédrale, mais encore à l'égard du premier président.

Le 25 du même mois, dans une seconde assemblée des chambres, on décida l'envoi de nouveaux mémoires au chancelier. Le premier président se mit en désaccord avec la Cour relativement à la rédaction de la délibération, et il montra une vivacité blessante pour ses collègues. Les membres de la Cour, sur le refus du chef de la compagnie de les réunir, se rassemblèrent chez M. le président de Jobal de Vilé. Là, il fut décidé que le président de Jobal et le président Pierre de Jouy, frère du président Pierre d'Augny, accusé d'être l'instigateur du Parlement contre le chapitre, seraient députés à Paris et présenteraient au chancelier des mémoires. Dans cette réunion, il ne se trouvait que trente-trois membres du Parlement, mais le procès-verbal qui fut rédigé de cette séance fut souscrit par douze autres qui n'avaient pu y assister.

Les deux présidents à mortier étaient à peine arrivés à Paris, qu'une lettre de cachet vint les atteindre. Ils furent exilés, le président de Jobal à Moulins et le président Pierre de Jouy à Auxerre. On ne crut pas la justice ou la vengeance encore assez complète: l'exil de MM. de Jobal et de Jouy était un châtiment pour ceux qui avaient assisté à la réunion du 25 avril; on voulut en outre punir les magistrats qui avaient adhéré au résultat de cette séance, et le conseiller Le Chartreux fut exilé à Vitry-le-Français. Le greffier en chef Lacroix fut aussi interdit de ses fonctions par un arrêt du conseil en date du 7 mai, signé par le roi à Bruxelles.

Le chancelier Daguesseau voulait que les exilés écrivissent au premier président pour reconnaître qu'ils avaient manqué d'égards envers lui. Les magistrats ne voulaient pas consentir à une démarche qui leur paraissait humiliante. Le maréchal de Belle-Isle qui portait une grande affection à la compagnie tout entière et qui voyait avec peine la désunion parmi elle, fit des démarches pour arriver à une réconciliation et obtenir du chancelier le rappel des exilés. Ce ne fut qu'avec beaucoup de peine qu'ils se décidèrent à témoigner par écrit au premier président qu'ils n'avaient jamais eu l'intention de lui refuser les égards dus à sa haute position. Les exilés mirent du temps avant de consentir à faire cette espèce d'amende honorable; ce ne fut qu'après une longue correspondance entre les exilés eux-mêmes et après de longues communications avec la compagnie, que l'on convint des termes dans lesquels seraient conçues les lettres destinées au premier président, de manière à ce que la satisfaction qui lui serait donnée fût la moindre possible et cependant suffisante pour obtenir leur rappel.

La lettre du conseiller Le Chartreux était ainsi conçue:

« *Vitry-le-Français.*

« Monsieur, lorsque j'eus l'honneur de prendre congé
» de vous pour me rendre ici, vous eûtes la bonté de
» prendre part à ma disgrâce et de me paraître persuadé de
» mon attachement respectueux pour votre personne, de
» même que de mon absence de l'assemblée qui a déplu au
» roi. Si quelqu'un m'a prêté d'autres sentiments à votre égard,

» je seray toujours en état de le convaincre du contraire et de
» me justifier. Dans ces circonstances, monseigneur le chan-
» celier nous fait assurer de ses dispositions à obtenir notre
» rappel; j'ose espérer que vous ne vous y opposerez pas et
» qu'au contraire vous me rendrez la justice de croire que
» je continuerai d'être avec respect, etc. »

Enfin après trois mois d'exil, les magistrats du Parlement de Metz furent rendus à la liberté et renvoyés à l'exercice de leurs charges. La lettre du roi adressée à cet effet au président Pierre de Jouy était en ces termes :

« Mons de Jouy, voulant bien révoquer l'ordre par lequel
» je vous ai enjoint de vous rendre dans ma ville d'Auxerre,
» je vous fais cette lettre pour vous dire que vous pouvez
» présentement aller partout où vos affaires demanderont
» votre présence, et la présente n'étant à d'autre fin, je
» prie Dieu qu'il vous ait, Mons de Jouy, en sa sainte
» garde. Ecrit à Versailles le 6 aoust 1746.

« Signé Louis. »

Il est affligeant de penser que de semblables actes de violence aient été exercés contre des magistrats honorables par leur caractère, recommandables par leurs longs services, et dignes d'égards par leur respect pour le chef de la compagnie et par leur dévouement à la chose publique.

Malgré la famine qui désolait le pays en 1741, le Parlement n'avait pas hésité à enregistrer le 23 septembre de cette année la déclaration du 9 août précédent, qui ordonnait le prélèvement du dixième des revenus. La Cour se contenta de charger le procureur général de représenter aux ministres l'état fâcheux de la province, pour obtenir de la bonté du roi qu'il lui plût ordonner que les préposés à la taxe des biens eussent égard à leur peu de produit depuis plusieurs années.

Une singulière contestation s'éleva en 1742 entre le premier président du Parlement de Metz et le président des trésoriers de France au bureau des finances de la généralité. Ce n'était pas le cas de dire :

» Mais il n'importe guère
» Que Pascal soit devant ou qu'il soit par derrière. »

Il s'agissait de savoir si ce président des trésoriers pouvait se qualifier *premier président* ou s'il devait se contenter du titre de *président premier*.

La difficulté fut soumise au chancelier Daguesseau qui, après s'être enquis de ce qui se pratiquait dans les autres Parlements, fit connaître sa décision par la lettre qu'il adressa au premier président de Montholon, sous la date du 15 juin. Il décida que le président des trésoriers de France ne pouvait prendre que la qualification de *président premier*.

Le 25 avril 1743, jour de Saint-Marc, le Parlement se disposait, vers huit heures du matin, à sortir du palais pour se rendre à la cathédrale, afin d'assister à la procession générale, quand il apprit que le corps-de-garde de la place ne se préparait pas à rendre à la Cour les honneurs accoutumés. Un huissier fut envoyé à l'officier commandant le poste pour l'instruire de ce qu'il devait à la compagnie, ou lui demander les motifs de son refus.

L'officier répondit qu'il était des gardes Suisses, qu'il n'avait pas reçu d'ordre et que les gardes Suisses avaient le privilège de ne faire battre aux champs que pour la personne même du roi.

Un huissier fut aussitôt avertir M. de Roche Colombe,

lieutenant de roi, qui remit un billet pour l'officier de garde ; mais celui-ci demanda qu'on lui accordât le temps de communiquer à son commandant l'ordre de M. de Roche Colombe.

Enfin après une attente de trois quarts d'heure, l'officier Suisse reçut de son chef l'autorisation d'obéir à l'ordre du lieutenant de roi : le Parlement sortit du palais et reçut à son passage les honneurs accoutumés ; la troupe Suisse se mit en haie, son officier à la tête et le tambour battit aux champs.

Quand la Cour rentra, l'officier de garde fit encore sortir sa troupe et se mit à la tête de ses soldats, mais le tambour ne fit que rappeler au lieu de battre aux champs, ce qui fut remarqué par le Parlement. Le président Armand Philippe Charuel fut chargé d'en conférer avec M. de Roche Colombe, et celui-ci trancha la difficulté en ne faisant plus occuper par les Suisses les corps-de-garde qui pouvaient se trouver dans la position de rendre des honneurs au Parlement.

Deux ans plus tard, une cérémonie religieuse était encore retardée de plus d'une heure, à l'occasion de la Cour.

Le samedi 14 août 1745, vers trois heures de l'après-midi, un *Te Deum* devait être chanté dans la cathédrale, en actions de grâce de la prise de la ville de Gand.

Il était d'usage que le Parlement n'entrât qu'après l'arrivée de l'état-major ; mais ce jour là la Cour fut avertie au moment même que le marquis de Creil, qui était à la tête de l'état-major en sa qualité de commandant de la province, attendait que le Parlement fût entré. La Cour ne voulut pas abandonner ses justes prétentions et elle fit savoir au doyen du chapitre que l'état-major était la cause du retard et qu'elle n'entrerait à la cathédrale qu'après les officiers de la place. Le marquis de Creil, ne pouvant vaincre la résistance du Parlement, se retira ; l'état-major n'ayant plus que le lieutenant de roi à sa tête entra dans l'église ; et le Parlement en corps s'y rendit immédiatement.

L'abbaye de Saint-Hubert, dans les Ardennes, si célèbre encore par les nombreux pèlerinages qui s'y font pour la guérison de la rage, jouissait d'une certaine indépendance ou plutôt des droits d'une neutralité garantie par l'empire et par la France. C'était en reconnaissance de cette protection que l'abbaye envoyait chaque année deux faucons au roi de France et à l'empereur.

En 1743, le conseil de Luxembourg, sans égard pour les droits de la France, voulut s'arroger un pouvoir exclusif sur l'abbaye de Saint-Hubert ; mais le Parlement de Metz s'y opposa par un arrêt du 21 février de cette année. Cette démonstration fut inutile pour assurer l'indépendance du monastère, et trois religieux de cette abbaye furent arrêtés et conduits à Luxembourg. Par représailles et par les ordres du roi, le Parlement de Metz fit arrêter et retenir plusieurs Luxembourgeois, et dans son arrêt du 8 janvier 1744, il déclara qu'ils ne seraient remis en liberté qu'après la délivrance des religieux retenus à Luxembourg. Cette lutte entre le conseil de Luxembourg et le Parlement de Metz dura plusieurs années ; des arrangements diplomatiques y mirent fin, et le 2 avril 1746, le Parlement ordonna, par un arrêt, l'élargissement de tous les Luxembourgeois qu'il avait fait arrêter.

La maladie du roi Louis XV à Metz, en 1744, a eu tant de retentissement et a été racontée tant de fois, que ce serait tomber dans des répétitions fastidieuses et n'apprendre rien à personne que de redire tout ce qui a été écrit à ce sujet. Ceux qui voudront connaître les circonstances de cet évènement, peuvent consulter un in-folio de 80 pages environ, imprimé à Metz en 1744, chez la veuve de Pierre Collignon, sous le titre suivant : *Journal de ce qui s'est fait pour la réception du roi dans sa ville de Metz, le 4 août 1744, avec un recueil de plusieurs pièces sur le même sujet et sur les accidents survenus pendant son séjour.*

Cet ouvrage est orné de gravures qui peuvent piquer et satisfaire la curiosité.

On s'attachera ici à raconter les faits concernant le Parlement et omis par la relation ci-dessus citée.

Le 2 mai 1744, Louis XV avait écrit au Parlement de Metz pour lui annoncer la résolution qu'il avait prise de se rendre incessamment sur la frontière de Flandre pour commander en personne l'armée qu'il y avait fait rassembler. Il se trouvait à la tête de cette armée, quand il forma le projet d'aller au secours de l'Alsace, menacée par le prince Charles de Lorraine qui avait fait passer le Rhin à l'armée impériale. Sa majesté avait fait savoir au maréchal de Belle-Isle son arrivée à Metz pour le 4 août.

Le 1er de ce mois, le Parlement s'étant réuni en la chambre du conseil, après l'ouverture du semestre, le procureur général fit connaître à la compagnie la prochaine arrivée du roi et « estima qu'il était de la prudence de la Cour de
» donner ses ordres pour faire règner, dans les démonstra-
» tions de la joie commune, une uniformité convenable. »

Le procureur général s'étant retiré, la Cour « arrêta et
» ordonna qu'elle vaquerait le mardi suivant 4 du mois,
» pour donner des marques qu'elle prend à la joie publique ;
» que ce jour serait férié dans toute la ville et les boutiques
» fermées en signe de réjouissance ; que les officiers de
» police et de la ville seraient avertis de faire faire des illu-
» minations par toutes les rues et donner en cette occasion

» les démonstrations de joie les plus solennelles que faire
» se pourra. »

Un prince qui se met à la tête de ses armées est toujours bien accueilli en France. Le roi arriva vers une heure de l'après-midi, et après avoir fait son entrée à cheval, il alla descendre à l'hôtel du gouverneur, sur l'emplacement duquel est construit en grande partie le palais de justice actuel.

Vers deux heures, la Cour, chambres et semestres assemblés, ordonna que les Gens du roi se transporteraient à l'instant même chez M. le comte d'Argenson pour connaître l'heure à laquelle sa majesté voudrait bien recevoir les respects de son Parlement.

Les Gens du roi se rendirent aussitôt chez M. le comte d'Argenson, mais ils ne purent le voir. M. de Séchelles, intendant de l'armée, vint leur dire de la part du ministre que le roi avait, immédiatement après son dîner, tenu un conseil de guerre qui durait encore au moment même ; que M. d'Argenson y assistait et qu'il avertirait le Parlement aussitôt *qu'il aurait pris l'heure du roi.*

Ce même jour, la Cour avait fait complimenter, par des députations, M. le duc de Chartres, M. le comte de Clermont et madame la duchesse de Chartres qui étaient à la suite de sa majesté.

Le 5 août, après la messe, le premier président et neuf présidents à mortier, en robes rouges, revêtus de leurs manteaux fourrés d'hermine et tenant leurs mortiers à la main ; trois conseillers chevaliers d'honneur en grand costume ; quarante-sept conseillers en robes rouges ainsi que le procureur général Le Goullon de Champel et un avocat général sortirent du palais de justice pour se rendre à l'audience du roi. Ils étaient précédés des huissiers, des maîtres clercs de l'audience et de la chambre du conseil, du premier huissier en robe de crépon rouge, tenant son bonnet de drap d'or à la main, et du greffier en chef aussi en robe rouge.

Les membres du Parlement se rendirent au château, dans l'appartement qui leur avait été indiqué par M. Des Granges, maître des cérémonies, et où ils furent reçus par lui et par le comte d'Argenson. En sortant de cet appartement, le maître des cérémonies précéda la Cour, et le comte d'Argenson marcha à la gauche du premier président. M. le maréchal de Belle-Isle, en sa qualité de gouverneur de la ville et de la citadelle de Metz, conduisit le Parlement jusqu'à la porte de la chambre du roi.

Les huissiers ayant baissé leurs baguettes s'arrêtèrent dans la salle des gardes, et les maîtres clercs de l'audience et de la chambre du conseil s'arrêtèrent à l'entrée de l'appartement où était sa majesté.

La Cour étant introduite par le maître des cérémonies, fit trois révérences au roi qui était assis dans un fauteuil près de la cheminée et entouré de plusieurs princes, seigneurs et grands officiers de sa maison.

Le premier président Mathieu de Montholon lui fit alors sa harangue ; quand elle fut terminée, le roi ôta son chapeau et s'étant aussitôt recouvert, il répondit : « Je suis sen-
» sible à toute la joie que mon Parlement me témoigne, je
» suis sûr de sa fidélité. »

La Cour après avoir salué le roi se retira et fut reconduite par le maître des cérémonies jusqu'à l'appartement où il était venu attendre les magistrats.

Quand le Parlement fut de retour au palais, le procureur général déposa sur le bureau une lettre que Louis XV avait adressée à la compagnie et qui était datée de Rheims du 31 juillet précédent. Par cette lettre, le roi mandait au Parlement d'assister en corps au *Te Deum* qui serait chanté dans la cathédrale à l'occasion de la prise de Château-Dauphin en Piémont.

Ce *Te Deum* fut chanté avec une grande solennité dans l'église cathédrale, le Parlement y assista; mais le roi ne put se rendre à cette cérémonie : le mal qui mit ses jours en danger venait de se déclarer.

La maladie ne fit qu'augmenter et le 15 août, jour de l'Assomption, le Parlement, chambres et semestres assemblés, ayant été informé par le premier président que le matin de ce jour le roi s'était trouvé plus souffrant, ordonna que la procession générale instituée par le vœu de Louis XIII ne parcourrait pas les rues de la ville, qu'elle se ferait seulement dans l'intérieur de l'église, que la Cour n'y paraîtrait qu'en robes noires et qu'elle assisterait ensuite aux prières qui seraient dites pour le rétablissement de la santé du roi.

Le lendemain dimanche 16 août, une grande amélioration se fit sentir dans l'état de l'auguste malade.

Le 17, le dauphin et la reine arrivèrent, et quelques jours après Mesdames de France eurent la permission de venir jusqu'à Metz; elles descendirent chez monsieur de Jobal, président à mortier.

Les ambassadeurs et les envoyés des puissances étrangères, avertis des dangers qui menaçaient la vie du roi, s'étaient rendus à Metz, et M. le bailly de Froulay, ambassadeur de Malte, avait été logé chez le président Muzac.

Le 24 août, le roi était en pleine convalescence. Le Parlement, chambres et semestres assemblés, chargea le premier président de solliciter l'honneur de présenter ses hommages à la reine, au dauphin et à Mesdames de France. M. Des Granges, maître des cérémonies, à qui le premier président s'était adressé, fit réponse que les intentions du roi étaient que la compagnie rendît ses devoirs à la reine de la même manière qu'elle les avait rendus au roi lui-même ; que les mêmes honneurs fussent rendus au dauphin, à la seule différence que les présidents ne porteraient pas leurs manteaux fourrés d'hermine. Le roi fit connaître en même temps que Mesdames de France ne devaient être saluées que par une députation. La Cour se conforma aux ordres du roi.

Le 29 août, les Gens du roi se transportèrent, d'après les ordres de la Cour, chez M. le comte d'Argenson pour savoir de lui le jour et l'heure où le roi voudrait bien recevoir les compliments de son Parlement sur son heureuse convalescence. M. d'Argenson répondit que le roi ne voulait recevoir la compagnie que lorsqu'il serait en état d'être habillé, et que la Cour serait informée des ordres de sa majesté aussitôt qu'elle les aurait donnés.

Le 2 septembre, M. Des Granges fut introduit dans la chambre du conseil et remit au premier président une lettre du roi, qui mandait au Parlement d'assister, le lendemain, à cinq heures du soir, dans la cathédrale, au *Te Deum* qui serait chanté en actions de grâces du rétablissement de sa santé. Quand le maître des cérémonies se fut retiré, le Parlement arrêta que le lendemain serait férié, que les boutiques seraient fermées et que les officiers de police feraient illuminer dans toutes les rues.

Le jeudi 3 septembre, à l'heure indiquée, le Parlement se rendit en corps à la cathédrale, où l'on chanta le *Te Deum* en présence du roi, de la reine, de monsieur le dauphin, de madame la duchesse de Chartres, de Mademoiselle et de madame la princesse de Conty.

Les cardinaux d'Auvergne et de Tencin, les grands officiers

de la couronne, les comtes de Maurepas et d'Argenson, plusieurs ducs, beaucoup de seigneurs et de dames de la Cour étaient présents.

Le 24 septembre, le Parlement en corps alla prendre congé du roi et de la reine, et le 29 le roi était parti pour Lunéville avec toute sa Cour.

L'année suivante, le Parlement fit demander au roi la permission de lui envoyer une députation pour le féliciter de la victoire qu'il venait de remporter à Fontenoy.

M. le comte d'Argenson répondit au premier président de Montholon : « J'ai rendu compte au roi de la lettre que
» vous m'avez fait l'honneur de m'écrire, monsieur, le 30
» du mois de mai, pour demander au nom de votre com-
» pagnie la permission de venir féliciter sa majesté par
» députation sur la victoire qu'elle a remportée. Elle n'a pas
» jugé à propos de recevoir de compliment à cet égard
» d'autres Cours que du Parlement de Paris, mais elle
» m'a chargé de vous témoigner la satisfaction qu'elle a
» de cette nouvelle marque de votre zèle. Elle a fait l'année
» dernière une épreuve bien flatteuse de votre attachement
» pour sa personne et je profiterai toujours avec beaucoup
» de plaisir de lui en renouveler les assurances et de vous
» marquer qu'on ne peut être plus parfaitement, monsieur,
» votre très-humble et très-obéissant serviteur.

« Signé : D'ARGENSON. »

Le Parlement de Metz s'est toujours associé de cœur à toutes les douleurs et à toutes les gloires de la France.

CHAPITRE XVI.

Expulsion des capucins étrangers. Naissance du duc de Bourgogne.
Notaires. Priviléges de l'hôtel-de-ville de Metz.
Chambre des comptes et Cour des monnaies. Messieurs des requêtes.
Attentat de Damien.
Procession de la Fête-Dieu. L'évêque Claude de Saint-Simon.

La province des Trois-Évêchés était devenue toute française ; cependant l'esprit germanique avait laissé encore quelques traces de son ancienne existence. En 1754, des bruits et des divisions s'étaient élevés dans le couvent des capucins de la ville de Metz, entre le provincial, qui était allemand de naissance, et plusieurs capucins d'origine française qu'il avait expulsés. Des troubles avaient aussi été excités dans les couvents de capucins de Sarrelouis et de Vaudrevange, et plusieurs de ces religieux avaient tenu des propos offensants pour le roi de France.

Le 8 juillet, sur les réquisitions du procureur géneral, le Parlement ordonna que tous les religieux étrangers qui se trouvaient alors dans des couvents de l'étendue du ressort de la Cour, seraient obligés de sortir dans un délai de deux mois. La Cour fit une exception pour les religieux natifs du duché de Luxembourg et du comté de Chiny et entrés dans les couvents quand ces pays étaient incorporés à la France; cependant ils furent déclarés inhabiles à être revêtus d'aucune dignité.

La naissance du duc de Bourgogne fut fêtée à Metz avec une grande pompe, et le maréchal de Belle-Isle fit faire dans cette occasion de grandes réjouissances, auxquelles le Parlement prit part. Le dimanche 26 septembre 1751, la Cour assista en robes rouges au *Te Deum* qui fut chanté dans la cathédrale, en actions de grâces de cet heureux évènement. Dans la journée, les juifs qui avaient organisé une magnifique cavalcade, rendirent leurs hommages à toutes les autorités et notamment au Parlement dans la personne de son premier président, Mathieu de Montholon. La digne compagne de ce magistrat avait, la veille, fait distribuer des bouillons, de la viande, du pain et du vin aux pauvres malades, et le soir du dimanche, le corps de logis de l'abbatiale de St-Arnould, occupé par le premier président, avait été illuminé.

Ce fut le 27 janvier 1753 que furent enregistrées les lettres patentes du roi qui accordèrent aux dix notaires de la ville de Metz la qualité de conseillers du roi, « pour » par eux et leurs successeurs en jouir comme font les » notaires de Paris, avec préséance en toutes assemblées » sur les procureurs et les marchands. » Ces lettres patentes attribuaient en outre aux notaires le droit exclusif et de préférence à tous autres officiers, de dresser les inventaires tant volontaires que par ordre de justice entre majeurs et mineurs, soit qu'il y eût apposition de scellés ou non. Ce dernier objet était très-important pour les notaires et avait donné naissance à des difficultés qui s'étaient élevées entre eux et les officiers du bailliage, et qui avaient été terminées par des transactions ratifiées par un arrêt du Parlement du 10 mars 1742.

En cette année 1753, la Cour rendit un arrêt qui n'est pas seulement remarquable par l'esprit d'impartialité qui l'a dicté.

Les officiers de l'hôtel-de-ville avaient jugé à propos de faire construire un hangar dans la rue Mazelle, à l'angle du cimetière de la paroisse Saint-Maximin. Des habitants de cette paroisse voulurent s'opposer à cette construction, détruisirent l'ouvrage à mesure qu'il s'élevait et usèrent même de violence pour empêcher qu'il fût continué. Messieurs de l'hôtel-de-ville intentèrent un procès aux perturbateurs, qui furent condamnés par une sentence du bailliage. Ceux-ci ayant porté par appel l'affaire au Parlement, la Cour rendit, le 1er juillet 1752, un arrêt qui condamna l'un des délinquants à être repris et blâmé et à 10 livres d'amende, une demoiselle à être admonestée et à 30 livres d'amende, et renvoya des poursuites une autre accusée; des dommages intérêts furent en outre prononcés au profit de l'hôpital Saint-Nicolas.

Par ce même arrêt, la Cour, par forme de règlement d'office, avait ordonné que l'édit d'avril 1683 et les déclarations du roi du 2 août 1687 et du 6 octobre 1703 seraient applicables à l'hôtel-de-ville de Metz; que par conséquent les officiers de l'hôtel ne pourraient à l'avenir intenter aucune action ni commencer aucun procès au nom de la ville, tant en cause principale que d'appel et sous quelque prétexte que ce fût, sans en avoir obtenu le consentement des trois ordres et la permission du commissaire départi par le roi dans la province.

C'était enlever à l'hôtel-de-ville de Metz un droit dont il avait joui de tous temps ; c'était effacer un des derniers vestiges de cette puissance dont il avait joui avant la domination française ; c'était en un mot mettre les intérêts de la ville à la discrétion du gouverneur militaire, puisque lui seul ayant le droit de convoquer les trois ordres, aurait toujours été maître de paralyser l'action de la cité.

La ville se plaignit au roi de ce règlement qui portait atteinte à ses droits et à sa possession, et M. le chancelier ayant écrit au Parlement que les réclamations de la cité étaient justes, la ville forma opposition à l'arrêt du 1er juillet 1752.

Par un autre arrêt du 19 février 1753, rendu sur le rapport du conseiller Morel de Richemont, il ordonna que son arrêt précédent serait rapporté et que la ville de Metz continuerait à jouir du droit d'intenter des procès, sans être obligée de se soumettre aux ordonnances de 1683, 1687 et 1703.

Cet arrêt de 1753, qui est fort long, est rapporté en entier dans les *Annales de Metz*, pages 168 et suivantes. Il est curieux par les détails qu'il donne sur les modifications importantes que le pouvoir municipal a subies à Metz depuis l'établissement du Parlement.

En 1750, le Parlement de Metz avait perdu de ses attributions comme chambre des comptes ; un arrêt du conseil du 6 octobre, lui avait enlevé la connaissance des comptes des octrois de la ville de Toul, pour l'attribuer à l'intendant de la généralité. La Cour avait vainement, pendant plusieurs années, sollicité la révocation de cet arrêt du conseil. En 1754, elle perdit encore de ses attributions comme chambre des monnaies.

Un huissier de la Cour des monnaies de Paris était venu demander au premier président la permission de signifier au Parlement de Metz et aux officiers de l'hôtel des monnaies de cette ville, une déclaration du roi du 20 décembre 1754, qui attribuait à la Cour des monnaies de Paris la connaissance et le jugement des *deniers de boëtes* et de la délivrance des monnaies de Metz, c'est-à-dire la vérification de la bonne fabrication des espèces.

Un arrêt du 31 décembre défendit à cet huissier de faire dans l'étendue du ressort aucune signification, et fit en même temps défenses aux officiers des monnaies de déférer à l'ordonnance précitée. On rendit compte de cette mesure au chancelier et au contrôleur général des finances, et on chargea le président Pierre d'Augny, en ce moment à Paris, de suivre l'affaire.

Un arrêt du conseil et des lettres patentes, sous la date du 6 janvier 1755, confirmèrent la déclaration du roi du 20 décembre précédent, et furent enregistrés au Parlement de Metz. Mais la Cour fit des remontrances au roi pour le supplier de retirer cette déclaration et de maintenir le Parlement dans les fonctions et les juridictions qui lui avaient été attribuées par l'édit du mois de novembre 1661.

Le président Pierre d'Augny rédigea un mémoire qu'il remit au contrôleur général des finances ; à son retour à Metz, il rendit compte à la Cour du résultat de ses démarches. Dans l'assemblée du jeudi 15 mai 1755, il fit connaître que la mesure dont le Parlement se plaignait, avait pour but de rendre le travail des monnaies uniforme dans tout le royaume; que pour atteindre ce but, on avait jugé nécessaire de ne laisser la compétence en cette partie qu'aux seules Cours des monnaies de Paris et de Lyon, où se feraient dorénavant les essais des *boëtes*; que par conséquent le Parlement de Metz ne pouvait plus espérer de rentrer dans cette partie de ses anciennes attributions. Le défaut de connaissances spéciales de la part des officiers des Parlements et le peu d'habileté des ouvriers monnayeurs de province, justifiaient parfaitement cette mesure.

Dans cette circonstance, le Parlement avait été piqué de ce que l'on avait affiché, sans sa permission, aux portes et même dans l'intérieur du palais, l'arrêt du conseil qui lui enlevait définitivement une partie de sa juridiction comme Cour des monnaies. La compagnie s'en plaignit à l'intendant de la province, M. Lefebvre de Caumartin; celui-ci s'excusa en disant n'avoir pris aucune part à ce fait, et promit que cela n'arriverait plus dans la suite.

Un nouveau coup fut porté au Parlement comme Cour des monnaies. Des lettres patentes du 8 août 1755, ordonnèrent que les officiers de la monnaie de Metz prêteraient dorénavant leur serment devant la Cour des monnaies de Paris.

Le Parlement fit encore des remontrances à ce sujet. Il n'avait pas cependant cessé d'être Cour des monnaies, et un arrêt du conseil d'état du 20 juin 1756, détermina les limites de sa compétence en cette matière. Cet arrêt faisait une distinction bien marquée: la Cour de Paris avait le jugement du travail de la monnaie de Metz; tout ce qui ne concernait pas l'essai des pièces était réservé à la juridiction du Parlement de cette ville.

Cette compagnie sut faire respecter ce qui lui restait

d'autorité en cette matière, car quelque temps après, la Cour des monnaies de Paris ayant fait signifier aux officiers de l'hôtel de Metz un de ses arrêts par un huissier de la maîtrise des eaux et forêts de Rheims et d'Epernay, sans que cet officier eût obtenu un *pareatis* ou permission d'instrumenter, le Parlement de Metz fit arrêter et mettre en prison l'huissier étranger.

Les conseillers commissaires aux requêtes du palais furent toujours en discussion avec les autres membres de la compagnie qui ne voulaient pas les reconnaître comme leurs égaux. Dans cette même année 1755, il s'éleva des difficultés nouvelles entre la chambre des requêtes et les autres chambres de la Cour, à l'occasion de la salle qui était commune à Messieurs des requêtes et à la Table de Marbre. Un arrêt de la Cour du 23 juin maintint l'état de choses qui existait depuis longtemps, et ordonna à Messieurs des requêtes de laisser leur salle à la disposition de la Table de Marbre le mercredi et le samedi matin de chaque semaine. Ce règlement du 23 juin, fut plus tard approuvé par le roi.

Ce fut le lundi 10 janvier 1757, que le Parlement apprit, par une lettre du chancelier, datée du 6, l'attentat commis par Damien sur la personne de Louis XV. La Cour chargea aussitôt le premier président de répondre au chancelier « pour témoigner la vive et profonde douleur dont la » compagnie avait été saisie en apprenant ce cruel et funeste » évènement. » Elle manda les officiers de la ville et de la police, et leur enjoignit de faire cesser les spectacles jusqu'à nouvel ordre.

Trois jours après, le Parlement ayant reçu des bulletins tout à fait rassurants sur la santé du roi, fit mander devant lui le syndic de la ville, lui ordonna de faire sonner Mutte en signe de réjouissance, et lui permit de faire rouvrir les spectacles.

Le Parlement avait voulu à cette occasion envoyer une députation au roi pour le féliciter; sa majesté fit répondre par le chancelier Lamoignon, qu'elle était sensible aux nouvelles marques d'attachement que le Parlement lui avait données, et qu'elle le dispensait de lui envoyer des députés.

Quelques mois après, à la procession générale de la Fête-Dieu, il s'éleva un incident assez singulier.

Anciennement il était d'usage que le dais fût porté alternativement par Messieurs les chanoines de la cathédrale et Messieurs de l'hôtel-de-ville. Depuis plusieurs années, le dais que le chapitre de la cathédrale avait fait faire était tellement lourd, que l'on choisissait huit robustes séminaristes pour les charger du fardeau. Les cordons seuls du dais étaient simplement tenus à tour de rôle par les chanoines et par les officiers de l'hôtel-de-ville.

En 1757, les chanoines se trouvèrent assez solides pour porter eux-mêmes le dais depuis la cathédrale jusqu'à l'église de Saint-Simplice, qui a été démolie et qui était située où se trouve maintenant la place Friedland. En sortant de cette église, les officiers de l'hôtel-de-ville consentirent à tenir les cordons du dais pour retourner à la cathédrale, mais ils se refusèrent à porter le dais lui-même, comme l'exigeait l'impérieux évêque Claude de Saint-Simon.

Cette difficulté, qui arrêtait la marche de la procession générale, fut soumise au Parlement qui faisait partie du cortége. Les parties furent entendues et les officiers de l'hôtel-de-ville firent observer « que si les chanoines s'étaient
» départis de l'usage suivi depuis plusieurs années, on ne
» pouvait que louer leur zèle, mais qu'eux, officiers de

» l'hôtel-de-ville, étaient obligés de représenter à la Cour
» que leur âge, leurs incommodités, la décence même ne
» leur permettaient pas de se surcharger d'un fardeau sous
» lequel, tout honorable qu'il était, ils seraient obligés de
» succomber. »

Le Parlement mit sur-le-champ la matière en délibération et ordonna par provision que l'usage des années précédentes serait suivi et que Messieurs de l'hôtel-de-ville tiendraient seulement, à chacun des coins du dais, les cordons qui y étaient attachés.

Rentré au palais, le Parlement fit consigner sur ses registres secrets les faits qui avaient donné lieu à l'incident, ainsi que la sentence provisoire qu'il avait rendue.

Pendant soixante ans, le Parlement n'avait eu avec les prélats qui avaient gouverné le diocèse de Metz, que des rapports rendus faciles par une estime et une confiance réciproques. M. d'Aubusson de la Feuillade et M. du Cambout de Coislin avaient toujours vécu en paix avec leur diocèse et avec le Parlement; ils avaient traversé tranquillement des époques de fermentation religieuse. Il n'en fut plus de même aussitôt que Mgr Claude de Saint-Simon fut nommé évêque de Metz.

M. du Cambout de Coislin était décédé au mois de novembre 1732 ; le Parlement avait fait aussitôt mettre les scellés sur les archives, les papiers et les titres de l'évêché. C'était une mesure conservatoire que le Parlement ordonnait toujours en pareil cas.

Mgr Claude de Saint-Simon, évêque de Noyon, avait été nommé au siége de Metz, et son arrivée avait été annoncée comme prochaine, quand le Parlement, dans sa réunion du 4 juin 1734, décida qu'une députation composée d'un président à mortier et de quatre conseillers irait le complimenter, conformément aux instructions données par le roi le 28 janvier 1681.

Le nouveau prélat fit son entrée à Metz le 16 juin 1734; il devait faire connaître son arrivée au Parlement afin que celui-ci lui rendît les honneurs d'usage; mais le bruit se répandit dans toute la ville que M⁹ʳ de Saint-Simon avait, d'une manière singulière, prévenu le Parlement de son arrivée.

Le lendemain 17 juin, la Cour s'étant rassemblée, le premier président Mathieu de Montholon crut devoir donner quelques explications relativement aux bruits qui couraient. Il déclara qu'il était vrai que la veille, Monseigneur avait envoyé un de ses gentilshommes complimenter madame la première présidente, mais que ce gentilhomme n'avait pas demandé à parler au premier président, quoiqu'il se trouvât en ce moment dans son cabinet. M. de Montholon ajouta que le soir, Monseigneur lui avait fait dire que son gentilhomme avait commis un oubli et qu'il avait eu ordre de prévenir aussi le premier président.

La Cour ayant mis la matière en délibération fut d'avis, d'une voix unanime, qu'elle n'était pas suffisamment instruite de l'arrivée de M. l'évêque et qu'aussitôt qu'elle le serait convenablement, la députation ordonnée par l'arrêt du 4 du même mois lui serait envoyée.

Dans la journée même, Monseigneur l'évêque alla en personne faire une visite au chef de la Cour et celle-ci ordonna, chambres et semestres assemblés, que ses députés iraient complimenter le prélat.

Ces dissidences de la Cour avec M. de Saint-Simon avaient eu lieu pour une chose bien futile sans doute : ce n'était que le prélude de discussions graves sur des objets plus importants.

Claude de Saint-Simon, prélat ambitieux, voulait agir en souverain dans son diocèse ; il ne pouvait manquer d'être bientôt en lutte avec le Parlement.

A peine était-il arrivé, qu'ayant à se plaindre du maître d'école de Châtel, il le fit, de sa propre autorité, arrêter et emprisonner.

Le procureur général interjeta appel comme d'abus de l'ordonnance de l'évêque, et des mémoires furent des deux côtés adressés aux ministres.

Le chancelier Daguesseau répondit le 26 septembre 1734 au procureur général, qu'il ne pouvait pas prendre de suite une décision définitive et qu'il avait demandé de nouveaux éclaircissements à l'évêque.

« Il est si important, disait le chancelier, que M. l'évêque
» de Metz ne se commette avec le Parlement et surtout dans
» les commencements de son épiscopat, que l'on doit
» chercher tous les moyens possibles de terminer sans
» éclat une affaire qui, dans le fond, ne mérite pas le bruit
» qu'elle est cependant fort capable de faire par des inci-
» dents beaucoup plus considérables que le principal ; je
» ne doute que Messieurs de la grande chambre du Par-
» lement n'entrent parfaitement dans cet esprit. Ils ont
» voulu ne rien précipiter dans cette affaire et ils y ont
» donné des marques d'une sagesse et d'une circonspection
» dont le roi ne peut être que fort satisfait. » Cependant le prélat fut assez puissant pour faire évoquer l'affaire par un arrêt du 18 avril 1735, et paralyser ainsi l'action tutélaire du Parlement.

Une déclaration du 10 octobre 1733 avait ordonné le prélèvement du dixième de tous les revenus du royaume ; mais un arrêt du conseil et des lettres patentes du 24 octobre 1734, avaient accepté comme don gratuit du clergé du diocèse de Metz, une somme de 50,000 livres, au moyen de quoi il était dispensé de se soumettre à l'édit du dixième. Le Parlement fit des remontrances au roi relativement à cet arrêt du conseil. Il prétendit que l'évêque de Metz n'avait pas suivi la forme adoptée par ses prédécesseurs pour la composition de l'assemblée qui avait accordé le don gratuit. Ces remontrances donnent des détails importants sur la composition des assemblées générales du clergé dans le diocèse de Metz; l'histoire du pays se trouve écrite tout entière dans les actes du Parlement.

En exposant au roi ses griefs contre le mode employé par monseigneur l'évêque pour la réunion des assemblées générales ecclésiastiques, la Cour disait qu'elle n'était pas mue par des intérêts personnels, mais qu'elle portait aux pieds de sa majesté les vœux de tout le clergé du diocèse.

Claude de Saint-Simon n'écoutait que son caprice, et s'il se permettait de faire arrêter un maître d'école, il se permettait aussi de mettre en liberté des condamnés. Une femme de mauvaise vie avait été condamnée, par arrêt du Parlement du 30 juillet 1733, à être enfermée le reste de ses jours dans une maison fondée par le vénérable évêque Cambout du Coislin, pour servir de retraite aux filles engagées dans le désordre. L'évêque de Saint-Simon donna, le 22 décembre 1734, l'ordre par écrit de mettre la condamnée en liberté. La chambre de la tournelle se contenta de faire reprendre cette femme et de la faire déposer à la conciergerie du palais, aux frais du roi. La chambre de la tournelle pria seulement son président de signaler au chancelier ce nouvel acte arbitraire de l'évêque.

A l'occasion de la réception d'un chanoine, M. de Saint-

Simon avait dénoncé le Parlement de Metz comme ayant porté atteinte à son autorité; cependant la Cour n'avait agi que conformément à une jurisprudence qu'elle avait toujours suivie et qui avait toujours été celle des Parlements.

Un prêtre, nommé Husson, avait obtenu un brevet du roi pour un canonicat de la cathédrale de Metz. Le pape lui ayant refusé les bulles nécessaires, le Parlement ordonna, par un premier arrêt, qu'il prendrait possession du temporel de son canonicat, et le renvoya par-devant l'ordinaire pour les institutions nécessaires. Le grand vicaire de Metz refusa de satisfaire à cet arrêt.

Husson fut renvoyé par un second arrêt du Parlement par-devant l'évêque de Toul. Ce prélat donna les meilleures attestations à ce prêtre qui était de son diocèse, mais ne crut pas pouvoir lui donner des institutions.

Par un troisième arrêt, le Parlement renvoya l'impétrant Husson devant le princier de la cathédrale, qui lui délivra enfin les institutions d'après lesquelles le nouveau chanoine prit possession de son bénéfice.

Claude de Saint-Simon, dont l'esprit dominateur était sans bornes, avait formé le projet ambitieux de se constituer prince souverain. Déjà dans une commission donnée le 12 décembre 1635, il s'était donné les qualités de prince de Metz et de prince du saint empire, et sur l'enveloppe d'un procès instruit à la requête de son procureur fiscal au bailliage de Vic, on remarquait des empreintes de sceaux aux armes de Claude de Saint-Simon, évêque de Metz, timbrées de l'épée et du bonnet de prince régalien. C'était d'une audace qui devait nécessairement être réprimée; le Parlement de Metz entreprit de le faire, mais Claude de Saint-Simon jouissait d'un trop grand crédit auprès de certains ministres, et il était d'un caractère trop inflexible pour s'effrayer des arrêts du Parlement. Il était d'ailleurs fort peu scrupuleux sur les moyens de réussir.

Claude de Saint-Simon sentant que le Parlement de Metz contrarierait ses projets, fut assez puissant pour l'écarter en faisant enlever à cette Cour souveraine toute sa juridiction en ce qui le concernait.

Il obtint notamment des lettres patentes en date du 17 mars 1736, portant attribution à la première chambre de la Cour souveraine d'Alsace, des causes féodales de l'évêché de Metz, qui ressortissaient auparavant au Parlement de cette ville. Le 2 août suivant, d'autres lettres patentes attribuèrent au même conseil souverain les causes et les procès concernant l'évêque de Metz. Ces lettres patentes du 17 mars et du 2 août 1736, sont transcrites en entier dans le second volume du *Recueil des édits, déclarations, etc., enregistrés au conseil souverain d'Alsace*, de M. de Boug.

Le Parlement, dans sa séance du 27 octobre suivant, approuva les mémoires destinés à éclairer les ministres sur les lettres patentes qui avaient été surprises à leur religion et à celle du roi.

Ces remontrances avaient principalement pour objet de démontrer 1° que l'évêque ne pouvait prendre le titre de prince de Metz, et qu'une semblable qualification était dangereuse et attentatoire aux droits de souveraineté du roi ; 2° que l'évêque se plaignait à tort que le Parlement s'était opposé à ce qu'il fût reçu comme chevalier d'honneur né, puisque le prélat n'avait jamais provoqué sa réception ; 3° que dans les discussions de la Cour avec l'évêque à l'occasion du gouvernement spirituel de son diocèse, elle n'avait agi qu'avec modération et en se conformant aux maximes du royaume. En demandant que l'on révoquât les lettres patentes du 2 août, qui attribuaient au conseil souverain d'Alsace tous les procès concernant l'évêque de Saint-Simon, le Parlement insistait principalement sur cette circonstance que 89 communes dépendaient du domaine de l'évêché, et qu'ainsi une grande quantité de justiciables seraient obligés d'aller plaider à Colmar et entraînés dans des dépenses ruineuses.

Les prétentions princières de Claude de Saint-Simon soulevèrent aussi contre lui les susceptibilités municipales, qui trouvèrent un savant défenseur en Nicolas-François Lançon, conseiller au Parlement de Metz et plus tard maître-échevin. Il fit paraître un *Mémoire sur l'état de la ville de Metz, et les droits de ses évêques avant l'heureux retour des Trois-Évêchés sous la domination de nos roys*. Dans cet in-folio de 14 pages, imprimé en 1737, Lançon prit fait et cause pour ses concitoyens; il prouva que Metz, ville libre et impériale, avait joui d'une entière indépendance, et que les Messins avaient été pendant plusieurs siècles les maîtres chez eux et non pas les sujets d'un évêque. On doit dire cependant que dans ce mémoire, Lançon n'a peut-être pas tenu assez compte des pouvoirs que les évêques de Metz se sont attribués à diverses époques. Il y a du moins une partie des conclusions de l'auteur que l'on doit adopter sans hésitation : c'est que le titre de prince de Metz, adopté par M. de Saint-Simon, était destructif des traités intervenus depuis 200 ans et qu'il était attentatoire à l'autorité du roi.

Les lettres patentes du 17 mars 1736, attributives au conseil souverain d'Alsace des causes féodales de l'évêché de Metz, excitèrent l'indignation des propriétaires de fiefs relevant du roi dans le ressort de la coutume de l'évêché de

Metz; ils adressèrent à sa majesté une requête qui lui fut remise le 3 septembre 1737.

Parmi les signataires de cette pièce, on trouve le marquis du Châtelet, le comte de Lutzelbourg, le comte d'Ourche, le chevalier de Gournay, le comte de Juvrecourt, les religieux de l'abbaye de Saint-Avold et le prieur titulaire d'Insming.

On pourrait suspecter la jalousie ombrageuse du Parlement de Metz ou les préventions municipales de M. Lançon, et supposer alors qu'il y a eu de l'exagération dans l'appréciation des faits reprochés à l'évêque de Metz. On rapportera par conséquent de préférence un passage de cette requête signée par des hommes que leur position et leur indépendance mettent à l'abri de tout soupçon de partialité :

« Ils sont en droit, porte cette requête en parlant de
» ceux qui l'ont signée, ils sont en droit de s'opposer à la
» prétention injuste du sieur de Saint-Simon, évêque de
» Metz, qui veut aujourd'huy, sans aucun titre, les soustraire
» à l'autorité souveraine de votre majesté, dans l'unique
» vue de les fatiguer et de les ruiner en procès. Il a surpris
» la religion de votre majesté en obtenant, le 17 mars 1736,
» sur une simple requête non communiquée, un arrêt du
» conseil et des lettres patentes par lesquelles, sur des faits
» dont la supposition est manifeste, sur des titres qui ne lui
» appartiennent pas et qui ne lui ont jamais appartenu, et
» sur des conséquences des plus fausses, il a obtenu d'user
» et de jouir de tous les droits féodaux dépendants du tem-
» porel de l'évêché de Metz, et de leur faire faire reprise
» des fiefs, domaines et droits qu'ils tiennent de cet évêché,
» suivant l'usage et coutume des lieux; à l'effet de quoy il
» lui est permis de faire contre ces vassaux toutes poursuites
» et diligences au bailliage de l'évêché, et en cas d'appel,

» au conseil supérieur d'Alsace. Les supplians qui tous,
» comme leurs auteurs, ont rendu foy *et hommage lige au*
» *roy leur souverain, en la chambre des comptes de Metz*,
» qui lui ont promis foi, loyauté et services, comme ses
» *vassaux liges* et qui ne peuvent sans violer la foi qu'ils lui
» ont jurée, rendre aucun hommage à l'évêque de Metz
» duquel ils ne relèvent point, ne sçauroient regarder sa
» prétention, les titres qu'il se donne et les poursuites qu'il
» a commencées contre eux, que comme un attentat mani-
» feste à l'autorité suprême de votre majesté et comme une
» entreprise à laquelle ils ont un intérêt réel et sensible de
» s'opposer.

« Il a commencé par ériger le bailliage de Vic, qui n'est
» juge que de la seule temporalité de l'évêché de Metz, *en*
» *Cour féodale de l'évêché et de la prétendue principauté de*
» *Metz* qu'il voudroit s'arroger. Il prend les titres fastueux
» de *prince de Metz* et de *prince du saint-empire*; il fait
» rendre et publier partout des *ordonnances* de sa prétendue
» *Cour féodale*, qui condamnent tous ses prétendus vassaux
» *de l'église et principauté de Metz*, à lui rendre *en personne*
» *foi et hommage*; et les fait, à la requête de son procureur
» fiscal qu'il qualifie de *procureur général*, assigner en la
» *chambre du conseil du bailliage tenant la Cour féodale de*
» *l'évêché de Metz*, pour faire reprise dudit sieur évêque et
» *prince de Metz*, des châteaux, terres, fiefs, domaines et
» droits qu'ils tiennent, dit-il, de *l'église et principauté de Metz*
» pour rendre *à son excellence foi et hommage*, recevoir
» lettres de reprise et donner aveu et dénombrement dans
» le temps de la coutume, sous telle peine que de droit,
» *saisie et commise*; et en conséquence il y a fait assigner les
» suppliants qui sont sûrs de n'obtenir aucune justice, ni à

» Vic où l'on ne suit que la volonté du sieur évêque, ni au
» conseil souverain de Colmar, où l'on est imbu des prin-
» cipes favorables à ceux qui se qualifient *princes de l'empire*
» qui jouissent des *droits régaliens* dans leurs états.

« Les supplians soutiennent avec confiance que l'arrêt du
» 17 mars 1736 ne peut avoir été obtenu que sur de faux
» exposés et que les lettres patentes du même jour sont
» *obreptices et subreptices*, parce que le sieur de Saint-Simon,
» comme évêque de Metz, n'a jamais eu aucune féodalité
» sur ce qu'on appelle *fiefs de l'évêché*; qu'il n'est ni *prince*
» *de Metz* ni *prince de l'empire*; que tous les droits féodaux
» dont les évêques, comme princes de l'empire, ont autre-
» fois joui, se sont entièrement évanouis depuis que nos rois
» ont recouvré la suprême autorité qui n'appartenait qu'à
» eux seuls sur l'évêché de Metz et sur le pays messin. »

Viennent ensuite, dans cette requête, de longs développements pour établir l'injustice des prétentions de M. de Saint-
Simon. Il suffit d'ailleurs de lire les lettres patentes du 17
mars 1736 pour se convaincre que l'histoire du pays a été
tronquée avec impudence ou commentée avec ignorance
pour faire valoir les prétendus droits du prélat usurpateur.

En voyant de riches propriétaires de fiefs s'expliquer
comme ils l'ont fait sur les prétentions de l'évêque de Saint-
Simon, on ne peut plus s'étonner de la vigoureuse opposition
que le Parlement lui a faite.

Les lettres patentes du 2 août 1736 disaient bien que tous
les procès concernant l'évêque de Metz seraient dévolus au
conseil souverain, elles n'enlevaient pas cependant au Parlement le droit qu'il avait de réprimer les attentats que le
prélat aurait pu commettre contre l'autorité royale. La Cour
n'avait donc pas excédé ses pouvoirs en défendant à l'évêque

Claude de Saint-Simon, par son arrêt du 17 mars 1737, de prendre la qualité de prince de Metz et en mandant devant elle le lieutenant général et le procureur fiscal de l'évêché de Vic pour rendre compte de leur désobéissance à cet arrêt. Elle avait également conservé le droit de défendre aux officiers composant le bailliage de l'évêque de l'appeler prince de Metz et de se servir de sceaux et d'empreintes contraires à la souveraineté du roi de France.

Les grands vicaires donnaient aussi à l'évêque le titre qu'il n'avait pas le droit de s'attribuer, et pour réprimer cette témérité, le Parlement rendit le 18 mars suivant un arrêt qui adressa aux grands vicaires de l'évêque les défenses faites précédemment aux officiers du bailliage de Vic.

Le prélat eut encore assez d'influence pour faire rendre un arrêt du conseil qui, sous la date du 28 du même mois, évoqua les contestations de Claude de Saint-Simon avec le Parlement de Metz, relativement au titre de prince de cette ville.

La Cour répondit à cet arrêt du conseil par un arrêt du 25 juin 1737, qui donna acte au procureur général Le Goullon de Champel de son opposition à l'arrêt du conseil et aux lettres patentes du 17 mars 1736. La Cour fit en outre défenses à tous vassaux de faire leur foi et hommage pour les fiefs situés dans le pays de l'évêché de Metz, ailleurs qu'au Parlement, chambre des comptes ; elle fit en outre demander l'autorisation d'envoyer une députation au roi. Cet arrêt était cassé par le conseil d'état, le 6 juillet suivant, avec défenses au Parlement de connaître à l'avenir de faits semblables.

La sentence du conseil d'état fut signifiée au Parlement de Metz *de l'ordre exprès du roi*, et le 23 juillet, le chancelier Daguesseau, qui cédait à toutes les exigences du clergé, écrivait à la Cour pour lui faire connaître que le roi ne voulait

pas recevoir de députation et terminait ainsi sa lettre : « Je
» souhaite d'avoir des occasions plus agréables de vous
» assurer de la considération avec laquelle je suis, Messieurs,
» votre très-affectionné serviteur. »

Cela n'empêcha pas que, le 29 juillet, le Parlement ordonna que des remontrances seraient adressées; elles furent approuvées et envoyées aux ministres le 8 août suivant.

Elles sont rédigées avec une respectueuse énergie, en voici quelques passages :

« Les vassaux de la couronne sont à la veille de devenir
» ceux d'un prélat qui ne cherche à les assujettir que pour
» tâcher de les dépouiller sous de vains prétextes.

« Le titre de prince du saint empire que, par une vaine
» ostentation, les évêques ont conservé jusqu'ici dans des
» actes indifférents, ne donnait rien à craindre; ce n'était
» qu'une qualification fastueuse, mais stérile qui, dans
» le fond, ne signifiait rien et qui n'attribuait à ceux qui le
» prenaient aucun droit réel.

« Mais pour assurer l'existence de cette principauté imaginaire et lui donner une assiette fixe, on a inventé un
» titre nouveau : c'est celui de prince de Metz, titre qui n'est
» point borné au pays qu'on nomme l'Évêché, et le seul
» qui ait jamais reconnu la puissance temporelle des évêques.

« Le bailliage seigneurial de Vic a aussi été décoré d'un
» nouveau titre; on a vu pour la première fois, le 24 décembre dernier, sortir des sentences intitulées *Les Gens*
» *tenant le bailliage et la Cour féodale de l'évêché et principauté*
» *de Metz*, et le procureur d'office a été qualifié en toutes
» occasions *Procureur général*.

« Toutes ces nouveautés n'ont pas fait quitter au sieur de
» Saint-Simon l'ancienne qualité de prince du saint empire;

» il l'a jointe à celle de prince de Metz non plus comme
» autrefois dans des actes sans conséquence, mais dans ceux
» qui devaient passer sous les yeux des officiers de votre
» majesté, et être énoncés dans leurs arrêts. Et ce que
» n'avait fait aucun de ses prédécesseurs, il a timbré ses
» armes et le sceau de ses justices du bonnet et de l'épée de
» prince d'empire. »

La réponse du chancelier, en date du 14 octobre 1756, commence ainsi : « Le roi n'a trouvé dans ces remontrances,
» rien qui méritât de sa part une nouvelle attention. Sa
» majesté connaît mieux que personne les droits et les inté-
» rêts de sa souveraineté, et elle saura les conserver, comme
» elle le doit, sans avoir besoin des instructions du Parle-
» ment de Metz sur cette matière. »

Après avoir fait cette observation très-désobligeante, le chancelier blâma le zèle du Parlement, sa prévention et sa vivacité contre l'évêque, et exprima la crainte ou plutôt proféra la menace « que pour mettre fin à une division si
» fâcheuse, le roi ne prit la résolution de retrancher le
» bailliage de Vic du ressort du Parlement de Metz. » Il n'eut plus manqué alors que de déclarer ce bailliage épiscopal entièrement indépendant.

On donna lecture de cette lettre dans l'assemblée générale des chambres du jeudi 7 novembre 1757, et le Parlement, après en avoir délibéré et sans s'inquiéter des menaces qui lui étaient faites, arrêta aussitôt « que la compagnie conti-
» nuerait à donner en toute occasion des marques du même
» zèle qu'elle avait toujours eu pour les intérêts du roi et
» le maintien des droits sacrés de sa couronne, pour pré-
» venir et réprimer les entreprises capables d'y donner
» atteinte et remplir les obligations qui lui sont imposées par

» les ordonnances, en conséquence, que sa majesté serait
» très-humblement suppliée en tout temps de révoquer les
» lettres patentes du 17 avril et du 2 août 1736, comme
» préjudiciables au bien de son service et tendantes à la foule
» et à l'oppression de ses sujets. »

Cette fermeté du Parlement de Metz était d'autant plus digne d'éloges que, quelques mois auparavant, un de ces actes arbitraires que des ministres faibles faisaient sanctionner à un roi plus faible encore, venait de frapper le procureur général de la Cour. M. Le Goullon de Champel ne s'était pas seulement associé à toutes les décisions du Parlement, il les avait encore provoquées. On voulut intimider la compagnie, et le 6 juillet de cette année, le jour même où un arrêt du conseil venait de casser un arrêt du Parlement de Metz du 25 juin précédent, le roi adressa au chef du parquet de cette Cour la lettre de cachet qui suit : « Notre amé et féal, étant
» mal satisfait de votre conduite, nous vous mandons et
» ordonnons que deux fois 24 heures après que la présente
» vous aura été remise, vous ayez à partir de notre ville de
» Metz ou de l'endroit où vous l'aurez reçue, et à venir
» sans autre délai ni difficulté, par le plus court et droit
» chemin, à notre Cour et suite pour nous y rendre compte
» de votre conduite. Et la présente n'étant pour autre fin,
» nous ne vous la ferons plus longue ni plus expresse, n'y
» faites donc faute, car tel est notre plaisir.

« Donné à Versailles, etc. »

Le procureur général Le Goullon de Champel fut exilé pendant deux ans.

Claude de Saint-Simon, dont l'adresse égalait l'ambition, était parvenu, par des moyens détournés, à soustraire à la juridiction du Parlement, comme Table de Marbre, toutes les contestations relatives aux forêts du bailliage de Vic. Sous le prétexte de réformer les abus existant dans l'administration de ces forêts, il avait en 1736 obtenu du roi une réformation, c'est-à-dire un tribunal particulier pour les forêts de ses domaines ; ce tribunal était composé de gens à sa solde et à sa dévotion. Pour garder les apparences et ne pas éveiller les susceptibilités du Parlement, il avait fait choisir un des membres de cette Cour pour président de cette commission.

Claude de Saint-Simon avait pour ami et confident intime M. de la Richardie, son vicaire général. Une lettre de ce dernier adressée à M. l'abbé Broust, agent général de l'évêque de Metz à Vic, prouvera combien l'évêque et son grand vicaire étaient peu scrupuleux sur l'emploi des moyens qui pouvaient assurer la réussite de leurs projets.

« *A Metz, ce 17 juin 1736.*

« Vous devez avoir appris, Monsieur, ou par M. de Metz,
» ou par la gazette publique, que M. Menin, conseiller au
» Parlement de Metz, est nommé, par arrêt du conseil
» confirmé par lettres patentes, pour travailler à la réfor-
» mation des bois de l'évêché. Quoique l'arrêt et les lettres
» patentes soient expédiés sur la connaissance générale que
» le roi est censé avoir des délits, abus et dégradations
» commis dans les forêts du domaine de l'évêché, *et qu'il*
» *paraisse qu'en cela le roi agit de son propre mouvement,*
» *vous devez cependant bien sentir que cette opération a été*
» *requise par M. de Metz, et que les officiers qui doivent y*
» *travailler sont tous portés à lui plaire et à remplir son*

www.ingramcontent.com/pod-product-compliance
Lightning Source LLC
Chambersburg PA
CBHW050916230426
43666CB00010B/2194